詳解・知的財産侵害物品の
水際取締り制度
―今日から始める模倣品対策AtoZ―

齋藤和久・松本敬 共著

公益財団法人 日本関税協会
知的財産情報センター（CIPIC）

はじめに

　近年、特許権、商標権、著作権等の知的財産を侵害する模倣品や海賊版（以下「模倣品等」といいます。）を巡る問題は、日本のみならず世界各国で大きな社会問題となっています。経済協力開発機構（OECD）が 2021 年に公表した報告書によると、2019 年時点で模倣品等の貿易額は世界貿易総額の 2.5% に相当する 4,640 億ドル（約 65 兆円）[1] と推計されています。特に、インターネットの普及と各種の電子商取引の発達、中でも国境をまたいだ電子商取引（以下「越境EC」といいます。）の急速な発展に伴い、個人が越境 EC を利用して、模倣品等を海外から直接購入するケースが増加しており、種々の問題が指摘されています。

　知的財産の権利者が模倣品等を放置すれば、権利者が本来得るべき利益が奪われる、企業が長年の信頼と努力によって培ってきたブランドイメージが棄損される、イノベーションと創作意欲が喪失される等の損害を被るおそれがあります。また、政府にとっても、正規の企業活動が損なわれることにより国家の歳入の減少につながるほか、国民が粗悪な模倣品等や有害物質が使用されている模倣品等を使用することにより、健康や安全を害することとなる等の大きな社会的利益の喪失につながるおそれがあります。

　各種報告書では、模倣品等の多くは、主として中国やトルコ等において生産され、世界各地に輸出されているとしています。一方、日本国内において模倣品等が大量に製造されているとのニュースを聞くことはありませんので、日本市場で流通している模倣品等のほとんどは、海外から輸入されているものと思われます。その国際取引形態も、通常の海上コンテナ貨物、国際宅配便、国際郵便物等多岐にわたっています。さらに近年は、国内には在庫を持たず、越境 EC を利用して郵便等により小口で海外から購入者に直接送付されるケースも増加しています。

　模倣品等は、いったん国内市場に流入すると効率的に取締りを行うのが難しくなるといわれています。したがって、多様化・複雑化する模倣品等の国際取引を

1　1 米ドル 140 円で換算。以下同じです。

効率的に摘発し、模倣品等を日本の市場に入れさせないことが最も効果的と考えます。そのためには、知的財産の権利者が税関における輸入差止申立て制度を利用することが有効です。税関により差し止められた模倣品等は、没収された後に廃棄されますので、国内市場に出回ることはありません。また、輸入差止申立てをした模倣品等が輸入されようとする都度、何度でも差し止めてもらうことができます。さらに、日本の場合は、輸入差止申立てをするために手数料は必要ありませんし、輸入差止申立てをした模倣品等が差し止められ、没収された場合でも、その模倣品等の保管や運送、その後の廃棄に要する費用を権利者に求めることもありません。

　以上のようなことを背景に、本書は、企業において模倣品等の対策を担当している法務部門の担当者、知的財産の権利者、権利者を支援する弁理士や弁護士等の方々であって、日本税関の輸入差止申立て制度及び認定手続の活用を通じ、海外から輸入される模倣品等を水際で阻止したいと考えられている方にお読みいただくことを主な目的としています。そのため、本書においては、特許権や商標権とはどのようなものか、どのような行為が侵害となるのか等についての説明はしておりません。そのような説明が必要な場合は、特許法や商標法といった各知的財産法に詳しく定められておりますので、それら法律の解説書や特許庁のホームページ等でご確認されることをお勧めします。本書においては、税関における輸入差止申立て制度と認定手続を中心に、制度の趣旨や背景等を含め、できる限り分かりやすく解説しております。なお、日本税関は、知的財産侵害物品の輸出の水際取締りも行っていますが、輸出差止申立てや差止実績は多くないこと等から、本書においては取り上げていません。

　脚注には、執筆の際に利用した税関、特許庁等のホームページの URL で 2023 年 12 月 25 日時点にアクセス可能であったものを記載しております。税関、特許庁等のホームページの URL は、将来変更され、あるいは情報そのものが削除されること等がありますので、ご了承ください。

　また、本書が法律の専門家の方々にもご活用いただけるよう、2023 年 12 月 25 日現在の、関税法、関税法施行令、関税法基本通達等の関連条文等を巻末に別添として掲載するとともに、本文中においても関係する条文や通達の番号を

（　　）書きで記載しております。本書が、模倣品等の対策を行っている皆様方にとって一助となれば幸いです。

目　　次

はじめに

第1章　知的財産侵害物品の取引とその影響　　1

第2章　日本における税関の役割と知的財産　　7
　　　　侵害物品の水際取締り

第4章　知的財産侵害疑義物品の認定手続　　47

第1章 知的財産侵害物品の取引とその影響

　第1章では、税関による知的財産侵害物品の水際取締りの重要性を理解していただくために、知的財産侵害物品の国際取引の概要とその影響について、各種報告書等の内容を紹介しつつ説明します。なお、詳しくは第2章以下で説明しますが、関税法において「輸入してはならない貨物」として知的財産侵害物品の水際取締りの対象となる貨物は、特許権、実用新案権、意匠権、商標権、著作権、著作隣接権、回路配置利用権又は育成者権を侵害する物品、不正競争防止法違反物品（周知表示混同惹起品、著名表示冒用品、形態模倣品、保護の対象となる営業秘密の不正使用行為により生じた物品、技術的制限手段の効果を妨げる機能を有する物品）です。

1. 知的財産侵害物品の貿易取引の現状

　現在、知的財産侵害物品は、世界各国・地域でインターネットや店舗において大量に売買され、国際間で貿易取引されています。そのため、貿易取引の実態を明らかにすべく、WCO（世界税関機構）、OECD（経済協力開発機構）、ICC（国際商業会議所）、EUIPO（欧州知的財産庁）等が調査・研究を行い各種の報告書を作成し公表しています。

　知的財産侵害物品の貿易取引額に関しては、OECD と EUIPO が共同で3年に1度の頻度で作成している報告書（最新版：2021年6月公表）が広く引用されています。同報告書は、WCO や主要国税関の差止実績に基づき、知的財産侵害物品の世界貿易額は、2019年時点で4,640億ドル[1]（約65兆円）、世界貿易額の約2.5％に達すると推計しています。この額を2019年当時の世界各国の名目GDP と比較すると、世界26位のアルゼンチンの名目 GDP 額の4,518億ドルとほぼ同程度となっており、その貿易取引額の大きさがお分かりいただけると思います。

　従来、知的財産侵害物品といえば、その多くは高級バッグ・シューズ・腕時計といった有名ブランドのものが中心でしたが、最近はワインやウイスキーといったアルコール飲料、玩具、自動車部品、電気機器、化粧品や香水、紙巻タバコ、

1　OECD/EUIPO「*Illicit Trade, Global Trade in Fakes: A Worrying Threat*」（2021年6月22日）11頁
　https://read.oecd-ilibrary.org/governance/global-trade-in-fakes_74c81154-en#page1

医薬品、殺虫剤等と人々の生活の安全と安心に影響を与える多種多様な商品の模倣品が製造され取引されています[2]。特に、COVID-19 パンデミック下においては、感染の拡大防止や治療に用いられる医薬品、ワクチン、マスク等の予防衛生用品、検査試薬等の侵害物品を、犯罪組織が不正に取引し多くの不正利益を得ているとの報告書[3]もあり、世界各国の税関や警察その他の取締機関において多くの医薬品等の模倣品が摘発されています。

2. 知的財産侵害物品と電子商取引

　現在、インターネット上で多くの知的財産侵害物品が売買されていることから、電子商取引の市場規模について簡単に記載します。電子商取引には、売主及び買主が企業か個人（通常、消費者）かにより BtoB-EC（売主及び買主とも事業者間の取引）、BtoC-EC（売主は事業者、買主が個人間の取引）及び CtoC-EC（売主及び買主とも個人間の取引）の取引があります。電子商取引の市場規模については、経済産業省が毎年調査し公表している「電子商取引に関する市場調査報告書」に詳しく記載されています。

　令和 5 年（2023 年）8 月に公表された最新の報告書によると、2022 年の日本における BtoB-EC の市場規模は 420 兆 2,354 億円（対前年比 12.8% 増）と非常に大きなものとなっています。また、知的財産侵害物品の販売にも利用されている買主が個人である BtoC-EC の市場規模は、物品販売系で 13 兆 9,997 億円（対前年比 5.37% 増）、サービス系で 6 兆 1,477 億円（対前年比 32.43% 増）、デジタル系で 2 兆 5,974 億円（対前年比 6.10% 減）の合計 22 兆 7,449 億円となっています。さらに、インターネット上のフリマアプリやオークションサイトを利用した CtoC-EC が 2 兆 3,630 億円（対前年比 6.8% 増）となっています。また、越境 BtoC-EC を利用して米国及び中国から輸入される物品系、サービス系及びデジタル系の市場規模の合計は、3,954 億円（対前年比 6.1% 増）と推計されています。

　これら電子商取引を利用した取引の中に含まれる模倣品等の市場規模を推計した報告書は見当たりません。しかし、OECD 等が公表している各種報告書には、

---

[2]　前記 OECD/EUIPO 報告書 23 頁。

[3]　OECD「*Chair's Note Covid-19 Vaccine and the threat of illicit trade*」（2020 年 12 月 21 日）5 頁，https://www.oecd.org/gov/illicit-trade/summary-note-covid-19-vaccine-and-the-threat-of-illicit-trade.pdf

電子商取引による模倣品等の取引の増加と、それに伴う小口貨物（国際郵便や国際宅配便等）を利用した模倣品等の国際移動に対する警告がしばしば掲載されています。

3. 知的財産侵害物品の国内産業へ与える影響

　特許庁は、経済のグローバル化や産業の発展に伴い、日本の法人が直面する模倣被害の実態を把握・分析し、模倣被害の動向、具体的な課題の抽出、支援策の在り方等の検討に資することを目的に 2018 年度から 2020 年度まで、模倣被害実態調査を行い毎年公表していました。

　この実態調査では、模倣被害に次のようなケースを例示しています。
- 商品のブランドロゴが盗用された偽ブランド品が流通しているケース
- 真正品のデザインやパッケージがそのまま模倣されたデッドコピーが流通しているケース
- ライセンス許諾を受けずに半製品や付属品等の非正規製品が製造され、格安商品として販売されているケース
- 製品製造や加工技術に不正に技術が盗用されているケース
- CD や DVD 等の海賊版・違法コピーの製造・販売や違法アップロードのケース　等

　最新の調査結果である「2020 年度模倣被害実態調査報告書（2021 年 3 月）」（調査期間：2019 年 4 月～2020 年 3 月）によりますと、2019 年度において日本の産業財産権[4]を保有する 208,842 法人のうち、無作為に抽出した 4,831 法人を対象としてアンケート調査を実施し、全体の被害状況を推測しています。調査の結果、「模倣品の被害があった」法人は 15,493 法人（全体の 7.4%）とされ、「被害があるか分からない、把握していない」法人は 67,817 法人（32.5%）とされています。また、模倣被害を受けた国・地域をみますと、製造国、経由国及び販売国のいずれにおいても中国（香港を除きます。）が最多となっています。

　一方、インターネット上の模倣被害対策を含め模倣品対策を実施している法人は 39,196 法人（全体の 18.8%）にとどまっており、産業財産権を有する法人の 8 割強は、何ら模倣品対策を実施していないことが明らかとなっています。

　さらに、別の調査においては、被害総額についても推計がされています。特許

4　産業財産権とは、特許権、実用新案権、意匠権及び商標権の 4 つの権利をいいます。

庁が委託して実施した「令和3年度我が国法人の産業別模倣被害推計調査研究事業」[5]（2021年11月30日）によりますと、我が国企業は約3兆1,653億円の模倣被害を被っていると推計されています。この巨額な被害額は、本来無断で使用された知的財産を有する企業の利益となるべきものであること、その多くは犯罪組織に流れていること等から判断しても、模倣対策をしっかり行うことが企業利益の拡大と社会の安全・安心にとり非常に重要であることがお分かりいただけると思います。

4. 知的財産立国宣言と知的財産侵害物品の取締り

2002年2月4日、小泉総理大臣（当時）が、施政方針演説において「研究活動や創造活動の成果を、知的財産として、戦略的に保護・活用し、我が国産業の国際競争力を強化することを国家の目標とします。」と表明[6]し、いわゆる「知的財産立国宣言」を行いました。その後、知的財産基本法の制定、知的財産戦略本部の設置、知的財産推進計画の策定、知財高裁の設置等の法整備や司法・行政制度の改革が矢継ぎ早に行われました。

その重点政策の一つとして、模倣品等の知的財産侵害物品の輸出入に関する水際対策の強化が挙げられました。そのため、税関による水際取締りを権利者にとって一層利用しやすい制度とすべく、関税法、特許法、商標法等の関係する法律や政令等の改正が頻繁に行われるとともに、税関の体制整備も進められました。その結果、税関による2022年における知的財産侵害物品の輸入差止件数は26,942件と3年連続で25,000件を超える高水準となっており、輸入差止点数は882,647点となっています。

また、国内においても知的財産侵害物品の取締りは強化されています。国内における知的財産侵害物品の取締りは、生活経済事犯に分類されています。警察庁生活安全局生活経済対策管理官が令和5年3月に公表した「令和4年における生活経済事犯の検挙状況等について」によると、令和4年（2022年）に全国の警察全体で知的財産権侵害事犯を458件摘発し、事件に関係した520人を検挙しています。権利別では、商標権侵害事犯が264件、著作権侵害事犯が130件、

5　特許庁ホームページ「我が国法人の産業別模倣被害推計調査（2021年度）」https://www.jpo.go.jp/resources/report/mohohin/document/sonota/mohouhigai_suikei.pdf

6　首相官邸「第154回国会における小泉内閣総理大臣施政方針演説」（2002年2月4日）https://warp.ndl.go.jp/info:ndljp/pid/11242326/www.kantei.go.jp/jp/koizumispeech/2002/02/04sisei.html

その他 64 件となっています。また、商標権侵害事犯に係る侵害物品の押収量は 76,570 点となっています。

　知的財産立国宣言から 20 年以上を経過し、日本の産業構造も大きく変化しています。アニメやゲームといったソフトパワーを経済発展の一つの柱とする動きや、企業では、営業秘密により企業の技術、知識、ノウハウを保護しようとする動きもあります。これにより知的財産権や営業秘密等により保護すべき知的財産も多様化しています。前述の税関と警察による知的財産侵害物品の差止め・摘発の数字を比較しても、知的財産侵害物品の取締りにおいては、水際取締りがいかに効果的であるか、いい換えますと、国内に入った後の摘発がいかに困難であるかがお分かりいただけると思います。税関による知的財産侵害物品の水際取締り制度については、第 3 章及び第 4 章を中心に、制度の趣旨や背景を含め、詳しく、かつ、分かりやすく説明しています。まだ税関を利用していないものの、自己の有する知的財産を侵害する物品の存在に気づいている権利者の方々にあっては、是非、税関の制度を活用することを検討され、万全の対策をとられることをお勧めします。

第2章　日本における税関の役割と知的財産侵害物品の水際取締り

　知的財産侵害物品の水際取締りの制度を正しく理解し活用していただくためには、一般的な貨物の通関手続等における税関の役割を知っていただくことも重要と思われますので、第2章では、日本における税関の役割や貨物の通関手続、麻薬等の取締り等について、簡潔に説明します。

1. 税関の基本的な役割

　税関は、国境において輸出入される貨物に対し適用される法令を最終的に執行する機関です。具体的には、通関手続を含む税関手続、関税率、関税の減免税等について規定している関税法、関税定率法、関税暫定措置法等の関税関係法令に基づき、輸入貨物に課される関税を徴収する[1]とともに、貨物の輸入や輸出に対する許可を行います。また、税関は、関税関係法令以外の法令（以下「他法令」といいます。）に基づき輸出入に際し許可、承認等が必要な貨物については、その貨物の輸出入に際し、その許可、承認等を受けているかについて確認します。例えば、食品が輸入される場合、食品衛生法に基づく必要な届出がされているか、また、精密機械が輸出される場合、外国為替及び外国貿易法や輸出貿易管理令に基づく許可を受けているか、あるいはその許可を受ける必要はないかの最終チェ

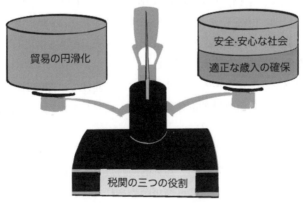

図 2-1　日本における税関の三つの役割

1　税関においては、消費税法等に基づき、輸入貨物に課される消費税等の内国消費税及び地方消費税も徴収します。

ックを行います。このため、税関は、輸出入貨物の国境における総合的な法執行機関といわれています。

　税関は、このように、関税関係法令及び他法令を国境において適正に執行することにより、「安全・安心な社会の実現」と「適正かつ公平な関税等の徴収」を図りつつ、「貿易の円滑化」を同時に実現することがその役割です。

　次に、この三つの税関の役割について少し詳しく説明しますが、知的財産侵害物品の水際取締りは、「安全・安心な社会の実現」のための業務の一つです。

（1）安全・安心な社会の実現

　国際貿易の秩序を維持し、国民生活の安全・安心を守り、日本経済の健全な発展に寄与すべく、税関は、麻薬や覚醒剤等の不正薬物、拳銃や武器、大量破壊兵器関連物資等のテロ関連物資、知的財産侵害物品等の密輸出入を厳正に取り締まるために、様々な活動を行っています。特に、日本においては、税関が、不正薬物、銃砲、大量破壊兵器等の密輸を阻止し、テロ行為や不正薬物の乱用等を未然に防止することにより「世界一安全な国、日本」を築くことを水際取締りの主目的としています。

　2022年の税関における不正薬物の密輸入摘発件数は1,044件（対前年比25％増）、押収量は約1,147 kg（対前年比8％減）となり、押収量は7年連続で1トンを超え、薬物乱用の深刻な状況が続いていることを伺わせます。このうち、近年において摘発件数及び摘発数量の最も多いのは覚醒剤です。2022年の税関における覚醒剤の摘発件数は300件、摘発数量は567 kgとなっています。押収した覚醒剤は、薬物乱用者の通常の使用量で約1,892万回分、末端価格にして約335億円に相当します。ちなみに、過去最高の押収量は2019年の2,587 kgで、通常使用量換算では約8,623万回分、末端価格にして約1,620億円に相当します（財務省ホームページ）。

　このほか税関では、安全・安心な社会の実現に向けて、知的財産侵害物品、偽造クレジットカード、盗難自動車等の密輸出入に対して水際における取締りを強化しています。

　不正薬物等の密輸出入は、年々複雑化・多様化していますが、これらの複雑化・多様化する密輸犯罪に効率的・効果的に対処するために、税関では、貨物の輸出入に利用されるコンテナーに貨物が詰められた状態で内部を検査できる大型エックス線検査装置、不正薬物・爆発物探知装置等多数の最新の検査機器や麻薬探知犬、IT技術等を積極的に導入しています。

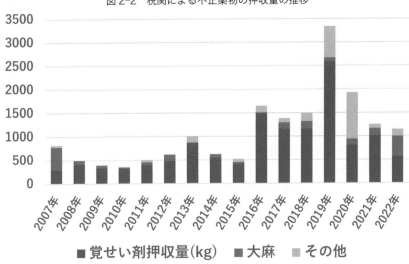

図 2-2　税関による不正薬物の押収量の推移

（2）適正かつ公平な関税等の徴収

　税関が徴収する関税、内国消費税及び地方消費税（以下「関税等」といいます。）は、2022 年度において約 14.2 兆円に達しています。これは、日本の国税収入の約 18.5％ に相当しており、税関は、国の財政において重要な役割を担っています。

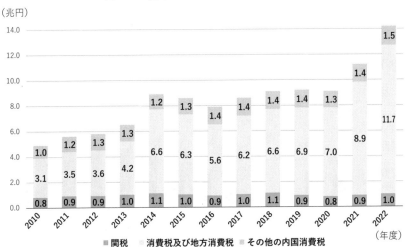

図 2-3　税関による関税等の徴収額の推移

　輸入貨物に課される関税等は、輸入者の納税申告により納付することが原則ですので、適正かつ公平な関税等の徴収のためには、輸入貨物について、関税分類（輸入貨物に何 % の関税が課されるか決定すること）、関税評価（輸入貨物の課税標準となるべき価格はいくらか決定すること）及び原産地の認定（輸入貨物がどこの国の原産品であるか決定すること）に関する正しい知識を輸入者に持っていただくことが必要となります。このため、税関は、国民や企業に対し積極的な情報提供を行うなど、適正な納税申告が可能となるよう納税環境の整備を図るとともに、事後調査等の様々な施策を講じています。

(3) 貿易の円滑化

　国際貿易の秩序維持と健全な発展を目指すためには、適正な通関を確保しつつ、円滑な処理を実現する必要があります。これをいかに効率よく実施するかがポイントであり、物流を妨げることなく国民からの負託に応えることもまた税関の重要な役割です。

　近年、税関に提出される輸出入申告の件数は大幅に増加しており、2022 年の輸入申告件数は約 1 億 1,289 万件、輸出申告件数は約 3,010 万件に達しています。特に、近年の越境 EC の発展に伴う国際宅配便を利用した小口急送貨物の輸入申告件数の伸びは著しく増加しています。

　このため、輸出入・港湾関連情報処理システム（NACCS: Nippon Automated Cargo and Port Consolidated System）を中心として、船会社、航空会社、

図 2-4　日本の輸入申告件数の推移

倉庫業者、コンテナヤード、銀行、通関業者、税関、貿易関係省庁（農林水産省、厚生労働省、経済産業省等）等すべての貿易関係者を含むシングルウインドウ[2]を構築し、迅速な通関を実現しています。

（4）その他の税関を取り巻く環境変化

　政府は、観光産業の育成に基づく経済発展を図ることを目的に、2016年に「明日の日本を支える観光ビジョン」を設け、2020年までに訪日外国人旅行者を4,000万人とし、2030年に6,000万人とする目標を設定し、観光立国の実現に向け各種措置を実施してきました。しかしながら、2020年の新型コロナウイルス感染症（以下「COVID-19」といいます。）の影響により、訪日外国人旅行者は急減しました。2023年に入りCOVID-19に係る各種規制や制限が解除されるに伴い、訪日外国人旅行者も増加傾向にあり、政府の「観光立国推進基本計画（2023年3月31日）」等の後押しにより、その傾向は強まるものと推測されています。

　加えて、2022年2月のロシアによるウクライナ侵攻やサプライチェーンの米中間のデカップリングの動きが進んでいる[3]こと等により、貿易安全保障面からの輸出貿易管理の強化が求められています。輸出貿易管理自体は経済産業省の管轄ですが、実際に輸出される貨物が輸出貿易管理対象品目か否かを最終的にチェックするのは税関の役割です。

　さらに、世界各地でテロ事件が頻発しており、国際貿易に使用されているコンテナーがテロ組織に利用され、テロ攻撃に使用される武器や爆発物などがコンテナーに隠匿されて密輸出入されるなど、テロ関連物資が通常の貿易貨物に紛れて国内外に流出入することを水際で防止することへの税関への要請も非常に高まってきています。特に、2025年には大阪で大阪・関西万博が開催され、世界から多くの観光客の来日が予想されるとともに、水際におけるテロ対策の強化も重要となってきます。これに対処するために、税関では、世界税関機構（WCO）が創設したAEO制度[4]を2006年から導入し、貨物のセキュリティ強化と貿易円

2　シングルウインドウ：関係する複数のシステムを相互に接続・連携することにより、1回の入力・送信により、複数の類似手続を同時に行えるようにするもの（出典：税関ホームページ「税関関係用語集」）。

3　JETRO「米中デカップリングの行方」(https://www.jetro.go.jp/biz/areareports/2023/d6cd2080f2d343c4.html)

4　AEO（Authorized Economic Operator）とは、国際貿易の安全確保と円滑化を両立させるため、貨物のセキュリティ管理と法令遵守の体制が整備された国際貿易に関連する事業者（輸出者、輸入者、倉庫業者、通関業者、運送者、製造者）について、税関長が承認又は認定を行なうことにより、当該事業者に係る貨物の通関手続きの簡素化・迅速化を図る制度。

滑化に努めています。

　このように、税関を取り巻く環境は大きく変化しており、その中で、効果的に知的財産侵害物品を水際において差し止めるためには、権利者が税関に対し、真正品と模倣品等を見分けるための十分な情報を提供する必要があります。知的財産の権利者は、自身がどのような知的財産を保有し、自己の知的財産を侵害するどのような模倣品等が世界に出回っているか等の情報を有しています。それらの情報を税関に提供し、税関による模倣品等の輸入の差止めを求める制度が、輸入差止申立て制度と認定手続であり[5]、これらについては、第3章及び第4章において詳しく説明します。

2. 輸入通関手続の概要

（1）一般貨物の輸入通関手続

　「輸入通関手続」という用語には、広義と狭義の2通りの使われ方があります。広義の輸入通関手続は、外国貨物が日本に到着してから輸入申告、輸入の許可を経て国内に引き取られるまでの一連の手続きをいい、狭義の輸入通関手続は、外国貨物の輸入申告から輸入の許可を受けるまでの手続きをいいます。本書は、知的財産侵害物品の水際取締りについて説明することを目的としていますので、ここでは、知的財産侵害物品の輸入差止めに関係する狭義の輸入通関手続について、その原則的な手続きのみを説明します。

① 輸入貨物の申告

　貨物を輸入しようとする者は、原則として、その貨物が置かれている保税地域の所在地を所轄する税関長に対して、その貨物の品名、課税標準となるべき数量及び価格その他必要な事項を輸入申告するとともに、あわせてその貨物に課される関税等について納税申告を行い、その貨物につき必要な検査を経て、輸入の許可を受けなければなりません（関税法第67条、第67条の2第1項、第7条）。

　膨大な数の輸入申告を迅速かつ適切に処理するために、政府は、NACCS（輸出入・港湾関連情報処理システム）と呼ばれるシングルウインドウを導入し、税関、貿易関係省庁、貿易関係民間事業者、銀行等をオンラインで結び、輸出入通関手続、納税手続、港湾手続等の輸出入等関連業務とこれに関連する民間業務をシステムで処理しています。

5　知的財産侵害物品の輸出の差止めを求める輸出差止申立て制度もありますが、実績が多くないこと等から、本書では説明しません。

　前述の輸入申告と納税申告は、具体的には、主に次のような事項を輸入（納税）申告書に記載して税関に提出することにより行いますが、NACCS を利用して行う場合は、それらの事項をシステムに入力することにより行うこととなります。

- 貨物の記号、番号、品名、課税標準となるべき数量及び価格
- 関税率表の番号、統計細分番号
- 貨物の原産地・積出地、仕出人の住所（居所）・氏名（名称）
- 関税率表の番号ごとの適用税率・税額
- 貨物を積んでいた船舶・航空機の名称・登録番号
- 貨物の蔵置場所
- 納付すべき税額の合計額

② 輸入申告の審査・検査及び輸入の許可

　税関においては、輸入者から輸入（納税）申告があった場合には、輸入（納税）申告書、それに添付して提出される仕入書、運賃明細書、保険料明細書、貨物の原産地証明書等と、他法令の規定に基づく許可書、承認書等の証明書類とを対査しながら、申告内容を審査します。

　また、税関は、輸入（納税）申告があった貨物について、必要に応じ検査をします。この検査は、関税等の適正な徴収を図るとともに、輸入してはならない貨物、他法令に基づく許可、承認等を必要とする貨物であるかどうか等を確認するために行うものであり、輸入貨物の種類、輸入者、仕出地等を総合的に判断して、特に検査を要すると認められる貨物に重点を置いて行われます（関税法第 67 条、関税法基本通達 67-3-8〜67-3-14）。

　関税等を納付すべき貨物については、原則として関税等が納付された後でなければ、輸入が許可されません（関税法第 72 条）ので、輸入者は、関税等を納付した後、輸入の許可を受けて貨物を国内に引き取ることとなります。

　税関長は、輸入（納税）申告がされた貨物について、その申告の内容や添付書類が適正であり、必要に応じて検査した貨物について欠減や原産地の虚偽・誤認表示等の異常がなく、輸入してはならない貨物に該当するものではなく、関税等が納付され、必要な他法令の許可、承認等があることが確認された場合は、輸入の許可を行うこととなります。

　税関は、年間 1 億 1 千万件以上の輸入（納税）申告を適正かつ迅速に処理す

るために、輸入（納税）申告は、そのリスクに応じて「簡易審査扱い」「書類審査扱い」及び「検査扱い」3つの区分に分けられ審査・検査が行われます。その具体的な取扱いは次のとおりです。

- 「簡易審査扱い」の申告は、関税等の納付が確認されれば直ちに輸入を許可します。
- 「書類審査扱い」の申告は、申告書に添付されている仕入書等に基づき書類審査を行い、異常がなければ、関税等の納付を確認後輸入を許可します。
- 「検査扱い」の申告は、書類審査を行った後に貨物の検査を行い、書類に記載されている貨物と申告された貨物が同一のものか否か、麻薬や拳銃等の輸入してはならない貨物が隠されていないか等について確認し、異常がなければ、関税等の納付を確認後輸入を許可します。

　NACCSを利用して輸入（納税）申告が行われた場合は、NACCSのシステム内で申告情報に基づきリスク判定が行われ、輸入（納税）申告は「区分1（簡易審査扱い）」、「区分2（書類審査扱い）」、「区分3（検査扱い）」のいずれかに振り分けられた後に、税関による審査・検査・輸入の許可が行われます。

図2-5　日本の輸入申告手続のフロー図

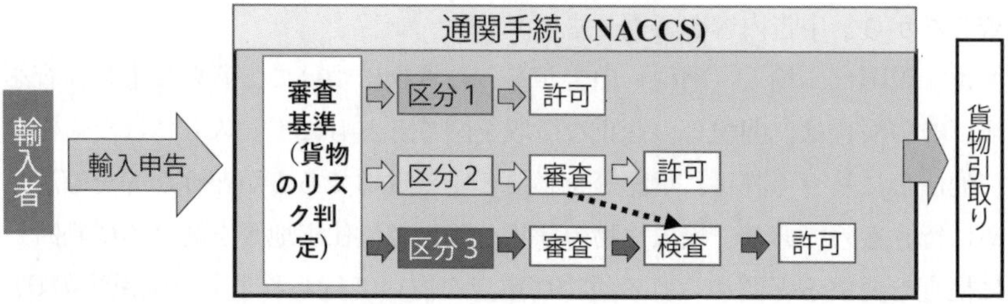

（2）国際郵便物の輸入通関手続

　国際郵便により輸入される貨物の通関手続は、輸入郵便物の課税価格（課税標準となるべき価格）が20万円以下であるか、20万円を超えるかにより手続きが異なります。

　課税価格が20万円を超える輸入郵便物の場合は、前述の一般貨物の輸入通関手続と同様に、原則として、輸入者（名宛人）からの輸入（納税）申告に基づき、税関は、必要な審査・検査を行い、関税等の納付が行われた後、輸入を許可します[6]。

6　課税価格が20万円を超える輸入郵便物であっても、寄贈物品、名宛人において課税価格や関税分類を判断することが困難な物品等については、課税価格が20万円以下の輸入郵便物の場合と同様の手続きがとら

　課税価格が20万円以下の輸入郵便物の場合は、輸入（納税）申告は必要ではなく[7]、簡素な手続きが行われます。具体的には、日本郵便株式会社は、輸入郵便物を税関に提示し、提示を受けた税関は、国際郵便を利用して麻薬や拳銃等の輸入してはならない貨物が輸入されることを防止するため、その輸入郵便物について必要な検査をします。税関長は、提示された輸入郵便物の検査が終了したとき又は検査の必要がないと認めるときは、日本郵政株式会社にその旨を通知します。また、納付すべき関税等の額は、税関長の賦課決定により確定し、その税額等について、書面により日本郵便株式会社を経て名宛人に通知します。通知を受けた名宛人は、その書面に記載された関税等の額を自ら銀行等で納付するか、日本郵便株式会社に納付を委託することにより、輸入郵便物を受け取ることができます[8]（関税法第76条第1項、第3項、第5項、第77条第1項〜第4項、第77条の2、第6条の2第1項2号ロ）。

　このため、税関は、提示を受けた輸入郵便物について、送り状等に基づき、「課税」、「非課税」及び「要検査の有無」の仕分けを行います。その後、課税対象の輸入郵便物については、その内容を確認して納付すべき税額を確定します。要検査の輸入郵便物については、エックス線検査装置、麻薬探知犬、不正薬物・爆発物探知装置等を用いて検査し、必要な場合は、その輸入郵便物を開披して内容物の確認を行います。

　なお、2024年3月1日以降、すべての国・地域宛のEMS、国際小包及び通常郵便物について、その郵便物の内容物、名宛人等の情報を電子データで送信することが義務付けられています。その結果、日本に輸入される国際郵便物についても、一般貨物と同様に電子システムにより処理されることとなると推測されます。

3. 知的財産侵害物品の水際取締りの歴史

　日本における税関による知的財産侵害物品の水際取締りの歴史は古く、1897年（明治30年）に制定された旧関税定率法[9]において、あへん、公安及び風俗を害すべき物品等とともに、輸入禁制品として「特許意匠商標及ビ版権ニ関スル

れます。

7　税関長に申し出ることにより、輸入（納税）申告をすることができます。

8　他法令に基づく許可、承認等が必要な輸入郵便物の場合は、課税価格が20万円以下であっても、その許可、承認等を受けていることを税関に証明する必要があります。

9　現行の関税定率法は、1910年（明治43年）に制定。

帝国ノ法律ニ違反シタル物品」が規定されたことにはじまります（施行は 1899 年（明治 32 年））。その後、幾度となく関係する法令や通達の改正が行われ、水際取締りの対象となる知的財産侵害物品の範囲の拡大や、その手続きの利便性の向上等が図られてきました。主要な法令、通達、手続きの改正は以下の通りです。

　1954 年（昭和 29 年）に関税定率法が改正され、輸入禁制品に関する規定は第 21 条に置かれ、同条第 1 項第 4 号に「特許権、実用新案権、意匠権、商標権又は著作権を侵害する物品」が規定されるとともに、同条第 2 項において、「特許権等侵害物品は、没収して廃棄し、又は積戻しを命ずることができる」旨が規定されました。それ以降、この 2 つの規定を根拠に、知的財産侵害物品の水際取締りに関する手続き等を通達に規定することにより、税関の職権による水際取締りが長らく行われてきました。

　1995 年（平成 7 年）1 月の WTO（世界貿易機関）の設立に併せ、WTO の TRIPS 協定（知的所有権の貿易関連の側面に関する協定）に規定する水際措置の内容を日本国内において実施するため、関税定率法の大幅な改正が行われました。具体的には、商標権、著作権及び著作隣接権を侵害する物品について輸入差止申立て制度の導入、税関が知的財産を侵害する疑いのある貨物（以下「侵害疑義物品」といいます。）を発見した際の認定手続の導入等、現行の税関による知的財産侵害物品の水際取締りに関する手続きの骨格が定められました[10]。また、同年 7 月、この大幅な法改正による法制面の整備に併せ、効果的な水際取締りを実施するための体制面の整備として、財務省に知的財産専門官（現在、知的財産調査室長）を置くとともに、東京税関に総括知的財産調査官（通称、知財センター長）を、全国の税関に知的財産調査官をそれぞれ置き、輸入差止申立てや認定手続に関する事務等知的財産に関する業務を専担して行うこととしました。

　第 1 章において述べたように、2002 年（平成 14 年）2 月、知的財産戦略を国家戦略とする旨の小泉総理大臣（当時）による「知的財産立国宣言」がなされました。同月中には知的財産戦略会議[11] が設置され、同年 7 月、同会議において知的財産立国の実現に向けた政府の基本構想である知的財産戦略大綱が決定されました。2003 年（平成 15 年）3 月には、同大綱を受けて知的財産基本法が

10　関税定率法に規定されていた知的財産侵害物品の水際取締りに関する規定は、2006 年（平成 18 年）6 月、関税法に移行されるとともに、「輸入禁制品」という用語は「輸入してはならない貨物」に改められました。これは、同月から関税法に「輸出してはならない貨物」に関する規定が設けられることとなったことに伴うものです。

11　法律の規定に基づくものではなく、内閣総理大臣決裁により設置されたものです。

施行されるとともに、同法に基づき、全閣僚及び有識者を構成員とする知的財産戦略本部（本部長：内閣総理大臣）が設置されました。知的財産戦略本部においては、知的財産立国の着実な実現に向け、2003 年（平成 15 年）から毎年「知的財産推進計画」が策定され、水際措置を含む知的財産関連の多くの施策が実施されてきています。

　毎年策定される知的財産推進計画を受け、税関による水際取締りについても、

表 1　主要な改正事項

施行年	改正の概要
2003 年	・育成者権侵害物品を輸入禁制品（現行：輸入してはならない貨物）に追加 ・輸入差止申立て制度の対象に、特許権、実用新案権、意匠権、育成者権を追加 ・特許庁長官への意見照会制度、通関解放制度の導入
2004 年	・認定手続開始通知の際に、権利者に対しては疑義貨物の輸入者、仕出人及び生産者の名称等を、輸入者に対しては権利者の名称等を、それぞれ通知 （注）「疑義貨物」とは、認定手続が執られた貨物をいいます。以下同じです。
2005 年	・輸入差止申立てをした権利者による疑義貨物の見本検査制度の導入 ・農林水産大臣への意見照会制度の導入
2006 年	・不正競争防止違反物品（周知表示混同惹起品、著名表示冒用品、形態模倣品）を輸入禁制品に追加 ・経済産業大臣への意見照会制度の導入 ・専門委員への意見照会制度の導入 ・関税定率法の「輸入禁制品」の規定を関税法の「輸入してはならない貨物」の規定に移行
2007 年	・輸入してはならない貨物を輸入する罪の罰則水準の引上げ ・認定手続に簡素化手続を導入（特許権、実用新案権、意匠権を除く。）
2008 年	・輸入差止申立ての提出先税関を 9 税関からいずれか 1 の税関に削減 ・通過貨物である知的財産侵害物品を税関による水際取締りの対象に追加
2010 年	・輸入してはならない貨物を輸入する罪の罰則水準の引上げ
2011 年	・不正競争防止違反物品（技術的制限手段の効果を妨げる機能を有する物品）を輸入してはならない貨物に追加
2015 年	・輸入差止申立ての有効期間を最長 2 年から最長 4 年に延長
2016 年	・不正競争防止違反物品（保護の対象となる営業秘密の不正使用行為により生じた物品）を輸入してはならない貨物に追加
2022 年	・海外の事業者が日本の事業性のない者に郵送等により送付した商標権・意匠権侵害物品を輸入してはならない貨物に追加
2023 年	・認定手続における簡素化手続の対象を輸入差止申立てに基づき認定手続が執られたすべての疑義貨物に拡大

法令や達達の改正による整備が頻繁に行われ、知的財産侵害物品の水際取締りの強化が図られています（主要な法令改正事項は、表1参照）。

　これらの改正により、日本における知的財産侵害物品の水際取締りは、世界でも最も効果的で利便性の高い制度として、権利者から評価されています。

4. 輸入してはならない貨物と知的財産侵害物品

　「輸入してはならない貨物」には、麻薬、覚醒剤、拳銃、偽造通貨、爆発物、公安・風俗を害する物品等とともに、知的財産侵害物品があります（関税法第69条の11第1項）。

　輸入してはならない貨物については、従来、「輸入禁制品」として関税定率法に規定されていましたが、関税法に「輸出してはならない貨物」の規定が設けられることとなったことを機に、2006年（平成18年）6月、関税法に規定されることとなりました。その際、「禁制」という用語が法令用語としては古いことから、「輸入禁制品」は「輸入してはならない貨物」に改められています。輸入してはならない貨物を関税法に規定している趣旨は、公益の保護にあります。知的財産は私権ですので、知的財産侵害については本来民事的に解決すべき問題と考えられます。しかしながら、模倣品等の知的財産侵害物品の輸入に権利者がすべて対応することは事実上困難と考えられる一方、知的財産侵害物品の輸入が横行し、大量に国内市場に流入することとなれば、品質が劣悪な侵害物品により国民の健康と安全が害されるおそれがあるほか、経済秩序が乱れることにもなりかねません。したがって、税関が自らの権限を行使して知的財産侵害物品を水際で取り締まることは、公益保護の観点から大いに意義があるものです。

　輸入してはならない貨物としての知的財産侵害物品は、具体的には、関税法第69条の11第1項第9号から第10号までにおいて、次のように規定されています。

　　第9号：特許権、実用新案権、意匠権、商標権、著作権、著作隣接権、回路
　　　　　配置利用権又は育成者権を侵害する物品（意匠権又は商標権のみを侵害す
　　　　　る物品にあつては、次号に掲げる貨物に該当するものを除く。）
　　第9号の2：意匠権又は商標権を侵害する物品（外国から日本国内にある者
　　　　　（意匠権を侵害する物品にあつては当該物品を業として輸入する者を除く
　　　　　ものとし、商標権を侵害する物品にあつては業としてその物品を生産し、

証明し、又は譲渡する者を除く。）に宛てて発送した貨物のうち、持込み行為（意匠法第2条第2項第1号（定義等）又は商標法（昭和34年法律第127号）第2条第7項（定義等）に規定する外国にある者が外国から日本国内に他人をして持ち込ませる行為をいう。）に係るものに限る。）

第10号：不正競争防止法第2条第1項第1号から第3号まで、第10号、第17号又は第18号（定義）に掲げる行為（これらの号に掲げる不正競争の区分に応じて同法第19条第1項第1号から第5号まで、第7号又は第9号（適用除外等）に定める行為を除く。）を組成する物品

　その結果、知的財産を侵害する物品で、税関において「輸入してはならない貨物」として水際取締りの対象となるものは、特許権、実用新案権、意匠権、商標権、著作権、著作隣接権、回路配置利用権又は育成者権を侵害する物品、不正競争防止法違反物品（周知表示混同惹起品、著名表示冒用品、形態模倣品、保護の対象となる営業秘密の不正使用行為により生じた物品、技術的制限手段の効果を妨げる機能を有する物品）となります。

　知的財産には、特許庁等に登録することにより発生するものと、創作等により直ちに発生するもの等があります。具体的な知的財産の内容、保護期間、侵害となる行為等は、それぞれの知的財産法に定められています。税関は、認定手続を通じて、特許法、商標法等に照らし、知的財産を侵害していることが明らかになった貨物に対して、関税法の規定により「輸入してはならない貨物」として輸入を差し止め、没収・廃棄を行うこととなります。

　例えば、皆さんがお持ちのスマートフォンには、商標権（ロゴマーク）、意匠権（スマホのデザイン）、特許権（タッチディスプレイやバッテリー）、実用新案権（ホームボタン）、著作権（アイコン）、回路配置利用権（内部の回路配置）等の多くの知的財産が使用されています。このように、我々が日常的に利用しているものも多くの知的財産に基づき製造されています。

5. 知的財産侵害物品の水際取締りの概要

　第1章で述べましたように、税関は2022年に1億1,000万件以上の輸入申告を処理しています。輸入通関事務を担当する税関職員は、この膨大な量の輸入貨物の中に麻薬、覚醒剤、拳銃等が隠匿されていないか、知的財産を侵害する物品が含まれていないか、正しい納税申告がなされているか等をチェックしていま

す。

　知的財産侵害物品に関していえば、すべての輸入貨物について、誰が有するどのような知的財産が使用されているか、また、その知的財産が侵害されているか否かを税関職員のみで判断することは事実上困難です。そのため、輸入差止申立て制度と認定手続が導入されています。

　輸入差止申立て制度とは、権利者が自己の知的財産を侵害すると認める貨物に関し、税関長に対し、その侵害の事実を疎明するための証拠を提出し、その貨物が輸入されようとする場合には、認定手続を執るべきことを申し立てる制度です（関税法第69条の13第1項前段）。認定手続とは、輸入されようとする貨物のうちに知的財産侵害物品に該当する貨物があると思料する場合に、税関長が、その貨物が侵害物品に該当するか否かを認定する手続きのことです。認定手続においては、権利者及び輸入者は、その貨物が侵害物品に該当するか否かについて証拠を提出し、及び意見を述べることができ、提出された証拠・意見に基づき、税関長は、侵害物品に該当するか否かの認定を行うこととなります（関税法第69条の12）。

　輸入差止申立て制度及び認定手続については、第3章及び第4章において詳述します。

6. 知的財産侵害物品の水際取締りの実績

　財務省は、毎年全国の税関における偽ブランド品などの知的財産侵害物品の差止状況を取りまとめて、公表しています。

　2022年の輸入差止実績の概要は次の通りです。

- 輸入差止件数は26,942件（対前年比4.7%減少）、輸入差止点数は882,647点（対前年比7.7%増）で依然として高い水準で推移。
- 輸入差止価額は、推計で約186億円（「輸入差止価額」は、正規品であった場合の推計価額）。
- 仕出国（地域）別の輸入差止件数では、中国が全体の75.9%（20,461件）を占め、引き続き高水準で推移。
- 使用や摂取することで健康や安全を脅かす危険性のある、医薬品、浄水器用カートリッジなどの家庭用雑貨、電気製品、煙草・喫煙用具などの輸入差止めが継続して増加。医薬品の輸入差止点数は148,439点（対前年比約7倍）、また、煙草・喫煙用具の輸入差止点数は60,944点（対前年比約11倍）と

それぞれ急増。

　財務省が毎年公表している知的財産侵害物品の輸入差止件数及び輸入差止点数
の推移を 2010 年以降でみると、輸入差止件数は年間 25,000 件から 30,000 件
の間で推移し、輸入差止点数は 50 万点から 100 万点の間となっており、依然と
して毎年多くの知的財産侵害物品が税関で差し止められていることが伺えます。

図 2-6　的財産侵害物品の輸入差止件数及び輸入差止点数の推移

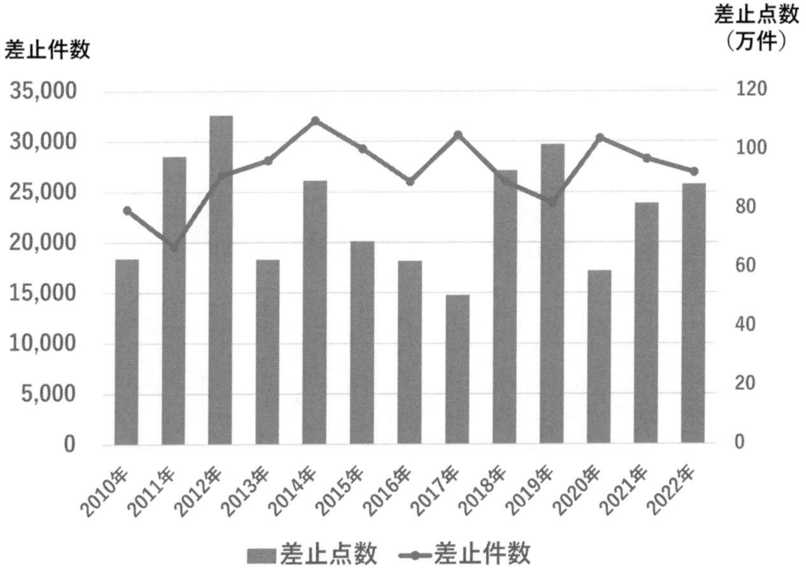

第3章　知的財産侵害物品の輸入差止申立て制度

　関税法における「輸入してはならない貨物」の一つとして、知的財産侵害物品があります（関税法（以下、かっこ内においては「関法」といいます。）第69条の11第1項第9号〜第10号）。したがって、知的財産侵害物品は、薬物や銃器などと同様、税関による水際取締りの対象です。

　しかしながら、そもそも膨大な数の知的財産が存在し、かつ、税関は限られたリソースにより膨大な件数の輸入申告や輸入郵便物の審査・検査をしなければならない中で、何ら情報がなく税関が知的財産侵害物品を発見することは、事実上不可能です。一方、知的財産は私権ですので、本来、知的財産を所有する権利者が自ら積極的に自己の知的財産を守るための行動をすべきと考えられます。権利者は、一般に、海外市場や国内市場における自己の知的財産を侵害する物品の内容や関係者等の調査を行っているものと考えられ、税関に対しそれらの情報を提供することは可能と考えられます。

　権利者が自己の知的財産や侵害物品等に関する情報を税関に提供し、税関による知的財産侵害物品の水際取締りを効率的・効果的に実施するための制度が、輸入差止申立て制度です。本章においては、この輸入差止申立て制度について具体的に説明します。

1. 輸入差止申立て制度の概要

　輸入差止申立て制度というのは、権利者が、自己の知的財産を侵害すると認める貨物が輸入されようとする場合に、いずれかの税関長に対し、その貨物について認定手続を執るべきことを申し立てることができる制度のことをいいます[1]（関法第69条の13第1項）。法律上に「輸入差止申立て」という用語があるわけではありませんが、関税法基本通達（以下「関法通達」といいます。）における知的財産侵害物品についての用語の定義として、「『輸入差止申立て』とは法第69条の13第1項の規定による申立てをいう」とされています（関法通達69の11〜69の21-1⑽）。

　「認定手続」については第4章において説明しますが、簡単にいうと、輸入さ

---

[1] 輸入差止申立ては、現にいま輸入されようとしている特定の貨物を対象とするものではありませんので、申し立てられた貨物が輸入されようとする都度、認定手続を執ることになります。

れようとする貨物が知的財産侵害物品であるか否かを税関が認定するための手続きのことです。したがって、「輸入の差止め」そのものを申し立てるものではありません。しかし、輸入される貨物は、関税法第67条の規定による輸入申告、あるいは、輸入申告をしなくてもよい輸入郵便物については同法第76条第3項の規定による税関への提示が必要ですので、税関は、輸入申告された貨物又は提示された輸入郵便物について必要な審査・検査を行うこととなります。税関が審査・検査を行っている間は、当然これらの貨物の輸入は認められず、その意味で、税関による審査・検査中の貨物は国内市場への流通が停止されています。「認定手続」は、この審査・検査の一環であり、認定手続が執られている貨物は、いわば、その輸入が差し止められていることになります。そして、その貨物が知的財産侵害物品と認定されれば、輸入してはならない貨物に該当しますので、輸入することができないこととなります。

　いい換えますと、権利者側からすれば、「輸入差止申立て」という形で、自己の知的財産を侵害すると認める貨物の情報を税関に提供することにより、税関という組織を活用してその輸入を防止することができることとなります。一方、税関側からすれば、権利者から知的財産侵害物品に関する情報を得ることにより、輸入してはならない貨物である知的財産侵害物品の発見がしやすくなり、国民の健康や安全を害する物品、あるいは経済秩序の維持を害する物品の流入を水際で阻止することができることとなります。

　輸入差止申立ては、権利者が法律上の権利として行うことができますが、膨大な輸入貨物のすべてを税関が検査することは事実上困難ですので、輸入差止申立てが受理されたとしても、すべての輸入貨物について、その輸入差止申立てがされた貨物の有無を税関がチェックすることまで求めることができるわけではありません。また、輸入差止申立ては、あくまで認定手続を執るべきことの申立てですので、輸入差止申立てをした貨物が税関によって発見されたとしても、直ちにその貨物が知的財産侵害物品となるということではなく、その貨物について認定手続を執ることにより、税関が侵害物品であると認定してはじめて知的財産侵害物品として、その貨物の国内市場への流入を阻止できるものです。したがって、権利者としては、輸入差止申立てが受理されれば終わりではなく、税関職員に対する真正品と侵害物品の識別のポイントについての研修や、認定手続が執られた貨物について自己の権利を侵害することの証拠や意見を提出するなどの努力をしなければなりません。

　本書においては、以上のような意味において「輸入差止申立て」という用語を使用しています。輸入差止申立てがなされると、税関は直ちにそれを受理するわけではなく、その申立ての内容を公表して、輸入者等の利害関係者からの意見を求め、権利者から提出された資料や利害関係者から意見が提出された場合はその意見を踏まえ、また、必要に応じ専門委員の意見を聴いたうえで、その輸入差止申立てに侵害の事実を疎明する証拠があるか否かを判断して、受理・不受理を決定します。

図 3-1　輸入差止申立ての流れ

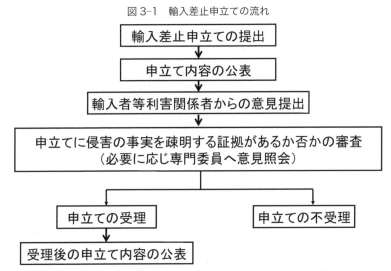

（注）保護の対象である営業秘密の不正使用行為により生じた物品についての輸入差止申立ての場合は、「申立て内容の公表」は行わず、提出後審査が行われます。

2. 輸入差止申立ての手続き

　輸入差止申立てをすることができる者は、特許権者、実用新案権者、意匠権者、商標権者、著作権者、著作隣接権者、育成者権者又は不正競争差止請求権者[2]で

2　「不正競争差止請求権者」とは、輸入してはならない貨物である不正競争防止法第2条第1項第1号から第3号まで、第10号、第17号及び第18号に掲げる行為（同法第19条第1項第1号から第5号まで、第7号又は第9号の規定により適用除外となる行為を除きます。）を組成する物品（すなわち、周知表示混同惹起品、著名表示冒用品、形態模倣品、保護の対象となる営業秘密の不正使用行為により生じた物品、技術的制限手段の効果を妨げる機能を有する物品）について、これらの行為による営業上の利益の侵害について同法第3条第1項の規定により停止又は予防を請求することができる者をいいます（関法第69条の12第1項）。

す（関法第 69 条の 13 第 1 項）。

(1) 特許権者、実用新案権者、意匠権者、商標権者、著作権者、著作隣接権者又は育成者権者による輸入差止申立て

　輸入差止申立てをしようとする特許権者等は、自己の特許権、実用新案権、意匠権、商標権、著作権、著作隣接権又は育成者権の内容、これらの権利を侵害すると認める貨物の品名及び侵害すると認める理由、4 年以内で輸入差止申立ての有効期間として希望する期間等を記載した「輸入差止申立書」に、その侵害の事実を疎明[3]するために必要な証拠を添付して、いずれかの税関長[4]に提出しなければなりません（関法第 69 条の 13 第 1 項、関税法施行令（以下「関令」といいます。）第 62 条の 17 第 1 号、第 3 号～第 6 号、関法通達 69 の 13-2 (3)）。

　なお、輸入差止申立書に添付すべき資料については、関法通達 69 の 13-3 に規定されています。「侵害の事実」については、必ずしも国内で侵害が発生している必要はなく、海外で侵害が発生している場合も含まれます。また、必ずしも国内外で現に侵害物品が存在している必要性もなく、過去に権利侵害があったことにより侵害物品の輸入が見込まれる場合も含まれます（関法通達 69 の 13-3 (2)注 1)）。

　輸入差止申立てが受理された場合、申立てがされた貨物が輸入されようとすれば認定手続が執られ、その間は貨物が輸入できないことにより輸入者に不利益が及ぶことを勘案すれば、相当程度の証拠（場合によっては、それだけで侵害認定ができる程度の証拠）を要するものと考えられます。侵害の事実を疎明するための具体的な資料については、関法通達 69 の 13-3 (2)に規定されており、例えば商標権の場合は、自己の商標権を侵害すると認める物品が権利侵害を構成することを証する判決書、仮処分決定通知書、判定書又は弁護士等が作成した鑑定書があれば、その書類を提出することになります。そのような書類がない場合は、自己の商標権を侵害すると認める物品の標章の使用の態様を示す写真等で、補足的な説明を含め商品全体を観察できるものであって、その物品に付された商標が登

---

[3]　「疎明」とは、税関が侵害の事実があることについて一応確からしいと判断することのできる状態をいいます。「証明」ではなく「疎明」としているのは、「知的所有権の貿易関連の側面に関する協定」（以下「TRIPS 協定」といいます。）第 52 条において、申立ての手続を開始する権利者は、「侵害の事実があることを権限のある当局が一応確認するに足りる適切な証拠を提出」することが要求されていることを踏まえたものです。

[4]　日本全国には、函館、東京、横浜、名古屋、大阪、神戸、門司、長崎及び沖縄地区の 9 つの税関がありますが、そのうちのいずれかの税関長に輸入差止申立てをして受理されれば、すべての税関において有効となります。具体的な提出窓口は、各税関の本関の知的財産調査官です。

録商標と同一又は類似する商標であり、その物品が指定商品と同一又は類似する商品であることが明らかとなる資料を提出することになります。

(2) 不正競争差止請求権者による輸入差止申立て

　輸入差止申立てをしようとする不正競争差止請求権者は、商品等表示、商品の形態又は技術的制限手段の内容、自己の営業上の利益を侵害すると認める貨物の品名及び侵害すると認める理由、4年以内で輸入差止申立ての有効期間として希望する期間等を記載した「輸入差止申立書（保護対象商品等表示等関係）」又は「輸入差止申立書（保護対象営業秘密関係）」に、その侵害の事実を疎明するために必要な証拠及び経済産業大臣の意見の内容が記載された書面（経済産業大臣申立時意見書）又は経済産業大臣の認定の内容が記載された書面（経済産業大臣認定書）[5] を添付して、いずれかの税関長に提出しなければなりません（関法第69条の13第1項、関令第62条の17第2号～第6号、関法通達69の13-2(3)、69の13-3(1)ニ、ホ）。

　なお、経済産業大臣申立時意見書には、不正競争差止請求権者が税関に提出しようとする証拠が侵害の事実を疎明するに足りると認められることについても、意見及び理由が記載されることから、税関においては、提出された証拠及び経済産業大臣申立時意見書を尊重することになります。また、経済産業大臣認定書を提出する場合は、その経済産業大臣認定書において侵害の事実に関する判断が示されていることから、輸入差止申立ての際に、侵害の事実を疎明するための資料を提出する必要はありません（関法通達69の13-3(2)ト）。

(3) 輸入差止申立ての受理前の公表等

　輸入差止申立てがなされると、税関はそれを受け付けて審査をして、その輸入差止申立てを受理するか、不受理とするかを判断することになります。輸入差止申立てが受理されると、その輸入差止申立てがされた貨物については認定手続が執られることになりますので、それまでその貨物を円滑に輸入していた輸入者や今後輸入を予定している輸入者その他利害関係者（輸入者以外の国内における取扱事業者、海外の輸出者や製造者等をいいます（関法通達69の13-3(2)注2)。）

---

[5] 不正競争防止法違反物品については、同法により保護される範囲が商標権や特許権のように特許庁に登録されているわけではないこと等から、輸入差止申立ての際に、「関税法第69条の4第1項の規定による経済産業大臣に対する意見の求めに係る申請手続等に関する規則」の定めるところにより、商品等表示が需要者の間に広く認識されているものであること等について経済産業大臣の意見を求め、あるいは、保護の対象である営業秘密の不正使用行為により生じた物品であること等についての経済産業大臣の認定を求めて、その意見又は認定の内容を記載した書面を税関に提出しなければなりません。

の事業活動に影響を与えることも考えられます。そのため、透明性の確保や輸入者その他の利害関係者の手続保障の観点、また、当事者同士による未然の紛争解決の観点から、受け付けた輸入差止申立書の記載事項及び添付資料に不備がないことを確認したうえで、税関ホームページ[6]において、①知的財産の種別②知的財産の内容、③侵害と認める物品の品名、④申立人及びその連絡先、⑤申立先税関及びその連絡先、⑥公表日及び意見を述べることができる期間（公表日から10日（行政機関の休日を除きます。））を公表するとともに、輸入差止申立てがされた貨物の予想される輸入者や国内の利害関係者が判明している場合は、申立人の意見を聴いたうえで、取締り上支障があるときや申立人との間で争いがなく、そのおそれもないことが明らかであるときを除き、その輸入者等に連絡して意見を求めます（関法通達69の13-6(1)、(2)）[7]。

（4）輸入差止申立て申請手続等

　輸入差止申立ては、いずれかの税関に、表3-1にあるような書類を1部提出することにより行います。提出の窓口は、全国9税関の本関に設置されている「知的財産調査官」が担当しています。

表3-1　輸入差止申立てのための必要書類

提出が必要な書類	必要に応じて提出する書類
① 申立書（権利毎に定められた税関様式）	ア．権利侵害を証する裁判所の判決書・仮処分決定通知書の写し又は特許庁の判定書の写し イ．弁護士等の鑑定書等 ウ．権利侵害を行う者に対して発した警告書等の写し エ．係争関係資料 オ．並行輸入関係資料 カ．予想される侵害物品の輸入者・輸出者その他侵害物品に関する情報を確認できる資料
② 登録原簿謄本及び公報（著作権及び著作隣接権については、当該権利の発生を証すべき資料。育成者権については、品種登録簿の謄本。不正競争防止法違反物品については、経済産業大臣の意見書又は認定書）	
③ 侵害の事実を疎明するための資料	
④ 識別ポイントについての資料	
⑤ 通関解放金の額の算定基礎となる資料（特許権、実用新案権、意匠権、保護対象営業秘密のみ）	
⑥ 代理人が手続を行う場合には委任状等	

　なお、輸入差止申立てにはいくつかの書類を準備する必要があること、税関が

6　https://www.customs.go.jp/mizugiwa/chiteki/pages/uketsuke.pdf
7　保護の対象となる営業秘密の不正使用行為により生じた物品についての輸入差止申立ての場合は、受理前の公表や輸入者等への連絡は行いません。

輸入貨物を検査して真正品であるか侵害物品であるかを判断するためのポイントを詳しく示す必要があること等から、税関は、権利者が輸入差止申立てを行うにあたり、事前相談を受け付けています。

　事前相談を希望する権利者又はその代理人の方は、いずれかの税関の知的財産調査官に電話等により事前に予約をしたうえで、次の書類等を提示して相談してください（代理人の方のみで相談をする場合は委任状が必要ですので、留意してください。）。知的財産調査官は、申立て要件に関する確認や輸入差止申立書等の具体的な記入要領等の説明を行います。

① 　登録原簿及び公報等（権利関係の確認）

② 　侵害物品又はその写真等（侵害の事実の確認）

③ 　真正品又はカタログ等（識別方法の確認）

④ 　その他関係資料（並行輸入関係の資料等）

　輸入差止申立書の提出や事前相談のための知的財産調査官の連絡先は、以下のとおりです[8]。

税関	所属	電話番号
函館税関	業務部知的財産調査官	0138-40-4255
東京税関	業務部知的財産調査官	03-3599-6369
横浜税関	業務部知的財産調査官	045-212-6116
名古屋税関	業務部知的財産調査官	052-654-4116
大阪税関	業務部知的財産調査官	06-6576-3318
神戸税関	業務部知的財産調査官	078-333-3156
門司税関	業務部知的財産調査官	050-3530-8366
長崎税関	業務部知的財産調査官	095-828-8801
沖縄地区税関	業務部知的財産調査官	098-894-6706

3. 輸入差止申立ての審査

　輸入差止申立てを受け付けると、税関は、輸入差止申立書の記載内容や添付資料等から、申立人の知的財産を侵害する事実を疎明する証拠があるか否かを審査し、その審査の過程において、必要に応じ、輸入差止申立書の記載事項の補正や

8　https://www.customs.go.jp/mizugiwa/chiteki/pages/b_003_2.htm

添付資料の追加提出を申立人に要請することになります。

　また、前述した輸入差止申立ての内容の公表等により、輸入者その他利害関係者から「侵害すると認める理由」の開示を求められた場合は、原則として、申立人から提出された「侵害の事実を疎明する」ための資料等の写しをその輸入者等に交付する等により開示するほか、利害関係者から意見書が提出された場合は、その輸入者等が非公表としている部分を除き、その意見書の写しを申立人に交付する等により開示することになります（関法通達 69 の 13-6 (3)、(5)）。さらに、後から説明しますが、輸入者その他利害関係者から意見書が提出された場合等においては、専門委員に意見照会を行うことになります。

　なお、輸入差止申立ての審査期間は、輸入差止申立ての受付の日の翌日から起算して 1 か月以内を目途にしていますが、専門委員に意見照会を行った場合は、輸入差止申立ての公表の日から 5 か月以内を目途にしています（関法通達 69 の 13-1、「知的財産侵害物品の取締りに関する専門委員制度の運用等について」（以下「専門委員制度運用指針」といいます。）第 1 章-2)。

4. 専門委員への意見照会

　税関には、知的財産調査官という知的財産に関する事務を専担して行う職員が配置されており、種々の研修等により専門性の向上に努めているところですが、必ずしも知的財産の専門家ではありませんので、輸入差止申立ての受理・不受理に当たってより適正判断をするためには、知的財産の専門家の意見を踏まえることが必要な場合もあります。そのような場合に、輸入差止申立てを受け付けた税関長が意見を聴くことができるのが専門委員です。税関長は、知的財産権に関し学識経験を有する者であってその輸入差止申立てに関係する当事者と特別の利害関係を有しないものを専門委員として委嘱し、その輸入差止申立てに際し提出された証拠が侵害の事実を疎明するに足りると認められるか否かについて、意見を求めることができます（関法第 69 条の 14 本文）。専門委員に意見を求めた場合は、専門委員から意見書の形で税関に提出されます（専門委員制度運用指針第 1 章-10 (2)）。ただし、不正競争防止法違反物品についての輸入差止申立ての場合は、前述したように、その輸入差止申立ての際に、提出された証拠が侵害の事実を疎明するに足りると認められることについての経済産業大臣の意見書又は侵害の事実に関する判断が示されている経済産業大臣の認定書が提出されますので、専門委員に意見を求めることはできません（関法第 69 条の 14 ただし書）。

なお、専門委員は、個人の資格で一有識者として税関に意見を述べることとなります。審議会等の委員と異なり非常勤の公務員ではありませんので、公務員としての一般的な守秘義務は課されません。しかしながら、専門委員は、輸入者、輸出者、権利者等が関係する個別事案に関与しますので、当事者の秘密に関する事項を知り得ることになりますが、そのような秘密に関する事項を他に漏らすことは当事者の利益を害することになります。そこで、専門委員には、関税法の規定により守秘義務が課され、意見を求められた事案に関して知り得た秘密については、専門委員として委嘱された期間はもとより、その期間が満了し専門委員でなくなった後においても、漏らしてはなりません[9]（関法第69条の21第1項）。これに違反した場合は、6月以下の懲役又は50万円以下の罰金が科されます（関法第115条の3）。

(1) 専門委員への意見照会を行う場合

専門委員への意見照会を行うのは、具体的には次の場合です。これらに該当する場合であっても、侵害の事実が疎明されているか否かの判断に当たり技術等に関する専門的な判断を要しないことが明らかであるとき、裁判所や特許庁の判断を待つことが真に必要と認められるときなど、特段の事情があるときは、意見照会を行うことはありません（専門委員制度運用指針第1章-1(1)）。

① 輸入差止申立ての内容の公表等により、輸入者その他利害関係者から意見書が提出された場合
② 侵害の事実について申立人と輸入者その他利害関係者の間で訴訟等の争いがある場合又は争いが生じる可能性が高いと判断される場合
③ 侵害の事実が疎明されているか否かの判断が困難であるなど、意見照会を行うことが適当と認められる場合

(2) 専門委員への意見照会の対象となる事項

専門委員への意見照会をする事項は、「提出された証拠が侵害の事実を疎明するに足りると認められるか否かについて」です。侵害の事実が疎明されているかどうかの判断は、特許法、商標法等の各知的財産法における侵害行為を組成することになるかどうかという観点から行うこととなりますので、具体的には、特許発明や登録実用新案の技術的範囲、登録意匠やこれに類似する意匠の範囲、並行輸入、権利消尽、先使用、権利無効、試験研究、権利の濫用等の侵害成立阻却事

---

9 後述する認定手続において専門委員に意見を聴く場合も同様です。

由の有無等について、意見照会をすることになります（専門委員制度運用指針第
1章-1(2)）。

　なお、仮に利害関係者が申立人の特許権が無効である旨の意見書を提出し、税
関が特許権無効理由の有無について専門委員に意見照会する場合であっても、特
許権の無効はそもそも特許庁の無効審決によるべきものであり、税関が無効とす
ることはありません。また、特許権無効理由の有無についても、相当の専門性を
有していないと判断することはできませんので、税関が直接的に無効理由の有無
を判断することは困難と考えられます。したがって、専門委員から無効理由があ
るとの意見が提出されたとしても、それをもって税関が無効理由があると判断す
るのではなく、専門委員が無効理由があるとする以上、侵害の事実を疎明するに
足りると認められる証拠が提出されていないとの判断をすることになるものと考
えられます（専門委員制度運用指針第1章-1(2)においては、「税関が権利無効を
判断するものではない」と規定しています。）。

(3) 専門委員の委嘱

　専門委員に委嘱できるのは、「知的財産権に関し学識経験を有する者」です。
具体的には、知的財産に詳しい学者、弁護士、弁理士となりますが、専門委員に
意見照会をするべき事案が生じた都度専門委員の選定をするのは審査の遅延につ
ながりかねません。そこで、あらかじめ専門委員の候補となる者を選定し、専門
委員に意見照会をするべき事案が生じた場合に、その候補者の中からその事案に
関係する当事者と特別の利害関係を有しない者3名（必要に応じ5名）を選定
し、委嘱することとなります。

　この「特別の利害関係」があるか否かについては、まず、申立人や意見書を提
出した輸入者その他利害関係者に対し、専門委員の候補者のうちに特別の利害関
係がある者がいるか否かを確認します。その結果、特別の利害関係がないと認め
られる候補者の中から委嘱しようとする者を選定し、その者にも、意見照会の対
象となる事案の当事者と「特別の利害関係」があるか否かについて確認します。

　また、専門委員制度は、民事訴訟法に規定されている専門委員の制度を参考に
設けられたものですが、輸入差止申立てに関し利害関係を有する者を専門委員に
委嘱しないことの趣旨は審査の公正の確保にあり、民事訴訟法における裁判官や
専門委員の忌避の制度と同じ趣旨であることから、実際にどのような事情が「特
別の利害関係」に当たるかについては、民事訴訟法第92条の6第1項（専門委
員の除斥及び忌避）において準用されている同法第23条第1項各号（裁判官の

除斥）及び第24条第1項（裁判官の忌避）の規定、これらの規定に関する判例や運用を参考に判断することになります（専門委員制度運用指針第1章-3(1)、(2)）。

　なお、専門委員の候補となる者については、税関ホームページにおいて、学者4名、弁護士20名、弁理士20名（2023年12月25日現在）が公表されています[10]。

(4) 専門委員への意見照会

　税関が輸入差止申立てに関し専門委員に意見照会をする場合は、意見照会の対象となる輸入差止申立てについて、侵害する事実を疎明するに足りる証拠があるか否か判断しがたい理由をできる限り詳細に記載した「輸入差止申立てにおける専門委員意見照会書」、その輸入差止申立ての当事者（申立人及び輸入者その他利害関係者）から提出された資料その他その事案に関し参考となる資料を専門委員に送付します（当事者が非公表としている資料、取締りの観点から他の当事者に開示できない資料については、その旨を注記して送付します。）。一方、当事者に対しては、専門委員の氏名、職名等を記載した「輸入差止申立てにおける専門委員意見照会実施通知書」を送付して、専門委員に意見照会をする旨を通知します（専門委員制度運用指針第1章-4(1)～(3)）。

　専門委員に意見照会をする場合は、原則として、専門委員が意見書の作成のために当事者の意見を聴取する場である「意見聴取の場」を開催します。ただし、すべての当事者が意見聴取の場への参加を希望しない場合、専門委員が当事者からの提出資料のみで意見書の作成が可能と判断した場合その他専門委員が意見聴取の場の開催を不要と判断した場合は、開催されません。また、輸入者その他利害関係者が多数存在する場合等で、専門委員が一部の輸入者等の意見を聴取すれば意見書の作成が可能と判断した場合は、一部を省略して開催することになります。なお、意見聴取の場は東京税関の本関で開催されますが、開催日時は、専門委員、当事者と調整することになります（専門委員制度運用指針第1章-4(4)、(5)）。

　専門委員は、意見聴取の場に先立ち、専門委員の間で事前打合せを行うことができます。また、不明確な箇所や矛盾点の解消、争点の明確化、主張を裏付けるための証拠であって必要と思料されるものの補充、抗弁事由の確認、技術的内容

10　関税法第69条の14等に規定する専門委員の候補

　https://www.customs.go.jp/mizugiwa/chiteki/pages/h_20c-list.htm

についての確認等のため、税関を通じて当事者に対し、書面による釈明や追加資料の提出を求めることができ、当事者からその書面が提出された場合は、専門委員や他の当事者に送付します（専門委員制度運用指針第 1 章-4 (6)、(7)）。なお、専門委員は、自ら資料等の調査・収集を行うことができますが、その資料等のうち当事者が提出した主張・証拠に含まれていないと認められるものについては、他の専門委員に送付するとともに、透明性の観点から当事者に送付し、意見聴取の場における意見陳述を含め意見を述べる機会が与えられます（専門委員制度運用指針第 1 章-10 (1)）。

　意見聴取の場においては、当事者（その代理人や補助者を含みます。）が同席することが原則ですが、営業秘密等他の当事者に開示することにより自己の利益が害されると認められる事項について陳述する必要がある場合で希望するときは、他の当事者を同席させることなく陳述することができます（専門委員制度運用指針第 1 章-5）。また、当事者は、意見聴取の場において陳述するに先立ち、それまでに提出されている相手方当事者の主張や証拠に反論するため、あるいは自己の主張を明確にするため、陳述要領書その他の資料を提出することができ、この陳述要領書等が提出された場合には、専門委員や他の当事者に送付します。さらに、当事者は、意見聴取の場において、技術的内容などの説明を目的として物品の提示や実演をすることができますが、その物品の提示や実演については意見又は証拠として扱われません（専門委員制度運用指針第 1 章-6）。

　意見聴取の場においては、申立人と輸入者その他利害関係者がそれぞれ意見陳述を行いますが、その意見陳述の内容は、専門委員が特に必要と認める場合を除き、意見聴取の場までに提出された当事者の主張・証拠に対する反論又は自己の主張の明確化に限られます。当事者には、相手方当事者の意見陳述の内容について反論の機会を与えられますが、それ以外は、専門委員から求められた場合を除き、相手方当事者の意見に対する意見陳述を行うことはできず、専門委員又は税関からの質問に回答することになります（専門委員制度運用指針第 1 章-7 (3)、(4)）。

　専門委員は、陳述された意見の内容等を踏まえ、侵害の事実を疎明するに足りると認められるか否か等を判断するために必要な事実関係や法律関係について、他の専門委員と意見交換を行い、必要に応じ、当事者に対して釈明、主張の追加や変更、主張を裏付けるための更なる証拠の提出を求めることになります。そして、意見聴取の場の最後に、当事者に対し意見を述べる機会が与えられます（専

門委員制度運用指針第 1 章-7 (5)、(6))。

　なお、意見聴取の場の後、当事者（意見聴取の場に出席しなかった当事者を含みます。）は、専門委員からの求めがあるか否かにかかわらず、意見聴取の場までに提出され、又は意見聴取の場において提出された当事者の主張・証拠、あるいは専門委員が自ら調査・収集した資料等に対する反論や自己の主張の明確化に限り、書面により補足意見を述べることができ（意見聴取の場の翌日から、行政機関の休日を除き 5 日を経過する日までに 1 回のみ）、提出された補足意見書は、専門委員及び他の当事者に開示されます（専門委員制度運用指針第 1 章-8）。

(5) 専門委員の意見書

　専門委員は、税関から送付を受けた資料、自ら調査・収集した資料等に基づき、意見書を作成し、税関に提出します。意見書は、一人一人の専門委員が個別に作成することもできますし、複数の専門委員が連名で作成することもできます。意見書においては、輸入差止申立ての申立人から提出された証拠が侵害の事実を疎明するに足りると認められるか否かについて、その結論及び理由が述べられ、その写しの交付等により当事者や他の専門委員に開示されます。なお、税関は、意見書をもとに輸入差止申立てを受理するか、不受理とするかを決定する必要がありますので、意見書の作成時点において侵害の事実の疎明が十分と認められない場合は、明確に疎明不十分（不受理とすべき）との意見が述べられます（専門委員制度運用指針第 1 章-10 (2)〜(4))。

　専門委員の意見書に明らかな事実誤認等の特段の事情がある場合には、当事者は、その内容を記載した意見書を提出することができ、提出された意見書は、他の当事者や専門委員に開示されます（専門委員制度運用指針第 1 章-11）。

(6) その他

　専門委員への意見照会が開始された後において、その意見照会の対象となった輸入差止申立てが取り下げられた場合その他専門委員の意見が必要でなくなる事情が生じた場合や、裁判所や特許庁の判断を待つことが真に必要と認められるなど特段の事情が生じた場合は、専門委員への意見照会は中止されます（専門委員制度運用指針第 1 章-13 (1)）。

　また、専門委員への意見照会を実施した事案について受理・不受理が決定された場合は、個人・法人情報や企業秘密の取扱いに十分留意の上、原則として ①知的財産の種別、②主な争点、③専門委員の意見の概要、④処理結果及び処理年が税関ホームページで公表されます [11]（専門委員制度運用指針第 1 章-14）。

5. 輸入差止申立ての受理・不受理の決定等

　輸入差止申立てを受け付けると、税関は、輸入差止申立書の記載内容、添付資料等から、申立人の知的財産を侵害する事実が疎明されているか否かを審査し、その輸入差止申立ての受理・不受理を決定します。この場合において、専門委員への意見照会が行われた場合は、専門委員の意見書の内容に明らかな事実誤認等の特段の事情がない限り、専門委員の多数意見を尊重して決定します（専門委員制度運用指針第1章-12）。

（1）輸入差止申立ての受理・不受理の通知

　輸入差止申立てが受理された場合は、申立人に対し、その旨及び有効期間[12]が通知され、不受理とされた場合は、その旨及びその理由が申立人に通知されます（関法第69条の13第3項）。また、専門委員への意見照会が行われた場合は、申立人以外の当事者にも受理・不受理の旨が通知されます（関法通達69の13-7⑷）。なお、輸入差止申立ての受理・不受理について不服がある場合は、税関長に対し再調査の請求をすることが可能であり（関法第89条第1項）、再調査の請求に対する決定になお不服がある場合は、財務大臣に対し審査請求をすることができます[13]（行政不服審査法第2条、第5条第2項）。審査請求があった場合は、原則として、関税等不服審査会に諮問されることとなります（関法第91条、関令第82条）。輸入差止申立ての受理・不受理は、不服申立て前置の処分ではありません（関法第93条）ので、不服申立てを行うことなく、直接、行政処分取消訴訟を提起することもできます。

（2）輸入差止申立ての受理後の公表等

　輸入差止申立てが受理された場合は、①申立人の氏名・名称、法人番号、連絡先名・連絡先電話番号、②知的財産の内容（特許権・実用新案権は請求項の番号を含みます。）、③侵害すると認める物品の品名、④輸入申立ての有効期間が、税関ホームページにおいて公表されます[14]（関法通達69の13-8）。

11　https://www.customs.go.jp/mizugiwa/content/h_29c-senmoniin.pdf
12　「有効期間」とは、輸入差止申立てがされた貨物が発見される都度、認定手続を執ることとなる期間をいいます。
13　税関長に対し再調査の請求をすることなく、直接財務大臣に対し審査請求をすることもできます（行政不服審査法第2条、第5条第1項ただし書）。
14　https://www.customs.go.jp/mizugiwa/chiteki/index.htm
　　なお、https://www.customs.go.jp/searchk/jyksv001.jsp において、有効期間中の受理済み輸入差止申立てを検索することができます。

　輸入差止申立ての更新を希望する場合は、有効期間の満了前3月から満了の日までの間に「輸入差止申立更新申請書」と添付資料等を、当初の輸入差止申立てをした税関に提出しますが、当初の輸入差止申立ての内容に変更がない場合や追加すべき事項がない場合は、添付資料等は簡略化されます（周知表示混同惹起品等についての経済産業大臣申立時意見書は、新たに提出する必要があります。）。

　一方、当初の輸入差止申立てにおいて疎明されていた「侵害と認める理由」に記載された事項と異なる事項について疎明が必要とされる場合、例えば、申立ての対象となる物品が異なる場合や保護の対象となる営業秘密について善意・無重過失でない者を追加する場合は、侵害の事実について新たな疎明が必要となりますので、「輸入差止申立更新申請書」ではなく「輸入差止申立書」の提出が必要となります。なお、輸入差止申立ての更新の受理・不受理の通知、受理した場合の輸入差止申立ての内容の公表については、輸入差止申立ての場合と同様に行われます（関法通達69の13-9）。

　輸入差止申立ての有効期間内に、その輸入差止申立ての内容を変更する場合は、その変更の内容を書面に記載して、当初の輸入差止申立てをした税関に提出します。この場合においても、侵害の事実について新たな疎明が必要となるときは、

図3-2　輸入差止申立ての受付から受理まで

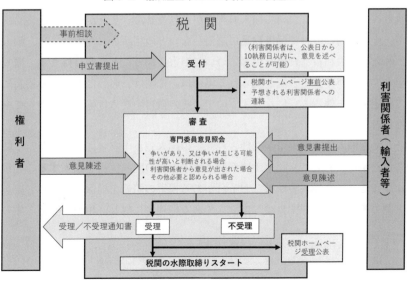

変更内容を記載した書面ではなく「輸入差止申立書」の提出が必要となります。なお、内容変更が認められた後の輸入差止申立ての内容の公表については、輸入差止申立ての場合と同様に行われます（関法通達 69 の 13-10）。

　輸入差止申立ての受理後において、事情変更等により、有効期間内に輸入差止申立ての受理要件である侵害の事実の疎明がされていないと認められる場合は、輸入差止申立ての受理は撤回されます。また、有効期間内における輸入差止申立ての取下げは、書面により申し出ることにより認められます。輸入差止申立ての有効期間内に知的財産の譲渡等により、申立人がその輸入差止申立てをした知的財産を有しないこととなった場合は、輸入差止申立ての取下げをすべきですが、仮に取り下げられない場合でも、申立人の知的財産でなくなった以上、その輸入差止申立てに基づく認定手続は執られないこととなります。なお、輸入差止申立ての受理を撤回し、又は輸入差止申立ての取下げを認めた場合の公表は、輸入差止申立ての場合と同様に行われます（関法通達 69 の 13-11）。

6. 輸入差止申立てが受理された場合における供託等

　前述のとおり、輸入差止申立て制度は、権利者が、自己の知的財産を侵害すると認める貨物が輸入されようとする場合に、税関に対し、その貨物について認定手続を執るべきことを申し立てる制度です。認定手続は、税関が輸入してはならない貨物に該当するか否かを判断するための手続きであり、その間は、認定手続が執られている貨物について輸入の許可がされません。したがって、最終的に税関が、その貨物について侵害物品に該当しないとの判断をした場合には、輸入者は、例えば逸失利益、倉庫費用等について損害を被ることがあり得ます。輸入差止申立てに基づき認定手続が執られる場合は、税関は、いわば権利者の要請に応じて認定手続を執ることになりますので、その損害の責めは輸入差止申立てをした権利者が負うべきです[15]。

　そこで、輸入差止申立てが受理され、その輸入差止申立てに基づき認定手続が執られた場合において、認定手続が終了するまでの間、貨物を輸入することができないことにより輸入者が被るおそれがある損害の賠償を担保するため必要があると認めるときは、税関長は、申立人である権利者に対し、相当と認める額の金

15　このような輸入者の損害は、税関が侵害物品に該当するとの判断をした場合にも生じ得ますが、その場合は、輸入してはならない貨物を輸入しようとしたことになることから、その損害の責めは輸入者が負うべきです。

銭を供託することを命ずることができます。これは、輸入差止申立ての乱用を防止するとともに、誤った輸入差止申立てにより貨物を差し止めた場合に、輸入者や税関当局を保護しようとするものでもあります。

(1) 供託命令ができる場合

税関長が申立人に対し供託命令をすることができるのは、①輸入差止申立てに基づき認定手続が執られた場合であって、②認定手続が終了するまでの間その認定手続が執られた貨物が輸入されないことによりその貨物の輸入者が被るおそれがある損害の賠償を担保するため必要があると認めるときです（関法第69条の15第1項）。具体的には、輸入差止申立てに基づき認定手続を執った後において、申立人と輸入者その他利害関係者との主張が対立し、侵害物品か否か認定しがたい場合に供託を命ずることとなります。ただし、生鮮貨物の場合は短期間で腐敗することも想定されますので、原則として、供託を命ずることとなります（関法通達69の15-1(1)イ）。なお、認定手続が予想以上に時間を要するような場合は供託された金銭の額が不足することも考えられますので、供託命令により供託した金銭の額に不足があると認める場合には、税関長は、その不足額の金銭を供託すべきことを命ずることができます（関法第69条の15第2項）。

(2) 供託額

供託命令の額は税関長が「相当と認める額」です。供託命令をするのは、「認定手続が終了するまでの間その認定手続が執られた貨物が輸入されないことによりその貨物の輸入者が被るおそれがある損害の賠償を担保するため」ですので、具体的には、見込まれる認定手続期間中に貨物が輸入されないことにより被る逸失利益の額、認定手続期間中の倉庫保管料の額及びその他被るおそれのある損害の額の合計額となります。この場合、逸失利益については課税価格の20％程度を目安に算定し、倉庫保管料については貨物が蔵置されている場所の実費費用を

図3-3 供託額の計算式

```
見込まれる認定手続期間中に貨物が輸入されないことによる逸失利益の額
（課税価格の20％程度を目安）
＋
認定手続期間中の倉庫保管料の額
（実費費用を基礎に計算）
＋
その他被るおそれのある損害の額
（例：納入期日までに納品できなかったことにより負担する違約金の額）
```

もとに算定します。生鮮貨物の場合は、腐敗により失われると予想される価値に相当する額として課税価格に相当する額を加えます。また、その他被るおそれのある損害の額としては、例えば、納入期日までに納品できなかったことにより負担する違約金のようなものが考えられます。これらの供託命令の額については輸入者から事情を聴きつつ、必要に応じ調査をしたうえで算定することとなります（関法通達 69 の 15-1 (1)ハ）。

(3) 供託の方法

　供託命令を受けた申立人は、税関長が指定する期限 [16] までに供託命令された額の金銭を、税関長が指定する供託所において供託しなければなりません（関法第 69 条の 15 第 1 項）。また、申立人は、供託書の正本を税関に提出しなければならず、税関長は、その提出があった旨を記載した書面及び供託書の正本の写しを輸入者に交付します（関令第 62 条の 20）。申立人が供託すべき金銭については、国債、地方債その他の有価証券（振替社債等を含みます。）で税関長が確実と認めるもの [17] をもって代えることができます（関法第 69 条の 15 第 3 項）。

　なお、税関長が承認した金融機関 [18] と次の内容の契約（以下「権利者用支払保証委託契約」といいます。）を締結し、その旨を記載した書面に契約書の写しを添付して税関に届け出た場合は、その契約金額の範囲内で、供託命令の額の全部又は一部の供託をしないことができます（関法第 69 条の 15 第 5 項、関令第 62 条の 21 第 1 項、第 2 項）。税関は、その届出があったときは、その旨、金融機関の名称・所在地、契約金額を記載した書面を輸入者に交付します（関令第 62 条の 21 第 3 項）。

① 供託をすべき申立人のために、供託命令の額の範囲内で税関長が輸入者に交付する書面に表示された額の金銭をその輸入者に支払うこと。

② 税関長の承認を受けて解除したときに契約の効力が消滅すること。

③ 税関長の承認を受けた場合を除き、契約を解除し、又は契約の内容を変更することができないこと。

16　供託命令をした日（供託命令書の日付の日）の翌日から起算して 10 日以内（生鮮貨物については 3 日以内）です。

17　税関長が確実と認める有価証券は、国債、地方債、振替社債等のうち振替国債のほか、特別の法律により設立された法人（株式会社を除きます。）の発行する債券（農林債権、商工債権等）、特別の法律により設立された株式会社の発行する社債、証券取引所に上場されている株式及び社債等です。

18　税関長が承認するのは、銀行、長期信用銀行、農林中央金庫、商工組合中央公庫、信用金庫、生命保険会社、損害保険会社等です。

供託命令は、供託命令書の交付をもって行われますが、生鮮貨物の場合で必要と認めるときは、口頭で行われます（関法通達 69 の 15-1(1)ニ）。申立人が、供託命令された額の金銭の全部について、指定された期限（やむを得ない理由があると認められるときは、相応の期限内は猶予されます。）までに供託をしない場合で、かつ、権利者用支払保証委託契約の締結の届出をしない場合は、申立人に争う意思がないと認められますので、認定手続を取りやめることとなります（関法第 69 条の 15 第 10 項）。その結果、認定手続が執られていた貨物の輸入が許可されます（関法通達 69 の 15-1(4)ハ））。

(4) 権利の実行

　税関長が申立人に対し供託命令をするのは、輸入者が被るおそれのある損害の賠償を担保するためですので、申立人が供託した金銭等を他の債権者に対する債務の弁済に充てられては意味がありません。そこで、輸入者が認定手続が執られた貨物に関し申立人に対する損害賠償請求権を取得することとなった場合は、供託された金銭等については、他の債権者に先立ち弁済を受ける権利を有します（関法第 69 条の 15 第 6 項）。ただし、認定手続が執られた貨物について税関が侵害物品に該当しないとの認定をした場合に、輸入者に損害が生じたのかどうか、損害額はどのくらいかといったことを決定する権限が税関にはありませんので、輸入者が損害賠償請求権を取得するためには、税関による侵害物品に該当しない旨の認定後に、申立人を相手取り訴訟を提起するか申立人と和解するなどにより、損害賠償請求権があること及び損害額を確定する必要があります。そのようにして輸入者の損害額が確定した場合において、供託された金銭等により損害の賠償を受けようとするときは、輸入者は、判決の謄本、和解を証する書面その他これらに類するものを添付して、税関長に対し権利の実行を申し立て、損害賠償請求権があることを確認する書面の交付を受けることとなります（関令第 62 条の 22 第 1 項、第 2 項）[19]。

　なお、供託に代えて権利者用支払保証委託契約が締結されている場合は、判決の謄本、和解を証する書面その他これらに類するものを添付して、税関長に申請し、損害賠償請求権があること及び損害賠償請求権の額を確認する書面（「損害賠償請求権存在確認書」）の交付を受け（関令第 62 条の 21 第 4 項、関法通達 69 の 15-1(8)）、これを権利者用支払保証委託契約の相手方である金融機関に提

---

[19] 申立書や確認書の様式など権利の実行の手続きは、「輸出差止申立て又は輸入差止申立て等に係る損害賠償供託金に関する規則」（以下「供託金規則」といいます。）に規定されています。

出することになります。

(5) 供託された金銭等の取戻し

　申立人が供託命令により供託をするのは、輸入されようとする貨物について自己の輸入差止申立てにより認定手続が執られ、結果的にその貨物が侵害物品でなかった場合に輸入者が被るおそれのある損害の賠償を担保するためです。したがって、税関が認定手続により侵害物品と認定した場合は、輸入者の損害を賠償する必要はありませんので、供託した金銭等を取り戻すことができます（関法第69 条の 15 第 8 項第 1 号）[20]。また、認定手続中に輸入者がその認定手続が執られている貨物について、廃棄や滅却をしたり、積戻しをしたり、任意に放棄することにより認定手続が取りやめられた場合（関法第 69 条の 12 第 7 項）は、輸入者が実質的に侵害物品と認めたことになり、申立人は、輸入者の損害を賠償する必要はありませんので、供託した金銭等を取り戻すことができます（関法第69 条の 15 第 8 項第 2 号）。

　申立人に輸入者の損害を賠償する責任が生じた場合でも、輸入者が供託された金銭等の取戻しに同意したこと、輸入者の損害賠償請求権が時効により消滅したこと、供託された金銭等とは別の財産で損害を賠償したことその他の理由により、供託された金銭等により損害の賠償を担保する必要がなくなったときは、申立人は供託した金銭等を取り戻すことができます。ただし、そのような事情について税関が独自に知ることはできませんので、これらの事情を税関に証明して確認を受ける必要があります（関法第 69 条の 15 第 8 項第 3 号）。

　以上のほか、権利者用支払保証委託契約を締結した場合、供託した有価証券が償還を受けることになったことその他の事由により、供託した供託物に代わる供託物を供託する場合にも、申立人は供託した金銭等の供託物を取り戻すことができます。ただし、これらの場合においては、当初供託した金銭等の額を下回らないかどうかを審査する必要がありますので、権利者用支払保証委託契約を締結したときは、承認を受けたい旨を記載した書面に契約書の写しを添付して提出し、また、当初供託した金銭等に代わる供託物を供託するときは、承認を受けたい旨及びその事由を記載した書面にその供託物の供託書の正本を添付して提出し、税関長の承認を受けなければなりません（関法第 69 条の 15 第 8 項第 4 号、第 5 号、関令第 62 条の 23）。

---

[20]　供託された金銭等の取戻しに必要な証明書の様式など取戻しの手続きは、供託金規則に規定されています。

なお、権利者用支払保証委託契約を締結した場合おいて、認定手続が執られた貨物が侵害物品と認定された場合等、その権利者用支払保証委託契約を存続させる必要がなくなったときは、税関長に申請して、その権利者用支払保証委託契約の解除の承認を受けることになります（関法通達 69 の 15-1 (9) イ）。

7. 輸入差止申立ての受理件数の状況

2022 年（令和 4 年）末時点において税関が受理している輸入差止申立ての件数は 716 件で、前年に比べ 13 件増加しました。内訳は、特許権 34 件、意匠権 124 件、商標権 454 件、著作権 93 件、著作隣接権 6 件、育成者権 1 件、不正競争防止法違反物品関係 4 件となっています。

2010 年以降の輸入差止申立て件数の推移（図 3-4 参照）をみると、商標権に係る申立件数は大きく増加し、意匠権、特許権及び著作権に係る申立件数も徐々に増加しています。一方、著作隣接権に係る申立件数は 2014 年以降急減していますが、これは、インターネットの発達により音楽や動画が電子的にダウンロードできるようになり、それまで著作隣接権侵害品として多かった還流 CD や DVD の輸入が減少し、差止申立ての必要性が無くなったことによるものです。

図 3-4　輸入差止申立て件数の推移

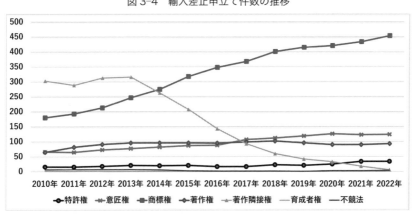

出典：財務省発表資料に基づき CIPIC が作成

8. 輸入差止申立て活用のメリット

これまで説明してきたとおり、輸入差止申立てが行われていない場合、誰がどのような知的財産を有しているのか明確ではなく、税関が職権により水際におい

て侵害物品を取り締まることは非常に困難です。一方、輸入差止申立てが行われ
れば、税関は、侵害物品の判定方法、権利者への連絡先等の情報を入手できるこ
とから、より多くの侵害物品を発見することができることとなります。

　財務省関税局が毎年公表している知的財産侵害物品の差止状況により、2002
年以降の輸入差止申立て件数と税関による輸入差止件数の推移をみると、輸入差
止申立て件数が増加するに伴い税関の差止件数も増加し、ほぼ正比例しています
（図 3-5 参照）。

図 3-5　輸入差止申立て件数と差止件数の推移

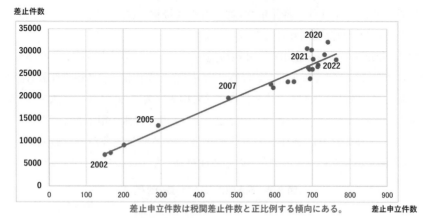

出典：財務省発表資料に基づき CIPIC が作成

　模倣品がいったん国内市場に流入した後は、発見することが非常に困難になる
ばかりではなく、インターネットのオークションサイトやオンラインマーケット
等を通じ広く販売され、かつ、それらサイトへの出品を削除してもいたちごっこ
になることが多いといわれています。これらの点に関し、外村玲子弁護士が「税
関における輸入差止申立制度の活用」（パテント 2022 年 6 月号）において、次
のような輸入差止申立て制度の活用の具体的メリットを挙げ、活用を推薦してい
ます[21]。

- 模倣品が国内市場で流通するとその後の調査等の多大な時間、労力、費用が
  必要であるのに対し、税関で模倣品の輸入を止めることができれば、模倣品
  の拡散を効果的に防止できる。

- 税関から送付される通知書により、模倣品の輸入者及び輸出者の住所（所在

---

[21]　外村玲子「税関における輸入差止申立制度の活用」パテント 2022 Vol. 75 No.6 86-92 頁。

地）及び氏名（会社名）が分かり、その情報に基づき警告状を送付して交渉
を行ったり、刑事事件として警察に対応を依頼したりする等さらなる対応を
進めるために非常に有益である。

● 全国の税関で、海上貨物、航空貨物、郵便物等すべての輸入貨物に対し模倣
品の差止めが行われるため、網羅的かつ効率的な対策が行える。

　これらの点に加え、日本税関の知的財産侵害物品の輸入差止申立て制度におい
ては、申請手数料は必要でなく、また、侵害物品と認定され、没収された後の廃
棄費用や倉庫保管料は国の負担で行われることから、少ない経済的負担で侵害物
品の国内市場への流入を阻止することが可能となります。これに対し、海外の税
関においては、差止登録手数料、倉庫保管料、廃棄費用が必要な場合もあります
ので、利用する場合は各国の制度を調査の上、慎重にご検討ください。

第4章　知的財産侵害疑義物品の認定手続

　知的財産侵害物品は輸入することができない貨物ですので、税関は、輸入されようとする貨物が知的財産を侵害する物品であるかどうかを判断する必要があります。私権である知的財産を侵害するかどうかの判断は裁判所に任せるべきではないかといった意見もあるかもしれません。しかしながら、令和4年（2022年）の認定手続開始件数は3万2千件を超えています[1]。訴訟経済上の観点や国際物流の円滑化の観点等を踏まえ、また、税関による知的財産侵害物品であるかどうかの認定は、当事者である権利者・輸入者の権利義務関係を最終的に確定するものではなく、あくまで、輸入を許可することができる貨物であるかどうかの行政上の判断であることを考慮すれば、税関の目の前にある輸入されようとする貨物について、税関自ら知的財産侵害の該非を認定することは合理的と考えられます。

　一方、税関が知的財産侵害の該非を恣意的に認定することは、当然のことながら許されません。税関においては、知的財産に関する事務を専門に行う知的財産専門官を置いて、知的財産に関する研修等に努めているほか、判例等により知的財産侵害に関する情報の収集・分析等を行っています。また、知的財産侵害物品であるかどうかを判断する認定手続においては、権利者・輸入者双方に証拠や意見の提出の機会を与え、提出された証拠・意見については相手方に開示するなど、手続きの透明性・公平性を確保しています。さらに、税関長が、知的財産の専門機関である特許庁長官や、知的財産法を所管する経済産業大臣・農林水産大臣、あるいは知的財産の専門家である学者・弁護士・弁理士からなる専門委員に対し、必要に応じ意見を求めることができる制度を設け、知的財産侵害の該非の認定を適正に行うこととしています。本章においては、この認定手続ついて具体的に説明します。

1. 認定手続の概要

　知的財産は私権であり、契約により自己の知的財産を他人に使用させることが可能です。例えば、商標権の場合、商標権者は、その商標権について専用使用権

1　https://www.mof.go.jp/policy/customs_tariff/trade/safe_society/chiteki/cy2022/20230303b.htm

を設定することや通常使用権を許諾することができます。また、いわゆる並行輸入として侵害行為に該当しない場合もあります。したがって、ある物品が知的財産を侵害する物品に該当するか否かは、薬物や拳銃などの他の輸入してはならない貨物と異なり、必ずしも物品のみを見たり、物品を試薬に反応させる等により判断できるわけではなく、権利者と輸入者、あるいはその物品の輸出者や製造者等との権利関係等、諸々の事情を勘案する必要があります。

　そこで、税関が輸入されようとする貨物のうちに侵害疑義物品を発見した場合は、権利者・輸入者に侵害の該非についての証拠や意見を提出する機会を与えた上で税関が侵害物品に該当するか否かを認定するための手続きを執ることとしています。この手続きを「認定手続」といい、輸入申告がされた貨物又は税関に提示された輸入郵便物のうち、税関による審査・検査により発見された侵害疑義物品については、隠匿されている場合など犯則調査を行う場合を除き、認定手続を執ることとなります。認定手続は、輸入差止申立てがされた貨物を税関が発見した場合のみならず、税関職員の知識や経験等により侵害疑義物品を発見した場合にも、執られます。

　認定手続を執る場合は、税関は、権利者及び認定手続が執られた貨物（疑義貨物）の輸入者に「認定手続開始通知書」を送付して、認定手続を開始する旨を通知します。これに併せ、権利者及び輸入者に対し、相手方の名称（氏名を含みます。以下同じです。）及び住所を通知します。また、権利者に対しては、疑義貨物の仕出人（輸出者）の名称及び住所、輸入申告書・仕入書等の書類や疑義貨物（梱包等を含みます。）における表示から生産者が明らかと認める場合にはその生産者の名称及び住所が併せて通知されます。この生産者の名称及び住所については、認定手続の開始時に不明であっても認定手続中に明らかとなれば、事後的に権利者に通知されます。

　そして、権利者・輸入者の双方に対し侵害の該非についての証拠を提出し、意見を述べる機会が与えられます（輸入差止申立てに基づき認定手続が執られた場合において、輸入者が後述する「争う旨の申出」をしないときは、税関は、その輸入差止申立ての際に提出された証拠に基づき侵害の該非を判断しますので、権利者・輸入者に証拠・意見を提出する機会は与えられません。）。輸入者が侵害物品ではない旨を主張する場合は、税関長は、輸入者に対し、その主張を裏付ける書類等の提出を求めることができます。

　また、権利者・輸入者は、認定手続が執られた疑義貨物について、点検や見本

の検査を行うことができます。輸入差止申立てが受理された特許権者、実用新案権者、意匠権者及び不正競争差止請求権者（保護の対象である営業秘密の不正使用行為により生じた物品の不正競争差止請求権者に限ります。）は、税関長に対し、特許庁長官や経済産業大臣に意見を聴くことを求めることができますし、税関長はそのような求めがなくても、必要があれば、特許庁長官や経済産業大臣に意見を求めることができます。さらに、税関長は、育成者権に関しては農林水産大臣に意見を求めることができるほか、特許庁長官、経済産業大臣又は農林水産大臣に意見を求めることができる事項を除き、専門委員に意見を求めることもできます。

　なお、認定手続中の疑義貨物が廃棄や滅却、積戻し等により輸入されなくなったときは、認定手続は取りやめられます。また、特許権者、実用新案権者、意匠権者及び不正競争差止請求権者（保護の対象である営業秘密の不正使用行為により生じた物品の不正競争差止請求権者に限ります。）の輸入差止申立てに基づき認定手続が執られたときは、輸入者は、一定の要件の下、認定手続を取りやめる

図 4-1　認定手続の流れ

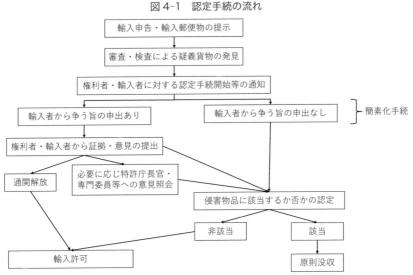

(注 1) この流れ図は、受理された輸入差止申立てに基づき認定手続を執る場合のものです。職権により認定手続を執る場合は、「簡素化手続」及び「通関解放」はありません。

(注 2)「通関解放」は、特許権・実用新案権・意匠権侵害物品の疑いのある疑義貨物、保護の対象である営業秘密の不正使用行為により生じた物品の疑いのある疑義貨物についてのみ、認められます。

(注 3) 認定手続中の疑義貨物が廃棄・滅却、積戻し等により輸入されなくなった場合は、認定手続は取りやめられます。

ことを求めることができます（その結果、認定手続が執られていた疑義貨物の輸入が認められますので、輸入者の求めにより認定手続を取りやめることを「通関解放」といい、通関解放については、後述します。）。

　認定手続が取りやめられた場合を除き、税関は、認定手続において権利者や輸入者から提出された証拠・意見（証拠・意見が提出されない場合は、その提出されないという事実）、特許庁長官等から提出された意見、専門委員から提出された意見等を総合的に勘案して、認定手続が執られた疑義貨物について侵害物品に該当するか否かの認定をします。侵害物品と認定されれば、その疑義貨物は輸入してはならない貨物に該当することから輸入は認められず、税関が没収して廃棄するか、積戻しを命ずることになります（原則として没収・廃棄します。）。一方、侵害物品ではないと認定されれば、その疑義貨物の輸入は許可されます。

2. 認定手続の開始

　税関長は、関税法第 6 章に定めるところにより輸入されようとする貨物、すなわち、輸入申告がされた貨物又は税関に提示された輸入郵便物のうちに、輸入してはならない貨物に該当する知的財産侵害物品があると思料するときは、認定手続を執らなければなりません。また、認定手続においては、権利者・輸入者に対し、侵害の該非について証拠や意見を提出する機会を与えなければなりません（関法第 69 条の 12 第 1 項、関令第 62 条の 16 第 1 項）。

　関税法第 69 条の 12 第 1 項に規定する「思料する」というのは、単に「思う」程度ではなく、知的財産侵害物品に該当することについて相当程度の蓋然性があることを要します。したがって、通常は、権利者から侵害の事実を疎明する証拠が提出される輸入差止申立てであって税関に受理されたものにおいて申し立てられている貨物が発見された場合に、認定手続を執ることになります。輸入差止申立てがされていない貨物であっても、税関職員の知識や経験等から知的財産侵害物品に該当する蓋然性が高いと認められる貨物を発見した場合は、職権で認定手続を執ることになりますが、すべての知的財産を税関職員が把握することは困難ですので、職権で認定手続を執るのは極めて限定的な場合と考えられます[2]。

2　このため、自己の知的財産を侵害する物品の輸入を阻止したい権利者は、積極的に輸入差止申立て制度を活用すべきですが、回路配置利用権の侵害物品については輸入差止申立て制度の対象ではありません。これは、回路配置利用権については、輸入差止申立て制度が導入された平成 7 年（1995 年）1 月以降、権利者からの情報提供及び差止実績は皆無であり、制度整備を図ることによる取締り強化の実効性が見込まれないことによるものです。回路配置利用権については、従来から運用上実施されている輸入差止情報提供制度に

(1) 権利者・輸入者への通知

　税関が輸入されようとする貨物のうちに侵害疑義物品を発見した場合は、特許権者、実用新案権者、意匠権者、商標権者、著作権者、著作隣接権者、回路配置利用権者、育成者権者又は不正競争差止請求権者及び輸入者に対し、認定手続を執る旨、疑義貨物の品名、認定手続を執る理由、侵害の該非について証拠や意見を提出することができる旨及びその期限等を記載した書面（認定手続開始通知書）により通知します（関法第69条の12第1項、関令第62条の16第2項～第5項、関法通達69の12-1-2）。

(2) 権利者名、輸入者名等の相手方への通知

　認定手続開始通知書においては、権利者に対しては、輸入者の名称・住所、仕出人（輸出者）の名称・住所、税関に提出された輸入申告書等の書類や疑義貨物における表示から生産者が明らかと認める場合には、その生産者の名称・住所が記載され、輸入者に対しては、権利者の名称・住所が記載されます（関法第69条の12第2項、第3項）。生産者の名称・住所については、認定手続の開始時には不明であっても認定手続中に明らかとなれば、権利者に通知されます（関法通達69の12-1-2(3)ロ）。

　なお、生産者の名称・住所についてのみ「明らかであると認める場合」[3]に通知することとしているのは、生産者の名称・住所は関税法上申告すべき事項とされておらず、また、税関に提出すべき書類（例えば、インボイス）にも必要的に記載すべき事項とはされていませんので、税関が必ず知ることのできる情報ではないことによります。

　このように、権利者名、輸入者名等を相手方へ通知する趣旨は、次のように、認定手続の迅速性、正確性及び透明性の一層の確保といった認定手続の充実等にあります。

　知的財産侵害物品については、侵害の該非の認定に当たり、認定手続が執られた疑義貨物だけではなく、認定手続において、輸入者、輸出者又は製造者がその疑義貨物について輸入や販売、製造の権利を有しているか否かに関する資料その他侵害の該非の認定に役立つ資料が提出されることが重要な要素となります。一

基づき、税関に侵害物品の情報を提供することができます（関法通達69の13-12）。

3 「明らかであると認める場合」とは、提出書類や疑義貨物（梱包、説明書等を含みます。）に、例えば、「製造者名〇〇」、「MANUFACTURER △△」、「produced by××」のように生産者が明確に表示されている場合や提出書類がメーカーズインボイスのように生産者により作成されたものであることが明らかである場合をいいます（関法通達69の12-1-2(3)ハ）。

般に、権利者は、海外市場であれ国内市場であれ、自己の知的財産を侵害する物
品について、その物品の内容や関係者等の調査を行っており、輸入者名等を認定
手続開始時に権利者に通知することにより、これまでの調査や新たな調査により
権利に関する証拠その他侵害の該非の認定に役立つ資料が提出され、認定のため
の資料が充実することが期待されます[4]。

　特許権や育成者権等については、即物的に侵害の該非を認定することが難しい
場合も多いですが、認定手続を執るかどうかは貨物の外観で判断せざるを得ませ
ん。外観からは権利者の知的財産を使用した物品と思料されるにもかかわらず、
輸入者に登録された権利の範囲との相違を主張されると、税関における認定が容
易でない場合も想定されます。そのような場合でも、輸入者名等を通知すること
により、権利関係以外の資料を含めて権利者の調査に基づくその貨物についての
資料が充実することが期待され、認定手続の迅速性や正確性の一層の確保に資す
るものと考えられます。また、商標権や著作権については、貨物の外観上は侵害
物品のように見えても、輸入者等の関係者がその貨物を扱う権利を有する場合が
あり得るほか、精巧に作られ、即物的に侵害の該非を認定しがたいような場合は、
権利に関する証拠その他侵害の該非の認定に役立つ資料を充実することが、認定
手続の迅速性や正確性の一層の確保に資するものと考えられます。なお、当事者
がお互いに明らかになることにより認定手続の透明性が一層確保されるほか、お
互いの話合いで解決することも期待されます。

　さらに、権利者が認定手続において証拠の提出や意見を述べるために種々の調
査をする過程で、税関の水際取締りに資するような情報があれば、税関に提供す
ることが期待され、知的財産侵害物品の効果的な水際取締りに資することになり
ます。また、輸入者名等が権利者に開示されることにより、権利者は必要に応じ
民事上の措置を取り得ることとなることから、輸入者が安易に侵害物品を輸入し
ようとすることに対する抑止効果が働くものと考えられます。

　以上のように、権利者に輸入者名、輸出者名、生産者名等を通知し、輸入者に
権利者名等を通知するのは、認定手続の充実等のためです。したがって、通知さ
れた事項を認定手続において証拠・意見を提出するために使用することや、民事
上の和解交渉、あるいは訴訟の提起のために使用することは許されますが、通知
された事項を利用して相手に不当な圧力をかけたり、通知された事項をむやみに

4　このような資料には、裁判の判決や特許庁の審判の実績、自己の知的財産を侵害していると認める者との
　　やり取りの記録等も含まれます。

公表し相手方の事業を不当に妨害する等のため使用することは当然に認められません。このため、権利者及び輸入者は、通知された事項をみだりに他人に知らせ、又は不当な目的に使用することは禁止されています[5]（関法第69条の12第8項）。

(3) 証拠・意見の提出の機会の付与

前述のように、知的財産侵害物品であるか否かは、必ずしも疑義貨物を見るだけでは分かりません。そのため、手続保障の観点を踏まえ、認定手続においては、輸入者が争う旨の申出をしない場合を除き、権利者・輸入者に対し、侵害の該非に関し証拠を提出し、及び意見を述べる機会が与えられます。この証拠・意見の提出期限は、認定手続開始通知書の日付の日の翌日から起算して10日（行政機関の休日の日数は算入しません。）以内ですが、疑義貨物が生鮮貨物である場合は、原則3日（行政機関の休日の日数は算入しません。）以内です（関法通達69の12-1-3(1)）。ただし、輸入者が争う旨の申出をした場合の証拠・意見の提出期限の起算日は、認定手続開始通知書とは別に送付される証拠・意見提出期限通知書の日付の日の翌日となります（関法通達69の12-1-3(2)）。なお、やむを得ない事情があると認められる場合に限り、証拠・意見の提出期限は延長されます（関法通達69の12-1-3(3)）。

(4) 簡素化手続（輸入者に対する争うか否かの意思確認）

受理された輸入差止申立てに基づき認定手続を執る場合は、輸入者に対する認定手続開始通知書には、疑義貨物が知的財産侵害物品に該当するか否かについて争う場合には、その認定手続開始通知書を受けた日から起算して10日（行政機関の休日の日数は算入しません。）を経過する日までに、その旨を記載した書面を提出しなければならない旨が記載されます（関令第62条の16第5項第5号）。この書面の提出を「争う旨の申出」といい、争う旨の申出があった場合は権利者にその旨が通知され（関令第62条の16第7項）、権利者・輸入者双方から証拠・意見の提出を求めるなど、通常の認定手続となります。一方、提出期限内に争う旨の申出がない場合は、権利者・輸入者への証拠・意見の提出の機会は与えられず、認定手続における証拠・意見提出の過程が省略され、認定手続自体が簡素化されることから、輸入者に対し争うか否かの意思確認をすることを「簡

---

5 この禁止に違反しても関税法上の罰則の適用はありませんが、民法上の不法行為に該当したり、他の法律（例えば独占禁止法や不正競争防止法）の規定に違反し、罰則の対象となることはあり得るものと考えられます。

素化手続」といいます。

　簡素化手続が導入されたのは平成19年（2007年）6月ですが[6]、その背景には、認定手続においては、権利者・輸入者から提出される証拠・意見に基づき税関が侵害の該非を判断することが原則であるにもかかわらず、ほとんどの権利者からは証拠・意見が提出される一方で、輸入者からはほとんど証拠・意見が提出されないという実態があります。輸入者が証拠・意見を提出しないのは、侵害の該非を争う意思がないものと考えられます。一方、権利者は、証拠・意見を提出しないと疑義貨物の輸入が認められかねないことから、証拠・意見の提出のために必要な疑義貨物の点検を行うため遠隔地の税関官署に赴くなど、人的・経済的コストを負担しています。また、税関にとっても、輸入者に争う意思がない場合でも認定手続自体は進める必要があり、大きな事務負担が生じることとなります。

　権利者が私権である自己の知的財産を守るためにコストをかけるのはやむを得ない面もあります。しかし、輸入してはならない貨物を関税法に規定している趣旨は、公益の保護にあります。知的財産侵害物品を「輸入してはならない貨物」としているのも、侵害物品の国内流入により国民の健康・安全が脅かされたり、経済秩序が乱れることを防止するといった公益保護のためであること等を踏まえれば、輸入者が争う意思を示さない場合にまで権利者に人的・経済的コストの負担を強いる必要はないものと考えられます。そこで、簡素化手続を導入し、輸入者が争う旨の申出をしない場合は、権利者の負担軽減を図るとともに、証拠・意見の提出を省略することにより認定手続を簡素化して、税関行政の効率化を図ることとしたものです。

　なお、簡素化手続の対象を受理された輸入差止申立てに基づく認定手続に限っているのは、輸入差止申立ては、権利者が侵害の事実を疎明する証拠を提出して行う必要があり、これを受理するということは、税関が申立ての内容を審査した結果、権利者が提出した証拠が侵害の事実を疎明するに足りると認めたことになるためです。すなわち、輸入者が争う旨の申出をせず、権利者や輸入者から証拠・意見の提出がされなくても、輸入差止申立て時に提出された証拠その他の添付資料等に基づき、税関は侵害の該非を判断することが可能となります。

6　簡素化手続の導入当初は、特許権、実用新案権及び意匠権についての輸入差止申立てに基づく認定手続は、簡素化手続の対象ではありませんでしたが、令和5年（2023年）10月以降、保護の対象である営業秘密の不正使用行為により生じた物品も含め、受理された輸入差止申立てに基づくすべての認定手続が簡素化手続の対象となっています。

　これに対し、職権に基づき認定手続を執る場合は、税関職員の知識・経験等から侵害の蓋然性が高いと判断したものの、侵害物品ではないおそれもあります。また、輸入差止申立ては、権利者が侵害と認める物品を税関が発見するたびに認定手続を執ることを申し立てるものであり、権利者はいわば包括的に争う意思を示しているのに対し、職権に基づき認定手続を執る場合は、権利者に争う意思があるかどうか分かりませんので、輸入者が争う旨の申出をしないことのみをもって、税関が侵害の該非を判断すること適当ではないと考えられます。

(5) 輸入者に対する証拠書類の提出の求め

　輸入者が、認定手続が執られている疑義貨物について、知的財産侵害物品に該当しない旨の主張をする場合は、税関長は、その旨を証する書類として、

① 　輸入者が疑義貨物を輸入しようとした経緯及び目的を記載した書類

② 　輸入者及び疑義貨物の仕出人の名称・住所・職業（事業）を証する書類

③ 　疑義貨物の性質、形状、機能、品質、用途その他の特徴を記載した書類

④ 　輸入者が疑義貨物を輸入することについて権利者から許諾を受けている否かについて記載した書類

⑤ 　その他疑義貨物が知的財産侵害物品に該当するか否かを認定するための参考となるべき書類

の提出を求めることができます（関法第 69 条の 12 第 4 項、関令第 62 条の 16 第 2 項、これらの書類の具体例については関法通達 69 の 12-1-4 の 2）。このように、税関長が輸入者に対し、知的財産侵害物品に該当しないことの証拠書類の提出を求めることができることとしたのは、令和 4 年（2022 年）10 月からですが、その背景は次のとおりです[7]。

3. 越境電子商取引への対応

　IT 革命以降のインターネットの発達に伴い、事業者と事業者との間（BtoB）あるいは事業者と個人との間（BtoC）の電子商取引（EC）が発達してきました。さらに、近年、サプライチェーンの最適化を目的に、越境 EC も急速に発達してきています。その結果、日本の消費者が越境 EC のプラットフォーム上で購入した商品が郵便等を利用して海外から送られてくることも多くなってきています。

7　令和 3 年 11 月 5 日関税・外国為替等審議会関税分科会資料 2-1「海外の事業者を仕出人とする模倣品の水際取締りの強化」(https://www.mof.go.jp/about_mof/councils/customs_foreign_exchange/sub-of_customs/proceedings_customs/material/20211105/kana20211105siryo2-1.pdf)

　以上のような状況の中で、海外に所在する事業者が、越境 EC のプラットフォーム上の商店や独自のサイトなどを利用して模倣品を販売し、日本の消費者が模倣品とは知らずに、あるいは模倣品と承知のうえで購入し、模倣品が郵便等を利用して日本に輸入されるケースが頻発し、BtoC の取引による模倣品の流入に歯止めが利かない様相を呈していました。これは、海外の事業者が日本国内の個人（事業性のない者）に対し、少量の模倣品を販売し郵便等で送付する事例が急増する中にあって、いわゆる「個人使用目的の模倣品」を輸入する行為は「業として」の輸入に該当しないため、商標権や意匠権の侵害とはならず、知的財産侵害物品として税関が水際で差し止めることができなかったことによるものです。

　そこで、商標法・意匠法が改正[8]され、海外の事業者が模倣品を郵便等により日本国内に持ち込む行為が商標法・意匠法上の侵害行為となることが明確化されました。この改正を踏まえ、外国にある者から日本国内にある者（事業性のない者）に宛てて発送した貨物のうち、商標法・意匠法に規定する「外国にある者が外国から日本国内に他人をして持ち込ませる行為」に該当する商標権・意匠権侵害物品が、関税法上の輸入してはならない貨物となりました[9]（関法第 69 条の 11 第 1 項第 9 号の 2）。

図 4-2　個人使用目的の模倣品の輸入への対処

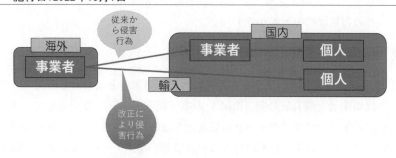

- 2021年5月、商標法・意匠法を改正し、海外の事業者が模倣品を郵便等により日本国内に持ち込む行為について、権利侵害となることを明確化。
- 2022年3月、関税法を改正し、商標法・意匠法の改正により権利侵害となることが明確化された行為による侵害物品を、「輸入してはならない貨物」に追加。
- 施行日：2022年10月1日

8　特許法等の一部を改正する法律（令和 3 年（2021 年）法律第 54 号）による改正。令和 4 年（2022 年 10 月施行。

9　事業性のある者が模倣品を輸入する場合は、従来から関税法第 69 条の 11 第 1 項第 9 号の輸入してはならない貨物に掲げられている知的財産侵害物品に該当します。

　これにより、海外の事業者が郵便等により日本に送付し、事業性のない者が個人使用目的で輸入する模倣品についても、商標権・意匠権侵害物品として税関の水際取締りの対象となります。一方、商標権・意匠権侵害物品と認定するためには認定手続を執る必要がありますが、認定手続の簡素化手続における争う旨の申出による主張の大半が「個人使用目的の輸入」であることが実態です。したがって、税関が侵害か否かを認定するためには、真に個人使用目的であるか否かのほか、海外の仕出人に事業性があるか否かの認定をしなければなりません。そのためには、輸入の経緯や目的、仕出人の事業性の有無等についての証拠が必要となりますが、そのような証拠は、取引の当事者である輸入者が入手することが可能であり、その証拠を提出することは輸入者に過度の負担とはなりません。また、提出した証拠により侵害物品に該当しないとの認定がなされれば、輸入者の利益に資することにもなりますので、税関長が前述した①から⑤までの書類の提出を求めることができることとしたものです [10]。

　なお、関税法第69条の12第4項においては、商標権・意匠権侵害物品か否かを認定するための認定手続に限らず、すべての認定手続において、税関長が輸入者に対し、侵害物品ではない旨を証する書類の提出を求めることができることとしています。これは、実態として、税関が侵害の該非を適正に判断するための十分な材料が輸入者から提出されない場合があったことを踏まえ、制度の一層の実効性を確保するとともに、輸入者の利益を確保するためです。

4. 疑義貨物の点検・見本の検査

　受理された輸入差止申立てに基づき認定手続が執られた場合は、権利者・輸入者は、申請により疑義貨物を点検することができます。また、権利者は、税関長の承認を受けて、疑義貨物の見本の検査をすることができます。

(1) 疑義貨物の点検

　認定手続において争う場合は、権利者・輸入者は証拠・意見を提出しなければなりません。輸入差止申立ては、現に輸入されようとしている特定の貨物について行うものではありませんので、権利者は、実際に輸入されようとしている疑義

10　令和4年（2022年）10月施行の商標法・意匠法・関税法の改正により、令和4年（2022年）10月～12月における商標権・意匠権侵害物品の輸入差止件数及び争う旨の申出件数は、それぞれ前年同期比20.1%増、前年同期比58.6%減となっており（https://www.mof.go.jp/policy/customs_tariff/trade/safe_society/chiteki/cy2022/ka20230303c.pdf）、改正の効果が現れています。

貨物が侵害物品であるという証拠・意見を提出するためには、通常、疑義貨物を確認する必要があるものと考えられます。また、輸入者としては、税関からの認定手続開始通知を受け、取引契約と異なる貨物が送付されたのかどうか確認することも考えられます。

このため、受理された輸入差止申立てに基づき認定手続が執られた場合は、権利者・輸入者は、税関長に申請することにより、疑義貨物を点検することができることとしています（関法第69条の13第4項）。この点検は、申請があれば認められ、税関官署内又は保税地域内において税関職員の立会いの下に行われます。また、権利者による点検の場合は、税関は、疑義貨物についての個別具体的な情報が権利者に了知されないよう十分留意するとともに、必要に応じ、権利者に了知された場合に支障がある箇所がないかを輸入者に確認のうえ行われます（関法通達69の12-1-5）。

「点検」とは、疑義貨物の外観を見るものであり、例えばバッグを開けて中を見る程度のことはできますが、疑義貨物を分解したり性能試験をしたりすることはできません。このような分解や性能試験をしなければ証拠・意見を提出できないような場合は、後述する見本検査制度を利用することとなります。また、疑義貨物の点検は、認定手続において証拠・意見を提出するために認められるものですので、疑義貨物が廃棄・滅却されたこと等により輸入されなくなったため認定手続がとりやめられたときは、点検の申請をすることはできません。

なお、運用上、税関は、輸入差止申立てに基づくものであるか否かにかかわらず、認定手続において証拠・意見を提出するため必要であるとして、権利者・輸入者から、疑義貨物の画像情報の電子メールによる送信を希望する旨の申出があった場合は、原則として1回に限り、疑義貨物の画像情報を電子メールで送信することとしています。ただし、画像情報が大量である場合、業務遂行上真にやむを得ない理由がある場合等を除きます（関法通達69の12-1-6）。疑義貨物の点検のために赴く税関官署が遠隔の地にあるような場合は、この仕組みを活用することもできます。

(2) 疑義貨物の見本の検査

前述のように、権利者・輸入者は、認定手続において証拠・意見を提出するため、疑義貨物の点検をすることができます。しかしながら、権利者は、疑義貨物の外観を見ただけでは自己の主張を裏付ける証拠・意見を提出できない場合も考えられます。その場合、権利者は証拠・意見を提出する意思があるにもかかわら

ず、税関は、輸入者のみの証拠・意見により侵害の該非を判断することにもなりかねません。また、外観を見ただけでは侵害かどうか分からないような貨物については、輸入差止申立てが受理されても、実質的に侵害物品として輸入を差し止めることができないおそれがあるほか、そもそもそのような貨物について輸入差止申立てをする意義が失われかねません。そこで、権利者から申請があり、一定の要件を満たすものとして税関長が承認した場合には、税関が権利者に疑義貨物の見本を提供し、権利者がその見本の検査（分解、性能試験等）を行えることとしています[11]（関法第69条の16、関令第62条の24第1項）。

① 見本検査の承認申請

　受理された輸入差止申立ての申立人である権利者は、その輸入差止申立てに基づき認定手続が執られている間に限り、疑義貨物の見本の検査を承認するよう、税関長に申請することができます。この申請がされたときは、輸入者に通知し、その申請に対して意見を述べる機会が与えられます（関法第69条の16第1項、関令第62条の24第2項）。輸入差止申立てに基づき認定手続が執られた疑義貨物に限っているのは、権利者が疑義貨物の見本を検査しなければ侵害物品かどうか判断できないような貨物について、税関が職権で認定手続を執ることは想定されないこと[12]等を勘案したものです。

② 承認の要件等

　権利者による見本検査は、公益の保護目的のためとはいえ、輸入者に処分権限のある疑義貨物の見本を私人である権利者に税関が提供し、分解その他の検査を行わせるものです。検査の結果、提供された見本の原状回復が困難であり、最終的に税関が疑義貨物について侵害物品でないとの認定をした場合に、輸入者に損害を生じさせることも考えられます。そこで、見本検査については、手続保障の観点から、前述したように輸入者に意見を述べる機会を与えることとしています。また、輸入者の権利保護の観点から、疑義貨物の点検のように申請があれば認めるのではなく、輸入者の意見も踏まえて、関税法に定める要件の適合性を税関が審査し、適合する場合に限り承認をすることとしています。さらに、承認の要件

11　知的財産侵害物品を輸入してはならない貨物としているのは、国民の健康・安全、経済秩序の維持等の公益の保護にその目的があることを踏まえると、輸入者の財産である見本を権利者に提供することは、公共のために使用するものと考えられます。なお、輸入者は、関税法第32条の規定に基づき、見本の一時持出しの許可を受けることにより、見本を検査することができます。

12　職権で認定手続を執った場合でも、必要があれば、税関が職権で権利者に疑義貨物の鑑定を依頼することは可能です。

を満たす場合でも、認定手続が執られている貨物が侵害物品に該当するか否かが明らかであるとき、その他承認する必要がないと認めるときは承認をしないこととして、輸入者の権利保護に十分配慮し、真に権利者による見本検査が必要な場合に限り、承認することとしています。

　権利者による見本検査の承認の要件は次のとおりです。いずれか一つの要件が欠けても承認はされません（関法第69条の16第2項、関法通達69の16-2(1)〜(4)）。

　　イ　認定手続において証拠・意見を提出するために必要であると認められること。

　見本検査は、見本の分解、分析、性能試験等をしないと権利者が証拠・意見を提出できない場合を想定した制度ですので、他の目的のための見本検査は認められません。したがって、例えば、疑義貨物の点検を行えば証拠・意見の提出が可能であるような場合は、承認されません。

　　ロ　輸入者の利益が不当に侵害されるおそれがないと認められること。

　例えば、疑義貨物が国内又は国外の市場において販売等されるものではなく、見本検査によりその疑義貨物に含まれる営業秘密が権利者に知られることにより、輸入者の利益が害されるおそれがあるような場合は、承認されません。

　　ハ　見本が不当な目的に使用されるおそれがないと認められること。

　例えば、見本が転売されたり、争点となっている知的財産の侵害以外の知的財産の侵害が見本検査により調査されるおそれがある場合、見本検査によって申請者（権利者・権利者の委託を受けた者）の知り得る事項がみだりに他人に知らされるおそれがあるような場合は、承認されません。

　　ニ　申請者が見本の運搬、保管、検査等の取扱いを適正に行う能力及び資力を
　　　　有していると認められること。

　申請者は、見本の検査に必要な限度において、見本の運搬、保管、検査に要する費用、見本の返還に要する費用等、見本の取扱いに要する費用を負担しなければなりません（関法第69条の16第4項、関令第62条の24第5項）ので、見本の交付を受けた後、返還する時までにおける見本の管理を適切に行うことができ、かつ、それまでの間の費用負担を確実に行うことができる者である必要があります。

　なお、以上の要件を満たす場合であっても、輸入者が自ら侵害物品であることを認めている場合、契約関係を示す証拠等により輸入者が正当な権利を有するこ

とが明らかである場合等、疑義貨物が侵害物品に該当するか否かが明らかである
ときは、承認されません。また、輸入者が疑義貨物の廃棄・滅却等をすることに
より疑義貨物が輸入されなくなったことが確実と認められる場合、疑義貨物が特
許権等に関するもので、見本検査の承認申請が後述する通関解放間近に行われ、
通関解放となることが確実と認められる場合等、承認する必要がないと認めると
きも、承認されません（関法第 69 条の 16 第 2 項ただし書、関法通達 69 の 16
−2 (5)）。

③　権利者・輸入者への通知等

　見本の検査が承認された場合は、その旨が権利者・輸入者に通知されます（関
法第 69 条の 16 第 3 項）。また、輸入者には、その通知に併せ、見本の検査がさ
れる場所・日時が通知されます（関令第 62 条の 24 第 4 項）。見本の検査は、権
利者が管理する場所で行われることも想定されますので、不正な検査が行われな
いよう、税関職員が必ず立ち会うこととしていますし、輸入者も、申請により立
ち会うことが可能です。その場合は、立会人の氏名等が権利者に通知されます
（関法第 69 条の 16 第 6 項）。

　一方、見本の検査が承認されなかった場合は、その旨及び理由が申請者・輸入
者に通知されます（関令第 62 条の 24 第 3 項）。この承認・不承認に対しては、
不服申立てや行政処分取消訴訟を提起することができますが、見本の検査を承認
した場合は速やかに見本が権利者に交付され、検査が行われると考えられますの
で、不服申立て等に利益があると認められる場合は極めて限定的ではないかと考
えられます。なお、仮に不服申立て等が提起されても、認定手続そのものは影響
されませんので、継続されます。

④　見本の検査における供託等

　疑義貨物の見本の検査を承認する場合において、税関が最終的に疑義貨物が侵
害物品に該当しないとの認定をしたときに、例えば、その見本が分解等の検査に
より原状回復が困難となっていれば、その見本について輸入者は損害を被ること
となります。そこで、このような損害の賠償を担保するため必要があると認める
ときは、税関長は、権利者に対し、相当と認める額の金銭を供託することを命ず
ることとができます（関法第 69 条の 16 第 5 項において読み替えて準用する関
法第 69 条の 15 第 1 項）。具体的には、供託額が 1,000 円程度以下と見込まれ
る場合を除き、見本の検査を承認する場合は、供託を命ずることとなります（関
法通達 69 の 16−3 (1)）。

　供託命令の額は税関長が「相当と認める額」ですが、供託命令をするのは、疑義貨物が侵害物品に該当すると認定されなかった場合に、その見本について輸入者が被るおそれがある損害の賠償を担保するためです。したがって、供託命令の額は、次のイからハまでの額の合計額となり、これらの供託命令の額については、輸入者から事情を聴きつつ、必要に応じ調査をしたうえで算定することとなります（関法通達 69 の 16-3 (3)）。

　イ　見本の課税価格や関税・内国消費税（地方消費税を含みます。）[13] に相当する額

　ロ　見本が輸入できないことにより輸入者が被る逸失利益の額（課税価格の20 パーセント程度を目安に算定）

　ハ　その他見本が輸入できないことにより輸入者が被るおそれのある損害の額

　供託命令を受けた権利者は、税関長が指定する期限 [14] までに供託命令された額の金銭を、税関長が指定する供託所において供託しなければなりません。権利者が、供託命令された額の金銭の全部について、指定された期限（やむを得ない理由があると認められるときは、相応の期限内は猶予されます。）までに供託等をしない場合は、見本の検査の承認をしないこととなります（関法第 69 条の16 第 5 項において読み替えて準用する関法第 69 条の 15 第 10 項）。

　以上のほか、見本の検査における供託についての供託の方法、供託に代わる支払保証委託契約、権利の実行、供託された金銭等の取戻しについては、前述した輸入差止申立てが受理された場合の供託等と同様ですので、本書の「第 3 章 6. 輸入差止申立てが受理された場合における供託等（3）〜（5）」を参照してください。

（3）見本の取扱いにより知り得た事項の使用制限

　見本検査は、認定手続において権利者が証拠・意見を提出するための制度であり、それ以外の目的で申請しても承認されません。目的は証拠・意見を提出するためであっても、実際に見本の交付を受ければ、権利者はさまざまな情報を入手することが想定されます。そのような情報は、あくまで認定手続の対象となった疑義貨物についての当事者の紛争を解決するために使用されるべきものです。したがって、検査を含む見本の取扱いにより知り得た事項を認定手続において証

13　見本がそのままの形で元の場所に戻されない場合は、その見本は国内に入っていわば輸入された状態にありますので、輸入者は、その見本に課される関税等を納付しなければなりません。

14　原則として、供託命令書の日付の日の翌日から起算して 3 日以内です。

拠・意見を提出するために使用すること、あるいは民事上の和解交渉や裁判の提起のために使用することは許されますが、その知り得た事項を利用して相手に不当な圧力をかけたり、その事項をむやみに公表し相手方の事業を不当に妨害する等のため使用することは当然に認められません。このため、権利者は、見本の取扱いにより知り得た事項をみだりに他人に知らせ、又は不当な目的に使用することは、関税法上禁止されています（関法第69条の12第8項）[15]。

5. 特許庁長官等への意見照会の求め等

TRIPS協定第53条第2項は、「意匠、特許、回路配置又は開示されていない情報が用いられている物品に関して」、輸入差止申立てに従い、疑義貨物の差止めが「司法当局その他の独立した当局以外の権限のある当局による決定を根拠として税関当局によって」行われたときは、「正当に権限を有する当局による暫定的な救済が与えられることなく」、権利者が差止めの通知を受けた日から「10執務日」（適当な場合には、更に10執務日延長可）の期間が満了したときは、輸入者が、「侵害から権利者を保護するために十分な金額の担保の提供を条件として」、その疑義貨物の解放の権利を有するとしています。これは、特許等が使用されている物品のように、必ずしも外観だけで侵害の該非を判断できない物品について、「司法当局その他の独立した当局」ではない当局の決定により、税関がいたずらに長期間貨物を差し止めることを防止するための規定です。

日本の制度上、法律の規定に基づき輸入差止申立てを受けることのできる「権限のある当局」は税関であり、輸入差止申立てに基づき疑義貨物を差し止める（認定手続を執る）権限を有するのも税関です。したがって、日本の税関は、自らの決定を根拠として疑義貨物を差し止めることとなります。税関は「司法当局その他の独立した当局以外の権限のある当局」ですので、権利者が差止めの通知（認定手続開始の通知）を受けた日から最長20執務日以内に侵害の該非を認定するか、「正当な権限を有する当局」（日本の制度上は、税関）による「暫定的な救済」が与えられない限り、輸入者が担保を提供すれば疑義貨物を解放する必要があります。これを「通関解放」といいますが、通関解放の手続きについては、後述する「8. 通関解放」において詳しく説明します。

---

15 この禁止に違反しても、関税法上の罰則の適用はありませんが、民法上の不法行為に該当したり、他の法律（例えば独占禁止法や不正競争防止法）の規定に違反し、罰則の対象となることはあり得るものと考えられます。

　この「暫定的な救済」に明確な定義があるわけではありませんが、権利者・輸入者のためになるような措置、すなわち、税関がより適正に侵害の該非を認定するための措置であって、疑義貨物の差止期間をいたずらに延期するものではなく合理的な期間内に終了し、かつ、権利者・輸入者双方の実効的な保護に資する措置であれば、「暫定的な救済」に当たり得るものと考えられます。日本の制度においてTRIPS協定第53条第2項の規定が適用されるのは、特許権・実用新案権・意匠権侵害物品の疑いのある疑義貨物、保護の対象である営業秘密の不正使用行為により生じた物品の疑いのある疑義貨物です[16]。特許庁長官は産業財産権の専門機関である特許庁の長であり、経済産業大臣は不正競争防止法の所管大臣ですので、その意見を参考にすることは、税関が侵害の該非をより適正に判断することにつながり、かつ、権利者・輸入者の実効的な保護につながるものと考えられます。そこで「暫定的な救済」として、認定手続において、権利者・輸入者が税関長に対し、特許庁長官・経済産業大臣に意見を聴くことを求めることができる制度が導入されました。

（1）特許庁長官等への意見照会を求めることができる者等

　特許権・実用新案権・意匠権侵害物品に該当するか否か、あるいは、保護の対象である営業秘密の不正使用行為により生じた物品に該当するか否かについて認定手続が執られたときは、その認定手続が執られている間に限り、権利者・輸入者は、税関長に対し、特許庁長官又は経済産業大臣に対し意見を聴くことを求めることができます[17]。この求めができる期間は、権利者・輸入者が認定手続開始の通知を受けた日から起算して10日（行政機関の休日の日数は含みません。）を経過する日（これを「10日経過日」といい、「10日」が「20日」であれば「20日経過日」といいます。）ですが、認定手続の進行状況等を勘案して税関長が必要と認めて権利者・輸入者に通知したときは、20日経過日となります。また、意見を聴くことを求めることができる事項は、特許権・実用新案権に関しては特許発明等の技術的範囲について、意匠権に関しては登録意匠・類似意匠の範

16　前述のように、回路配置利用権侵害物品については、輸入差止申立ての対象となっていませんので、回路配置利用権侵害物品の疑いのある疑義貨物については、TRIPS協定第53条第2項の規定は適用されません。

17　TRIPS協定第53条第2項との関係から、平成15年（2003年）4月の制度導入当初は、輸入差止申立てに基づき認定手続が執られた場合に権利者から求めがあったときのみが対象とされていました。しかし、専門機関の意見を活用してより適正な認定をするという趣旨からすれば、輸入差止申立てに基づく認定手続に限らず、また、輸入者から求めがあった場合でも、特許庁長官等への意見照会をすることは有効ですので、平成18年（2006年）4月、現行のように改正されました。

囲についてであり、営業秘密に関しては保護の対象である営業秘密の不正使用行為により生じた物品に該当するか否かについてです（関法第 69 条の 17 第 1 項）。なお、意見を聴くことを求めることができる期間については、疑義貨物の現況その他の証拠により侵害か否かの認定を行うことができることが確実と認められる場合、あるいは、輸入者が自発的に疑義貨物の廃棄・滅却・積戻し等の処理を行うことが確実と認められる場合等、延長の必要のないことが明らかな場合を除き、20 日経過日に延長されます（関法通達 69 の 17-3、69 の 17-6）。

(2) 意見の内容の通知等

　税関長は、権利者・輸入者から特許庁長官等へ意見照会することを求められた場合は、原則として意見照会をすることになります。ただし、いたずらに認定手続の遅延を招くことがないよう、侵害の該非が明らかであるときその他意見照会をする必要がないと認めるときは、意見照会をしません。意見照会をしない場合は、その旨及びその理由が、その求めをした権利者又は輸入者に通知されます（関法第 69 条の 17 第 2 項、第 3 項）。具体的には、次のような場合は、求めがあっても意見照会を行いません [18]（関法通達 69 の 17-2 (7)、69 の 17-5 (7)）。

- ・　輸入者が侵害物品であることを認めている等、侵害物品に該当するとの認定をすることができることが確実であるような場合
- ・　契約関係を示す証拠等により輸入者が輸入する正当な権利を有することが明らかである等、特許発明等の技術的範囲、登録意匠・類似意匠の範囲等以外の観点から侵害物品に該当しないとの認定をすることができることが確実であるような場合
- ・　輸入者が自ら疑義貨物を廃棄・滅却等して、疑義貨物が輸入されなくなることが確実と認められる場合
- ・　特許庁長官等に意見照会する際に必要な侵害の行為を組成する物や方法の具体的態様を特定することが困難な場合
- ・　特許庁長官等に意見照会をする場合において税関が行わなければならない手続きである、意見照会書の作成、具体的態様を特定するための疑義貨物の確認、特許庁長官等に提出する意見照会書や添付資料に対する権利者・輸入者からの意見の聴取等の手続きを行う時間的余裕がない段階で意見照会の求めがあり、意見照会を行うことが困難な場合

18　このほか、後述する通関解放の求めができることとなった後は、疑義貨物の輸入が認められるため、意見照会をする意義がありませんので、意見照会は行われません。

　特許庁長官等に意見照会をしたときは、税関長は、権利者・輸入者にその旨を通知します。特許庁長官等は、税関長から意見照会があったときは、その意見照会があった日から起算して30日以内に、書面により意見を述べなければならず、意見が述べられたときは、その旨及びその内容が権利者・輸入者に通知され[19]（関法第69条の17第4項〜第6項）、権利者・輸入者は、その通知書の日付の日の翌日から起算して5日以内に、意見を述べ、又は証拠を提出することができます（関法通達69の17-2(9)、69の17-5(9)）。

　なお、税関長は、特許庁長官等に意見照会をした場合は、権利者からの求めによるときは侵害物品に該当しないことの認定を、輸入者からの求めによるときは侵害物品に該当することの認定を、特許庁長官等から意見が述べられる前に行うことはできません（関法第69条の17第7項）。これは、権利者・輸入者から特許庁長官等に意見照会することを求めるのは、その意見を踏まえた税関の適正な判断を求めるためであり、特許庁長官等からの意見が述べられる前に、権利者・輸入者に不利な認定をすることは、制度の趣旨に反するからです。いい換えますと、特許庁長官等から意見が述べられる前であっても、権利者からの求めによるときは侵害物品に該当することの認定を、輸入者からの求めによるときは侵害物品に該当しないことの認定を、それぞれ行うことは可能です。特許庁長官等から意見が述べられる前に、そのような認定を行った場合や認定手続が取りやめられた場合は、税関長は、特許庁長官等にその旨を通知し、特許庁長官等は意見を述べることを要しないこととなります（関法第69条の17第8項）。

(3) 職権による特許庁長官等への意見照会

　前述のように、特許発明等の技術的範囲や登録意匠・類似意匠の範囲、あるいは保護の対象である営業秘密の不正使用行為により生じた物品に該当するか否か（以下「技術的範囲等」といいます。）について、認定手続において権利者・輸入者から求めがあれば、税関長は特許庁長官等へ意見照会をします。一方、このような求めがなくても、専門機関の意見を活用してより適正に侵害の該非を認定する観点から、税関長は、特許権・実用新案権・意匠権侵害物品に該当するか否か、あるいは、保護の対象である営業秘密の不正使用行為により生じた物品に該当するか否かについての認定手続において、その認定のために必要があると認めるときは、技術的範囲等について特許庁長官等へ意見照会をすることができます（関

19　意見照会は関税法に基づく制度ですので、例えば、特許の技術的範囲について特許庁長官の意見が述べられても、それは、特許法第71条の規定に基づく判定とは別のものです。

法第 69 条の 17 第 9 項)。

　職権で特許庁長官等に意見照会をしたときは、税関長は、権利者・輸入者にその旨を通知します。特許庁長官等は、税関長から意見照会があったときは、その意見照会があった日から起算して 30 日以内に、書面により意見を述べなければならず、意見が述べられたときは、その旨及びその内容が権利者・輸入者に通知され（関法第 69 条の 17 第 10 項において準用する同条第 4 項〜第 6 項）、権利者・輸入者は、その通知書の日付の日の翌日から起算して 5 日以内に、意見を述べ、又は証拠を提出することができます（関法通達 69 の 17-2 (9)、69 の 17-5 (9)）。また、特許庁長官等から意見が述べられる前に、侵害物品に該当すると認定したとき、又は該当しないと認定したときや認定手続が取りやめられたときは、税関長は、特許庁長官等にその旨を通知し、特許庁長官等は意見を述べることを要しないこととなります（関法第 69 条の 17 第 10 項において準用する関法第 69 条の 18 第 5 項)。

6. 農林水産大臣等への意見照会

　商標権や著作権を侵害する物品であるか否かについては、疑義貨物の外観で判断できる場合も比較的多いものと考えられます。これに対し、技術的範囲等については、税関が疑義貨物の外観で判断するのは難しい面も多々ありますので、TRIPS 協定第 53 条第 2 項との関係をも踏まえ、前述のように、税関長が特許庁長官等へ意見照会をすることとしています。他方、疑義貨物の外観で判断することが難しいのは技術的範囲等に限られず、育成者権侵害物品については、葉や実の形等疑義貨物の外観で侵害の該非を判断できる場合があるものの、あん、ござ、米飯等の加工品について育成者権を侵害するか否かを外観で判断するのは難しいと考えられます。

　また、保護の対象である営業秘密の不正使用行為により生じた物品以外の不正競争防止法違反物品（周知表示混同惹起品、著名表示冒用品、形態模倣品、技術的制限手段の効果を妨げる機能を有する物品）についても、客観的な基準がない商品等表示の周知性や著名性、商品の形態が特徴的であるかどうか等については、税関が疑義貨物の外観で判断することは難しいと考えられます。

　そこで、専門機関の意見を踏まえ税関がより適正な侵害の該非の認定を行う観点から、認定手続において、税関長が必要に応じ、種苗法の所管大臣である農林水産大臣や、不正競争防止法の所管大臣である経済産業大臣の意見を聴くことが

できる仕組みが設けられています[20]。

(1) 農林水産大臣への意見照会

　税関長は、育成者権侵害物品に該当するか否かについての認定手続において、その認定のために必要があると認めるときは、農林水産大臣に対し、その認定のための参考となるべき意見を求めることができます（関法第69条の18第1項）。この場合において、「必要があると認めるとき」とは、①権利者と輸入者の主張が対立した場合、②あん、ござ、米飯等の加工品に該当するか否か認定しがたい場合をいいます（関法通達69の18-1(1)）。

　農林水産大臣に意見照会をしたときは、税関長は、権利者・輸入者にその旨を通知します（関法第69条の18第3項）。農林水産大臣は、税関長から意見照会があったときは、その意見照会があった日から起算して30日以内に、書面により意見を述べなければならず、意見が述べられたときは、その旨及びその内容が権利者・輸入者に通知され（関法第69条の17第2項、第4項）、権利者・輸入者は、その通知書の日付の日の翌日から起算して5日以内に、意見を述べ、又は証拠を提出することができます（関法通達69の18-1(4)）。

　なお、農林水産大臣から意見が述べられる前に、侵害物品に該当すると認定したとき、又は該当しないと認定したときや認定手続が取りやめられたときは、税関長は、農林水産大臣にその旨を通知し、農林水産大臣は意見を述べることを要しないこととなります（関法第69条の18第5項）。

(2) 経済産業大臣への意見照会

　税関長は、保護の対象である営業秘密の不正使用行為により生じた物品以外の不正競争防止法違反物品（周知表示混同惹起品、著名表示冒用品、形態模倣品、技術的制限手段の効果を妨げる機能を有する物品）に該当するか否かについての認定手続において、その認定のために必要があると認めるときは、経済産業大臣に対し、その認定のための参考となるべき意見を求めることができます（関法第69条の18第1項）。この場合において、「必要があると認めるとき」とは、権利者と輸入者の主張が対立した場合や税関において侵害物品か否か認定しがたい

20　この農林水産大臣又は経済産業大臣への意見照会は、権利者・輸入者が求めることはできません。また、意見照会ができるまでの期間の定めはありません。これは、技術的範囲等についての特許庁長官等への意見照会と異なり、TRIPS協定第53条第2項との関係における「暫定的な救済」として位置づける必要がないためです。しかし、法的に求めることはできなくても、事実上要請することは可能であり、そのような要請があれば、求めがあっても特許庁長官等へ意見照会をしない場合と同様の特段の事情がない限り、税関は農林水産大臣等へ意見照会を行うこととなると考えられますので、実質的な違いはないものと考えられます。

場合をいいます（関法通達 69 の 18-2 (1)）。

　なお、経済産業大臣に意見照会をした場合における権利者・輸入者への通知等については、前述した農林水産大臣への意見照会の場合と同様です。

7. 専門委員への意見照会

　前述のように、輸入差止申立てがあった場合において必要と認めるときは、税関長は、専門委員を委嘱し、提出された証拠が侵害の事実を疎明するに足りると認められるか否かについて、意見を求めることができます。認定手続においても、疑義貨物が侵害物品に該当するか否かの認定が難しい場合があり得ますので、そのような場合は、知的財産の専門家の意見を踏まえ、より適正な判断をすることが必要です。そこで、認定手続が執られた場合において、疑義貨物が侵害物品に該当するか否かの認定をするために必要があると認めるときは、税関長は、専門委員を委嘱し、その認定のための参考となるべき意見を求めることができることとしています（関法第 69 条の 19 本文）。

　専門委員に意見を求めた場合は、専門委員から意見書の形で税関に提出されます（専門委員制度運用指針第 2 章-9）。ただし、前述のように、特許発明等の技術的範囲や登録意匠・類似意匠の範囲、不正競争防止法違反物品に該当するか否か、あるいは、育成者権侵害物品に該当するか否かについては、それぞれ、特許庁長官、経済産業大臣、農林水産大臣へ意見照会をすることができますので、同じ貨物について特許庁長官等に意見を聴いたり、専門委員に意見を聴いたりすることにより、その判断が異なった場合に税関の認定に不統一が生じることのないよう、特許庁長官等に意見を聴くことができる事項については、専門委員に意見を求めることはできません（関法第 69 条の 19 ただし書）。このため、専門委員に意見を聴くことができる事項は、商標権・著作権・著作隣接権・回路配置利用権侵害物品に該当するか否かと、特許権・実用新案権・意匠権に関しては、特許発明等の技術的範囲や登録意匠・類似意匠の範囲以外の事項（例えば、並行輸入、権利消尽、先使用、権利無効、試験研究、権利の乱用等の侵害成立阻却事由の有無）となります。

　なお、専門委員は、認定手続の当事者（権利者・輸入者）と特別の利害関係を有しない者から選定して委嘱することとなりますが、どのように選定するのかについては輸入差止申立ての場合と同様です（専門委員制度運用指針第 2 章-4 (1)、(2)）ので、本書の「第 3 章 4.（3）専門委員の委嘱」を参照してください。

(1)　専門委員への意見照会を行う場合

　認定手続が執られている疑義貨物が侵害物品に該当するか否かを判断することが難しい場合は、原則として専門委員に意見照会を行うことになります。この場合においては、争点及び証拠等を整理するとともに税関の考え方を明確にしたうえで、その疑義貨物が侵害物品に該当するか否かに関し、その考え方の妥当性について専門委員に意見照会を行うことになりますが、権利無効理由の有無について専門委員に意見を聴く場合であっても、税関が権利無効を判断するものではないことは、輸入差止申立ての場合と同様です（専門委員制度運用指針第 2 章-1）。

　なお、認定手続の期間は、認定手続の開始から 1 か月以内を目途としています（関法通達 69 の 12-1-4 (1)）が、認定手続おいて専門委員への意見照会を行った場合は、疑義貨物が侵害物品に該当するか否かの認定は、認定手続の開始から 2 か月以内（意見聴取の場が開催される場合は、3 か月以内）に行うよう努めることとしています（専門委員制度運用指針第 2 章-2）。

(2)　専門委員への意見照会

　税関が認定手続において専門委員に意見照会をする場合は、争点及び当事者から提出された証拠・意見を整理し、税関の考え方を明確にしたうえで、これを「認定手続における専門委員意見照会書」に記載して専門委員に送付します。また、当事者から認定手続において提出された証拠・意見及び参考となる資料（輸入差止申立てが参考となる場合は、申立人が非公開としている部分には非公開である旨を注記します。）を専門委員に送付します。一方、当事者に対しては、専門委員の氏名、職名等を記載した「認定手続における専門委員意見照会実施通知書」を送付して、専門委員に意見照会をする旨を通知します。併せて、専門委員に照会する争点等及び税関の考え方を書面により通知します（専門委員制度運用指針第 2 章-5）。

　専門委員に意見照会をする場合において、当事者が、専門委員が意見書の作成のために当事者の意見を聴取する場である「意見聴取の場」の開催を要望し、その要望が認定手続を不当に遅延させることを目的とするものでないと認められるときは、意見書の作成のために専門委員が当事者の意見を聴くことを目的として、意見聴取の場が開催されます。意見聴取の場は東京税関の本関で開催されますが、開催日時は、専門委員、当事者と調整することになります（専門委員制度運用指針第 2 章-3、6 (1)）。専門委員は、意見聴取の場に先立ち、専門委員の間で事前打合せを行うことができます。また、不明確な箇所や矛盾点の解消、争点の明確

化、主張を裏付けるための証拠であって必要と思料されるものの補充、抗弁事由の確認等のため、税関を通じて当事者に対し、書面による釈明や追加資料の提出を求めることができます（専門委員制度運用指針第2章-6(2)ロ）。

　意見聴取の場においては、当事者（その代理人や補助者を含みます。）が同席することが原則ですが、営業秘密等他の当事者に開示することにより自己の利益が害されると認められる事項について陳述する必要がある場合で希望するときは、他の当事者を同席させることなく陳述することができます（専門委員制度運用指針第2章-6(3)ロ）。また、当事者は、意見聴取の場において陳述するに先立ち、税関から送付された争点等及び考え方に関し陳述要領書等を提出することができ、この陳述要領書等が提出された場合には、専門委員及び他の当事者に送付します（専門委員制度運用指針第2章-6(4)）。

　意見聴取の場においては、申立人及び利害関係者がそれぞれ意見陳述を行いますが、その意見陳述の内容は、専門委員が特に必要と認める場合を除き、意見聴取の場までに提出された当事者の主張・証拠や税関から送付された争点等及び考え方に対する反論又は自己の主張の明確化に限られます。当事者には、相手方当事者の意見陳述の内容について反論の機会を与えられますが、それ以外は、専門委員から求められた場合を除き、相手方当事者の意見に対する意見陳述を行うことはできず、専門委員又は税関からの質問に回答することになります（専門委員制度運用指針第2章-7(3)、(4)）。

　専門委員は、陳述された意見の内容等を踏まえ、侵害物品に該当するか否かを判断するために必要な事実関係や法律関係について、他の専門委員と意見交換を行い、必要に応じ、当事者に対して釈明、主張の追加や変更、主張を裏付けるための更なる証拠の提出を求めることになります。そして、意見聴取の場の最後に、当事者に対し意見を述べる機会が与えられます（専門委員制度運用指針第2章-7(5)、(6)）。

　なお、意見聴取の場の後、専門委員から補足意見の提出を求められた当事者は、当該求められた事項について、書面により補足意見を述べることができ（意見聴取の場の翌日から、行政機関の休日を除き5日を経過する日までに1回のみ）、提出された補足意見書は、専門委員及び他の当事者に開示されます（専門委員制度運用指針第2章-8）。

(3) 専門委員の意見書

　専門委員は、税関から送付を受けた資料及び意見聴取の場が開催された場合に

は、その際の当事者の意見等に基づき、意見書を作成し、税関に提出します。意見書は、一人一人の専門委員が個別に作成することもできますし、複数の専門委員が連名で作成することもできます。意見書においては、疑義貨物が侵害物品に該当するか否かに関し、税関の考え方の妥当性について、その結論及び理由が述べられます。税関は、専門委員意見書に明らかな事実誤認等の特段の事情がない限り、専門委員の多数意見を尊重して疑義貨物が侵害物品に該当するか否かを認定します。認定結果については、「認定通知書」により当事者に通知され、専門委員の意見の概要が口頭で当事者に通知されます（専門委員制度運用指針第 2 章-9、10）。

(4) その他

　専門委員への意見照会が開始された後において、その意見照会の対象となった認定手続が取りやめられた場合、その認定手続が執られている疑義貨物について非該当認定をした場合その他専門委員の意見が必要でなくなった場合は、専門委員への意見照会は中止され、その旨が専門委員及び当事者に通知されます（専門委員制度運用指針第 2 章-11）。

　また、専門委員への意見照会を実施した事案について、疑義貨物が侵害物品に該当するか否かが認定された場合は、個人・法人情報や企業秘密の取扱いに十分留意の上、原則として ①知的財産の種別、②主な争点、③専門委員の意見の概要、④処理結果及び処理年が税関ホームページで公表されます[21]（専門委員制度運用指針第 2 章-12）。

8. 通関解放

　前述のように、特許権・実用新案権・意匠権侵害物品の疑いのある疑義貨物、保護の対象である営業秘密の不正使用行為により生じた物品の疑いのある疑義貨物については、TRIPS 協定第 53 条第 2 項の規定が適用されます。このため、輸入差止申立てに基づきこれらの疑義貨物について認定手続が執られたときは、権利者が差止めの通知（日本の制度上は、認定手続開始の通知）を受けた日から最長 20 執務日（日本の制度上は、最長 20 日経過日）以内に侵害の該非を認定す

---

[21]　https://www.customs.go.jp/mizugiwa/content/h_29c-senmoniin.pdf。なお、令和 5 年 12 月 25 日現在掲載されているのは、すべて輸入差止申立てに関するもので、認定手続に関するものはありません。ただし、注書で令和 4 年 6 月以前は、専門委員意見照会を行った案件のうち当事者の同意を得たもののみを掲載している旨が記載されていますので、認定手続において専門委員意見照会を行った実績があるのかどうかは分かりません。

るか、「正当な権限を有する当局」(日本の制度上は、税関)による「暫定的な救済」(日本の制度上は、特許庁長官等への意見照会の求め)が与えられない限り、輸入者が担保を提供すれば疑義貨物を解放する必要があります。

これが「通関解放」であり、日本の制度においては、権利者が10日経過日(延長された場合は、20日経過日)以内に、税関長に対し、特許庁長官等への意見照会を求めない限り、輸入者は、所要の金銭の供託等をして、税関長に認定手続の取りやめを求めることができることとしています(その結果、疑義貨物の輸入が許可されることとなります。)。

(1) 輸入者による認定手続を取りやめることの求め

輸入者が認定手続の取りやめを求めることができるのは、特許権・実用新案権・意匠権侵害物品、保護の対象である営業秘密の不正使用行為により生じた物品に関する輸入差止申立てが受理され、その輸入差止申立てに基づいて認定手続が執られた場合で、その認定手続が執られている間に限られます。取りやめを求めることができるのは、10日経過日後(延長された場合は、20日経過日後)ですが、10日経過日又は20日経過日までに権利者の求めにより特許庁長官等への意見照会がなされ、特許庁長官等から意見が述べられた旨の通知を受けたときは、10日経過日又は20日経過日と、その通知を受けた日から起算して10日を経過する日とのいずれか遅い日後となります(関法第69条の20第1項)。すなわち、権利者の求めにより特許庁長官等への意見照会がされた場合は、特許庁長官等から意見が述べられてから10日以内に、その意見を踏まえて税関が侵害か否かの認定をしない場合に、認定手続の取りやめを求めることができることとなります。

なお、10日経過日又は20日経過日の起算日は権利者が認定手続開始の通知を受けた日ですが、その日を輸入者が知ることはできませんので、10日経過日前に、税関が輸入者に通知することとしています(関法第69条の20第2項)。

輸入者から認定手続を取りやめることの求めがあり、かつ、後述する供託命令に従い供託等がされたときは、税関長は、認定手続を取りやめ、その旨を輸入者・権利者に通知します(関法第69条の20第11項、第12項)。認定手続が執られた疑義貨物は、侵害物品に該当すると認定されてはじめて輸入してはならない貨物として輸入することができないこととなりますが、その認定がされる前に認定手続が取りやめられた場合は、輸入してはならない貨物ではありませんので、輸入が許可されることとなります[22]。

73

(2) 供託命令

税関長は、輸入者から認定手続を取りやめることの求めがあったときは、輸入者に対し、その認定手続が執られている疑義貨物が輸入されることにより権利者が被るおそれがある損害の賠償を担保するために相当と認める額の金銭を供託することを命じなければなりません[23]（関法第69条の20第3項）。これは、認定手続が取りやめられ疑義貨物の輸入が認められた後、権利者が輸入者を相手取り訴訟を提起した結果、権利者が輸入された貨物に関し損害賠償請求権を得ることも考えられ、そのような場合に、権利者が損害の賠償を受けられるようにするための措置です。

(3) 供託額

供託命令の額は税関長が「相当と認める額」ですが、供託命令をするのは、疑義貨物が「輸入されることにより権利者が被るおそれがある損害の賠償を担保するため」ですので、具体的には、特許権、実用新案権、意匠権又は保護の対象となる営業秘密のライセンス料に相当する額と、認定手続が取りやめられ輸入を認められた疑義貨物（以下「通関解放貨物」といいます。）を輸入者が販売することによって得ることになると考えられる利益額に相当する額とのいずれかです。

この場合、ライセンス料については、特許権等についての裁判において認定された額、過去1年間において実際に締結されたライセンス契約におけるライセンス料の額又は類似の事例におけるこれらの額により定めます。また、利益額については、疑義貨物の課税価格の20%程度を目安に算定します。これらの供託命令の額の算定に当たっては、輸入差止申立ての際に提出された資料等あらかじめ権利者から提出された資料を参考にするほか、必要に応じ、権利者への確認を含む調査等を実施のうえ決定することとなります（関法通達69の20-2(1)ロ）。

(4) 供託の方法

供託命令を受けた輸入者は、税関長が指定する期限[24]までに供託命令された額の金銭を、税関長が指定する供託所において供託し（関法第69条の20第3項）、供託書の正本を税関に提出しなければならず、税関長は、その提出があっ

22　疑義貨物の輸入が許可されても、当事者の間でその疑義貨物が侵害物品でないことが確定したわけではありませんので、権利者が輸入者を相手取り訴訟を提起して侵害の該非を争うことは、当然可能です。

23　認定手続の取りやめの求めがあった場合の供託命令の場合は、認定手続が予想以上に時間を要する等の不確定要素は想定されませんので、輸入差止申立てに基づく認定手続における権利者に対する供託命令のように、追加的な供託命令をすることはありません。

24　供託命令書の日付の日の翌日から起算して10日以内です。

た旨を記載した書面及び供託書の正本の写しを権利者に交付します（関令第62条の32において読み替えて準用する関令第62条の20）。この金銭は、国債、地方債その他の有価証券（振替社債等を含みます。）で税関長が確実と認めるもの[25]をもって代えることができます（関法第69条の20第4項）。なお、税関長が承認した金融機関[26]と次の内容の契約（以下「輸入者用支払保証委託契約」といいます。）を締結し、その旨を記載した書面に契約書の写しを添付して税関に届け出た場合は、その契約金額の範囲内で、供託命令の額の全部又は一部の供託をしないことができます（関法第69条の20第6項、関令第62条の32において読み替えて準用する関令第62条の21第1項、第2項）。税関は、その届出があったときは、その旨、金融機関の名称・所在地、契約金額を記載した書面を権利者に交付します（関令第62条の32において読み替えて準用する関令第62条の21第3項）

① 供託をすべき輸入者のために、供託命令の額の範囲内で税関長が権利者に交付する書面に表示された額の金銭をその権利者に支払うこと。

② 税関長の承認を受けて解除したときに契約の効力が消滅すること。

③ 税関長の承認を受けた場合を除き、契約を解除し、又は契約の内容を変更することができないこと。

　供託命令は、供託命令書の交付をもって行われますが、供託命令書の交付を受けた輸入者が、その供託命令書に記載されている期限内（その期限内に供託しないことがやむを得ない理由により生じたものと認められるときは、申出により定める相応の期限内）に、供託を命じられた額の全部について、供託せず、かつ、輸入者用支払保証委託契約の締結の届出をしないときは、認定手続を取りやめないこととなります（関法第69条の20第11項、関法通達69の20-2(3)）。

(5) 権利の実行

　税関長が輸入者に対し供託命令をするのは、権利者が被るおそれのある損害の賠償を担保するためですので、輸入者が供託した金銭等を他の債権者に対する債務の弁済に充てられては意味がありません。そこで、権利者が、通関解放貨物に関し輸入者に対する損害賠償請求権を取得することとなった場合は、供託された

25　税関長が確実と認める有価証券は、国債、地方債、振替社債等のうち振替国債のほか、特別の法律により設立された法人（株式会社を除きます。）の発行する債券（農林債権、商工債券等）、特別の法律により設立された株式会社の発行する社債、証券取引所に上場されている株式及び社債等です。

26　税関長が承認するのは、銀行、長期信用銀行、農林中央金庫、商工組合中央公庫、信用金庫、生命保険会社、損害保険会社等です。

金銭等については、他の債権者に先立ち弁済を受ける権利を有します（関法第69条の20第7項）。ただし、通関解放貨物が輸入されたことにより、権利者に損害が生じたのかどうか、損害額はどのくらいかといったことを決定する権限が税関にはありませんので、権利者が損害賠償請求権を取得するためには、認定手続が取りやめられた後に、輸入者を相手取り訴訟を提起するか輸入者と和解するなどにより、損害賠償請求権があること及び損害額を確定する必要があります。そのようにして権利者の損害額が確定した場合において、供託された金銭等により損害の賠償を受けようとするときは、権利者は、判決の謄本、和解を証する書面その他これらに類するものを添付して、税関長に対し権利の実行を申し立て、損害賠償請求権があることを確認する書面の交付を受けることととなります（関令第62条の32において読み替えて準用する関令第62条の22第1項、第2項）[27]。なお、供託に代えて輸入者用支払保証委託契約が締結されている場合は、判決の謄本、和解を証する書面その他これらに類するものを添付して、税関長に申請し、損害賠償請求権があること及び損害賠償請求権の額を確認する書面（「損害賠償請求権存在確認書」）の交付を受け（関令第62条の32において読み替えて準用する関令第62条の21第4項、関法通達69の20-2(7)）、これを輸入者用支払保証委託契約の相手方である金融機関に提出することになります。

(6) 供託された金銭等の取戻し

　輸入者が供託命令により供託をするのは、通関解放貨物が輸入されることにより権利者が被るおそれのある損害の賠償を担保するためです。したがって、権利者が供託された金銭等の取戻しに同意したこと、権利者の損害賠償請求権が時効により消滅したこと、供託された金銭等とは別の財産で損害を賠償したことその他の理由により、供託された金銭等により損害の賠償を担保する必要がなくなったときは、輸入者は供託した金銭等を取り戻すことができます。ただし、そのような事情について税関が独自に知ることはできませんので、これらの事情を税関に証明して、その確認を受ける必要があります（関法第69条の20第9項第1号）[28]。

　また、輸入者用支払保証委託契約を締結した場合、供託した有価証券が償還を受けることになったことその他の事由により供託した供託物に代わる供託物を供

27　申立書や確認書の様式など権利の実行の手続きは、供託金規則に規定されています。

28　供託された金銭等の取戻しに必要な証明書の様式など取戻しの手続きは、供託金規則に規定されています。

託する場合にも、輸入者は供託した金銭等の供託物を取り戻すことができます。ただし、これらの場合においては、当初供託した金銭等の額を下回らないかどうかを審査する必要がありますので、輸入者用支払保証委託契約を締結したときは、承認を受けたい旨を記載した書面に契約書の写しを添付して提出し、また、当初供託した金銭等に代わる供託物を供託するときは、承認を受けたい旨及びその事由を記載した書面にその供託物の供託書の正本を添付して提出し、税関長の承認を受けなければなりません（関法第69条の20第9項第2号、第3号、関令第62条の32において読み替えて準用する関令第62条の23）。

　以上のほか、輸入者に対する損害の賠償の請求は、通常訴訟により行われるものと考えられますが、権利者が認定手続を取りやめる旨の通知を受けた日から起算して30日以内に損害の賠償を求める訴えを提起しなかった場合も、輸入者は供託した金銭等の供託物を取り戻すことができます[29]（関法第69条の20第9項第4号）。

　なお、輸入者用支払保証委託契約を締結した場合おいて、損害の賠償を担保する必要がなくなったこと等、その輸入者用支払保証委託契約を存続させる必要がなくなったときは、税関長に申請して、その輸入者用支払保証委託契約の解除の承認を受けることになります（関法通達69の20-2(8)イ）。

9. 認定手続の取りやめ

　これまで述べたように、輸入差止申立てに基づき認定手続が執られた場合において権利者が税関長による供託命令に従わなかったとき、特許権・実用新案権・意匠権侵害物品、保護の対象である営業秘密の不正使用行為により生じた物品に関する輸入差止申立てに基づいて認定手続が執られた場合において通関解放が認められたときは、認定手続を取りやめることになります。

　これらの場合以外の場合でも、認定手続が執られている疑義貨物が輸入されなくなれば、知的財産侵害物品を輸入してはならない貨物としている関税法の目的は達成されることとなり、それ以上認定手続を継続して侵害の該非を認定する必要性はなくなります。そこで、認定手続が執られている疑義貨物が所定の手続を経て輸入されなくなれば、税関長は、権利者に対しその旨を通知のうえ、認定手続を取りやめることになります（関法第69条の12第7項）。疑義貨物が輸入さ

29　TRIPS協定第53条第2項において、通関解放の担保は、「権利者が合理的な期間内に訴えを提起する権利を行使しない場合には、担保が解除されることを了解する」とされていることを踏まえたものです。

れなくなる場合としては、疑義貨物が廃棄・滅却された場合（関法第69条の12第7項第1号、第2号）、疑義貨物が積戻しされた場合（関法第69条の12第7項第3号）、その他疑義貨物が輸入されないこととなった場合（関法第69条の12第6項第4号）があり、これらの措置は、輸入者による自発的処理[30]と呼ばれています。

（1）疑義貨物の廃棄・滅却

輸入申告がされた貨物は、通常、保税地域に搬入されています。輸入の許可を受けるまでは疑義貨物は外国貨物ですが、保税地域にある外国貨物を廃棄する場合はその旨を税関に届け出なければならず（関法第34条）、保税地域にある外国貨物を滅却する場合は税関長の承認を受けなければなりません（関法第45条第1項ただし書）[31]。輸入者が保税地域において疑義貨物の廃棄・滅却を行うことを申し出た場合は、税関職員の立会いの下でその疑義貨物の廃棄・滅却を行い、処理が行われたことを確認のうえ、認定手続を取りやめます（関法通達69の12-2(2)イ）。

（2）疑義貨物の積戻し

外国貨物である疑義貨物を積み戻す場合は、税関長に申告して、その許可を受けなければならず、他法令の規定によりその積戻しについて許可、承認等を受けなければならないときは、その許可、承認等を受けている旨を証明しなければなりません（関法第75条において準用する関法第67条、第70条）。認定手続が執られている疑義貨物を積み戻す場合は、経済産業大臣の承認が必要です[32]（輸出貿易管理令第2条第1項第1号、別表第2第45号）ので、輸入者がその承認を受けたうえで、税関長が積戻しを許可した場合には、認定手続を取りやめます（関法通達69の12-2(2)ホ）。

（3）その他疑義貨物が輸入されないこととなった場合

その他疑義貨物が輸入されないこととなった場合としては、疑義貨物の任意放

30　これらのほか、自発的処理として、権利者から輸入同意書を取得して提出すること、侵害と認められる部分や侵害の疑いがある部分（標章など）の切除等の修正をすることが認められます。このような修正が行われた場合は、侵害物品ではない旨の認定をすることになりますが、切除された部分の輸入は認められません。

31　関税法第36条第1項、第41条の3、第61条の4、第62条の7及び第62条の15において準用する場合を含みます。

32　認定手続中の貨物の積戻しの承認権限は税関長に委任されており（輸出貿易管理令第12条第2号イ、輸出注意事項15第16号記3）、権利者の同意がある場合のみ承認します（輸出注意事項15第16号記3（注）①）。

棄があります。輸入者が疑義貨物を任意放棄する意思を明らかにした場合は、「任意放棄書」の提出を求め、輸入者がその疑義貨物について処分する権限・能力を有すると認められることを確認のうえ、その引渡しを受け、認定手続を取りやめます（関法通達 69 の 12-2(2)ニ）。なお、任意放棄は法令上の制度ではなく、輸入者が疑義貨物の所有権を放棄すると、その疑義貨物は無主物となりますので、民法第 239 条第 1 項の規定を適用して国（税関）が所有の意思をもって占有することによりその所有権を取得し、国庫に帰属させるものです。任意放棄された疑義貨物は輸入できない貨物ですので、税関において廃棄等の処理をすることになりますが、任意放棄はあくまで便宜上のものであり、本来は、その疑義貨物を輸入しようとする者の責任で輸入しないための処理をすべきものです。

10. 侵害の該非の認定

　税関長は、認定手続が取りやめられた場合を除き、認定手続において、疑義貨物が侵害物品に該当する、あるいは該当しないと認定したときは、その旨及びその理由を権利者・輸入者に通知します（関法第 69 条の 12 第 6 項）。この場合において、疑義貨物が侵害物品に該当するか否かの認定は、輸入者からの争う旨の申出の有無、輸入者に提出を求めた書類の提出・不提出の事実、その書類の内容、権利者から提出された証拠・意見、税関の調査により把握した事実（輸入の目的、輸入者・仕出人の職業・事業内容、輸入取引の内容、疑義貨物の数量及び状況、過去の輸入実績、認定手続開始実績等）等の諸事情を総合的に勘案して、行います（関法通達 69 の 12-1-7 の 2 (1)）。

　また、輸入者から期限内に争う旨の申出がない場合や、権利者から証拠の提出又は意見の陳述があった場合において、輸入者に対し書類の提出を求めたにもかかわらず、期限内にその書類の提出がないときは、疑義貨物の状況等を確認することにより明らかに侵害物品に該当しないものと認められる理由がある場合を除き、侵害物品に該当する旨の認定を行います（関法通達 69 の 12-1-7 の 2 (2)）。

　さらに、判例により認められている並行輸入の要件に該当する場合は、侵害に該当しない旨の認定を行うことになりますし（関法通達 69 の 11-7）、権利者・輸入者の当事者が合意のうえ裁判外紛争解決手続（ADR）[33] により紛争を解決しようとする場合は、その裁判外紛争解決手続の結果を踏まえて、侵害の該非を認

33　Alternative Dispute Resolution。訴訟手続によらずに民事上の紛争を解決しようとする当事者のため、公正な第三者が関与して、その解決を図る手続をいいます。

定することとなります（関法通達 69 の 12-1-7）。

　なお、税関長が侵害と認定すれば、疑義貨物は「輸入してはならない貨物」として輸入できないこととなるほか、没収され得ることから輸入者の権利利益にかかわります。一方、侵害ではないと認定すれば疑義貨物の輸入が認められることとなり、権利者の権利利益にかかわることとなります。したがって、侵害の該非の認定は処分性を有するものであり、侵害の該非についての税関長の認定に不服がある場合は、税関長に対し再調査の請求をすることができます（関法第 89 条第 1 項）。また、再調査の請求に対する決定になお不服がある場合は、財務大臣に対し審査請求をすることができます[34]（行政不服審査法第 2 条、第 5 条第 2 項）。審査請求があった場合は、原則として、関税等不服審査会に諮問されることとなります（関法第 91 条、関令第 82 条）。侵害の該非の認定は、不服申立て前置の処分ではありません（関法第 93 条）ので、不服申立てを行うことなく、直接、行政処分取消訴訟を提起することもできます。

34　税関長に対し再調査の請求をすることなく、直接、財務大臣に対し審査請求をすることもできます（行政不服審査法第 2 条、第 5 条第 1 項ただし書）。

コラム

並行輸入と水際取締り

　「並行輸入」とは、一般に、海外において適法に市場に出回っている商品である真正商品を、その真正商品についての日本における商標権等を有する権利者の許諾を得ずに輸入することをいいます。商標法等の知的財産法をみても、並行輸入に関する規定はなく、例えば、商標法においては、商標権者は指定商品・指定役務について登録商標の使用を専有し（商標法第 25 条本文）、輸入は「使用」に該当する（商標法第 2 条第 3 項第 2 号）ことを踏まえると、海外において適法に拡布された真正商品であっても、日本の権利者の許諾なく輸入することは、知的財産侵害に該当すると考えられます。

　税関による知的財産侵害物品の水際取締りの始まりは、明治 30 年（1897年）に遡ります。その当時は、目で見て明らかな侵害物品しか取り締まることができなかったのではないかと思われますが、昭和 39 年（1964 年）ごろに、有名ブランド品の並行輸入が問題となり、有名ブランド品の総代理店から、税関に対し、輸入差止めの要請がされるようになったようです。税関では、そのような要請に対応するため、昭和 41 年（1966 年）に通達を制定し、権利者からの具体的な事実や証拠などの情報提供を受けて、情報提供があった貨物について重点的な審査・検査を行うこととしました。現在の輸入差止申立て制度の先駆けとなるものですが、情報提供を受けて税関が輸入を許可しなかった貨物について、輸入者が、その情報提供をした専用使用権者を相手取って提起した訴訟の判決に、いわゆるパーカー事件判決（昭和 45 年 2 月 27 日大阪地裁判決（昭和 43 年（ワ）第 7003 号））があります。

　パーカー事件判決においては、商標法は、商標の出所識別機能と品質保証機能を保護することにより、商標権者のグッドウイルを保護するとともに、需要者の利益を保護しようとするものであるとしています。そして、同一の商標につき同一の者が日本と外国において商標権を有し、その者がその外国で製造した商品を第三者が輸入しても、需要者にその商品の出所品質について誤認混同を生じさせることはないため、需要者の保護に欠けることはなく、また、商標権者の信用その他の営業上の利益は損なわれないとしています。結論としては、原告による真正商品の輸入は、「商標保護の本質に照らし実質的に違法性を欠き、権利侵害を構成しない」として、並行輸入を認めました。

　税関においては、パーカー事件判決を受けて、①商標権に係る商標と同一の標章が適法に付されて拡布されること、②その標章を適法に付して拡布した者と日本の商標権者が同一人あるいは同一人と同視できること、③その標章が日本の商標権に係る商標と別の出所を表示し又は別の品質を保証するものでないことその他それぞれの標章の使用が独自のものとして評価されるものでないこと、といった要件を満たす輸入貨物については、並行輸入品として商標権侵害とはならない取扱いとしてきました。

この取扱いについては、いわゆるフレッドペリー事件判決（平成15年2月27日最高裁判決（平成14年（受）第1100号））において示された要件に従い、①商標が外国における商標権者又はその商標権者から使用許諾を受けた者により適法に付されたものであること、②外国における商標権者と日本の商標権者とが同一人であるか又は法律的・経済的に同一人と同視し得るような関係があることにより、商標が日本の登録商標と同一の出所を表示するものであること、③日本の商標権者が直接的・間接的に商品の品質管理を行い得る立場にあることから、その商品と日本の商標権者が登録商標を付した商品とがその登録商標の保証する品質において実質的に差異がないと評価されること、との要件に変更され、現在に至っています（関法通達69の11-7⑴）。フレッドペリー事件判決においては、商標権者から登録商標と同一の商標の使用許諾を受けた者が、商標権者の同意を得ることなく、契約地域外の工場に下請け製造させた商品は、商標の出所表示機能を害し、また、商標の品質保証機能が害されるおそれがあるとして、並行輸入を認めませんでした。

　商標権以外では、税関においては、いわゆるBBS事件判決（平成9年7月1日最高裁判決（平成7年（オ）第1988号））において示された要件に従い、日本の特許権者又はこれと同視し得る者が国外において特許製品を譲渡した場合において、①輸入者が譲受人である場合は、特許権者等と譲受人との間でその製品について販売先・使用地域から日本を除外する旨の合意があるとき、②輸入者が譲受人からその製品を譲り受けた第三者又はその後の転得者である場合は、特許権者等と譲受人との間でその製品について販売先・使用地域から日本を除外する旨の合意があり、かつ、その旨がその製品に明確に表示されているとき、以外の場合は、その製品の輸入は並行輸入として特許権侵害とはならない取扱いとしています（関法通達69の11-7⑵）。BBS事件判決においては、特許権の国内消尽は肯定しつつ、国外消尽については認めず、特許権者が特許製品を国外において何ら留保を付すことなく譲渡した場合は、「譲受人及びその後の転得者に対して、我が国において譲渡人の有する特許権の制限を受けないで当該製品を支配する権利を黙示的に授与したものと解すべきである」としています。そして、上に述べた①や②について立証されていないとして、特許権に基づく差止めや損害賠償の請求を認めませんでした。なお、税関においては、特許権に関し並行輸入が認められる場合の要件は、実用新案権・意匠権に関する並行輸入についても同様に取り扱うこととしています（関法通達69の11-7⑶）。

　以上のように、並行輸入については、知的財産法の規定ではなく、判例により認められた要件の範囲内で知的財産侵害に該当しないとの取扱いをしているものです。したがって、税関においては、個別の事案ごとに並行輸入の要件に該当するかどうかを判断することとなります。要件への当てはめは必ずしも容易ではないため、並行輸入が争点となる場合には、輸入差止申立ての場合であれ認定手続の場合であれ、税関は専門委員の意見を聴きつつ、判断することになるものと考えられます。

第5章　知的財産侵害物品の没収及び罰則

認定手続において知的財産侵害物品と認定された貨物については、税関は、原則として没収して廃棄します。ただし、侵害認定後直ちに没収して廃棄するわけではありません。輸入者は、侵害認定後において、自ら侵害認定された貨物を廃棄・滅却したり、何らかの形で輸入することを希望する場合は、その貨物を侵害物品とはならないように修正するなどの自発的処理をすることができます。また、侵害認定に不服がある場合は、不服申立てや行政処分取消訴訟を提起することができますので、税関は、知的財産侵害物品と認定した貨物について、一定期間は、没収して廃棄することはありません。

なお、知的財産侵害物品であることを知りながら隠匿して輸入しようとする場合など、犯則の嫌疑があるときは、犯則調査が行われ、罰則が適用され得ることになります。

本章においては、知的財産侵害物品と認定された貨物の自発的処理、没収、そして罰則について、具体的に説明します。

1. 認定後の知的財産侵害物品の自発的処理

認定手続により知的財産侵害物品と認定された貨物については、税関長は、輸入してはならない貨物として没収して廃棄するか、積戻しを命ずることになります（関法第69条の11第2項、第69条の12第5項）。ただし、このような処分がされる前に、輸入者は、次の自発的処理をすることができます（関法通達69の12-2(3)）。

(1) 保税地域における廃棄・滅却

輸入者が保税地域において廃棄・滅却を行うことを申し出た場合は、輸入申告を撤回し、税関職員の立会いの下で、知的財産侵害物品と認定された貨物の廃棄・滅却を行うことができます。

(2) 輸入同意書の提出

輸入者が権利者から輸入同意書を取得し税関に提出した場合は、知的財産侵害物品と認定された貨物は侵害物品ではなくなりますので、輸入を認められます。

(3) 侵害部分の切除等の修正

知的財産侵害物品と認定された貨物について、輸入者が侵害部分の切除等の修

正をした場合[1]は、権利者に対して、その修正後の貨物を点検し、意見を述べる機会が与えられます[2]。権利者から意見が述べられた場合には、その意見を踏まえ、その修正後の貨物が侵害物品でないと認められるときは、輸入が認められます。ただし、商標権侵害物品について切除した標章、意匠権・著作権侵害物品について切除した部分、保護の対象である営業秘密の不正使用行為により生じた物品について切除した部分の輸入は、当然のことですが、認められません。

(4) 任意放棄

輸入者が知的財産侵害物品と認定された貨物について任意放棄する意思を明らかにした場合は、「任意放棄書」の提出を求め、輸入者がその貨物について処分する権限・能力を有すると認められることを確認のうえ、税関が引渡しを受けることとなります。

(5) 積戻し

輸入者が知的財産侵害物品と認定された貨物の積戻しを申し出た場合は、経済産業大臣の承認（輸出貿易管理令第2条第1項第1号、別表第2第45号）を受けていることを確認のうえ、積戻しを認めることになります。なお、商標権・著作権・著作隣接権侵害物品と認定された貨物については、その積戻しの承認権限は税関長に委任されています（輸出貿易管理令第12条第2号イ、輸出注意事項15第16号記3）が、申請があっても承認はしません（輸出注意事項15第16号記3（注）②）。

2. 認定後の知的財産侵害物品の没収

認定手続により知的財産侵害物品と認定された貨物については、輸入者が不服申立てをすることができる期間[3]が経過するまでの間は、その貨物が不正に輸入されるおそれがある場合を除き、原則として没収や積戻命令は行われません（関法通達69の12-3-1(2)）。不服申立てができる期間中に輸入者が不服申立てや

1　保護の対象である営業秘密の不正使用行為により生じた物品については、輸入者に対して修正内容を記載した書面の提出を求め、権利者に意見を聴きます。権利者から、輸入者がその内容で修正をした場合は侵害物品でない旨の意見が述べられた場合に、必要に応じ経済産業省の担当部署に照会したうえで、修正が認められます。

2　意見を述べる期限は、意見照会書の日付の日の翌日から起算して5日（行政機関の休日の日数は算入しません。）以内となります。なお、権利者は、意見を述べるため、申出により、税関から修正後の貨物の画像情報を電子メールにより送信してもらうことができます。

3　処分があったことを知った日の翌日から起算して3か月です（行政不服審査法第18条第1項、第54条第1項）。

行政処分取消訴訟を行わず、かつ、自発的処理を行わない場合、あるいは不正に輸入されるおそれがある場合には、原則としてその貨物を没収します[4]。ただし、輸入郵便物については、郵便路線に置かれているという特殊性を考慮し、輸入者が行政処分取消訴訟を提起した場合で、税関による知的財産侵害物品との認定が維持されることが確定した日に没収します（関法通達 69 の 12-4）。この没収は、後述する附加刑としての没収とは異なり、税関長による行政没収であって、専ら保安的な目的を持つものです。

　なお、没収された知的財産侵害物品は、所定の手続きを経て速やかに廃棄されますが、税関における執務の参考や展示用の見本として使用される場合もあります（関法通達 69 の 12-5）。

3. 罰則

　認定手続を執るのは、税関長が、輸入申告がされた貨物又は税関に提示された輸入郵便物のうちに、輸入してはならない貨物に該当する知的財産侵害物品があると思料するときです。いわゆる密輸入がされた貨物や密輸入がされようとしている貨物、あるいは、輸入申告がされた貨物や税関に提示された輸入郵便物であっても犯則の嫌疑があるものについては、認定手続を執ることなく、関税法第11章の規定に基づく犯則事件の調査の中で、知的財産侵害の該非を認定することになります。

　この犯則事件の調査は税関職員が行いますが、その調査を終えたときは、税関長に報告します[5]。税関長は、犯則事件の調査により犯則の心証を得たときは、罰金に相当する金額等を税関に納付すべき旨を書面により犯則者に通告します。これを「通告処分」といいますが、情状が懲役の刑に処すべきものであるとき、又は犯則者が通告処分の内容を履行する資力がないときは、通告処分を行うことなく、直ちに検察官に告発します。

　通告処分を受けた犯則者は、その受けた日の翌日から起算して 20 日以内に通告処分の内容を履行しなければならず、履行しない場合は、税関長は検察官に告

4　税関長が積戻し命令をする場合に経済産業大臣の承認を必要とするわけではありません（輸出貿易管理令別表第 2 第 45 号）が、知的財産侵害物品と認定された貨物を積み戻しても、再び日本に輸入されようとするおそれがあるほか、積戻しについて経済産業大臣の承認を必要とする場合は、商標権等の侵害物品については承認されないこと等を踏まえ、原則として積戻し命令は行わないこととしているものと考えられます。

5　犯則嫌疑者の居所が明らかでないときや逃走のおそれがあるとき、証拠隠滅のおそれがあるときは、税関長に報告することなく、直ちに検察官に告発します。

発することになります[6]。通告処分の内容を履行した場合は、同一事件について公訴を提起されませんので、罰則は適用されないこととなります。一方、告発がされた場合は、犯則事件は検察官に委ねられることになりますので、公訴の提起等により罰則の適用があり得ることとなります。

　知的財産侵害物品の輸入に関係する罰則は、次のとおりです。

（1）輸入してはならない貨物を輸入する罪（関法第 109 条第 2 項、第 3 項、第 5 項）

　輸入してはならない貨物である知的財産侵害物品（関法第 69 条の 11 第 9 号・第 10 号に掲げる物品）を輸入した者は、10 年以下の懲役か 1,000 万円以下の罰金に処せられます。あるいは、10 年以下の懲役と 1,000 万円以下の罰金が併科されます。未遂罪も設けられており、知的財産侵害物品の輸入の実行に着手してこれを遂げない者についても、同様の罰則が適用されます。

　また、予備罪が設けられており、知的財産侵害物品を輸入する罪を犯す目的を持ってその予備をした者は、5 年以下の懲役か 500 万円以下の罰金に処せられます。あるいは、5 年以下の懲役と 500 万円以下の罰金が併科されます。

　なお、事業性のない行為については、商標権・意匠権侵害は成立せず、商標権・意匠権侵害物品を輸入した者のうち事業性のない者については、商標法・意匠法において罰則の対象とされていません。このため、海外の事業者が郵送等により日本に送付し、事業性のない者が個人使用目的で輸入する商標権・意匠権侵害物品（関法第 69 条の 11 第 9 号の 2 に掲げる物品）の輸入者については、関税法においても罰則の対象としていません[7]。

（2）輸入してはならない貨物を保税地域に置く等の罪（関法第 109 条の 2 第 2 項、第 3 項、第 5 項）

　輸入してはならない貨物である知的財産侵害物品（関法第 69 条の 11 第 9 号・第 10 号に掲げる物品。回路配置利用権のみを侵害する物品を除きます。）で、輸入の目的以外の目的で日本に到着したものについては、保税地域に置くことができず、また、外国貨物のまま運送することができません（関法第 30 条第 2 項、第 65 条の 3）。これは、知的財産侵害物品が通過貨物[8] として日本を経由

6　履行期間を経過していても、告発前に通告処分の内容を履行すれば、告発はされません。

7　令和 3 年 11 月 5 日関税・外国為替等審議会関税分科会資料 2-1「海外の事業者を仕出人とする模倣品の水際取締りの強化」(https://www.mof.go.jp/about_mof/councils/customs_foreign_exchange/sub-of_customs/proceedings_customs/material/20211105/kana20211105siryo2-1.pdf)

8　通過貨物は、輸入申告がされた貨物又は税関に提示された輸入郵便物ではありませんので、発見された場合でも認定手続を執ることなく、犯則調査が行われることになります。

し外国に拡散することを取り締まるためです。

　これらの規定に違反して、知的財産侵害物品を保税地域に置き、又は外国貨物のまま運送した者は、10年以下の懲役か700万円以下の罰金に処せられます。あるいは、10年以下の懲役と700万円以下の罰金が併科されます。未遂罪も設けられており、知的財産侵害物品を保税地域に置くことや、知的財産侵害物品を外国貨物のまま運送することの実行に着手してこれを遂げない者についても、同様の罰則が適用されます。

　また、予備罪が設けられており、知的財産侵害物品を保税地域に置く等の罪を犯す目的を持ってその予備をした者は、5年以下の懲役か300万円以下の罰金に処せられます。あるいは、5年以下の懲役と300万円以下の罰金が併科されます。

　なお、海外の事業者が郵送等により日本に送付し、事業性のない者が個人使用目的で輸入する商標権・意匠権侵害物品（関法第69条の11第9号の2に掲げる物品）の輸入者については、前述の理由により、輸入してはならない貨物を保税地域に置く等の罪の罰則は適用されません。

(3) 両罰規定（関法第117条第1項）

　法人の代表者や、法人又は人（以下「法人等」といいます。）の代理人、使用人その他の従業者が、その法人等の業務や財産について、知的財産侵害物品を輸入する罪又は知的財産侵害物品を保税地域に置く等の罪を犯した場合は、その行為者が罰せられるほか、その法人等に対して、(1)及び(2)で述べた罰金刑が科されます。

　業務主である法人等の業務や財産についての事務処理は、業務主により使用される者により行われるため、業務主には、そのような者が業務主の業務や財産について行う行為を監督する義務があります。両罰規定は、業務主が使用している者が、業務主の業務や財産について、輸入してはならない貨物を輸入する罪のような重大な犯罪行為を行った場合には、業務主の監督義務違反の責任を追及して罰金刑を科すことにより、犯罪行為を防止することを目的とするものです。

(4) 没収（関法第118条第1項）

　前述した、輸入してはならない貨物を輸入する罪・輸入してはならない貨物を保税地域に置く等の罪の犯罪行為を組成した知的財産侵害物品は、没収します。これは、刑法に定められている付加刑[9]としての没収です（刑法第9条）。刑法の没収は、「没収することができる」という任意的な没収です（刑法第19条第

1 項）が、関税法においては、輸入してはならない貨物である知的財産侵害物品は絶対的に輸入することができないものであることを考慮し、「没収する」という特別の規定[10]を置いて、必要的な没収としています。ただし、その知的財産侵害物品を犯人以外の者が所有しており、その者が輸入してはならない貨物を輸入する罪・輸入してはならない貨物を保税地域に置く等の罪の犯罪が行われることをあらかじめ知らないでその犯罪が行われた時から引き続き所有していると認められ、又はその犯罪が行われた後、その情を知らないで取得したと認められるときは、没収しません[11]。

　なお、没収すべき知的財産侵害物品が何らかの事情で没収することができない場合や、犯人以外の者が所有し、輸入してはならない貨物を輸入する罪・輸入してはならない貨物を保税地域に置く等の罪の犯罪が行われた後、その情を知らないで取得したと認められる知的財産侵害物品であるため没収しない場合は、その知的財産侵害物品の犯罪が行われた時の価格に相当する金額を、犯人から追徴します（関法第 118 条第 2 項）。

9　これに対し、懲役や罰金は「主刑」といいますが、付加刑である没収は主刑に付加してのみ適用される刑罰です。

10　刑法第 1 編の総則の規定は、刑法以外の法令の罪にも適用されますが、その法令に特別の規定があるときは、その特別の規定が適用されます。

11　これは、善意の第三者の所有についての権利を保護するためですが、あくまで、関税法の規定によっては没収しないということです。善意の第三者が、輸入してはならない貨物を輸入する罪・輸入してはならない貨物を保税地域に置く等の罪の犯罪行為を組成した知的財産侵害物品を所有していることが、各知的財産法に規定する知的財産侵害に該当するのであれば、関税法上の罪とは別のものですので、その第三者が各知的財産法に規定する罪に問われる可能性があり、その場合は、裁判所の裁量で刑法上の没収が行われることはあり得るものと考えられます。

第6章 よくある質問（FAQ）

1. 知的財産侵害物品の輸出取締り制度

Q1. 知的財産侵害物品について、輸入貨物に加えて輸出貨物に対する水際取締りの制度が導入された経緯を教えて下さい。

A1. 知的財産戦略本部が平成17年（2005年）6月10日に決定した「知的財産推進計画2005」においては、我が国が模倣品・海賊版拡散防止条約を提唱し実現を目指すと明記され、また、小泉総理（当時）が同年に開催されたG8グレンイーグルズサミットにおいて、知的財産侵害物品の拡散防止のための法定枠組策定の必要性を提案しました。その後、2007年10月に「模倣品・海賊版拡散防止条約（ACTA）」の締結に向けた関係国との協議開始が発表され、ACTAの2010年中の可能な限り早期の交渉妥結を目指すこととなりました。ACTAの議論には、輸入貨物のみならず、輸出貨物及び通過貨物の取扱いについても含まれることとなっていました。

　さらに、各知的財産法で輸出が侵害行為とされるのであれば、これを税関が水際で取り締まることは、知的財産保護の強化につながり、ひいては経済秩序の維持といった公益の保護に資することになります。

　このような状況を踏まえ、知的財産侵害物品の輸出を水際で取り締まることは意義あるものと考えられることから、平成18年（2006年）の関税法改正により、特許権・実用新案権・意匠権・商標権・育成者権を侵害する物品及び不正競争防止法違反物品（周知表示混同惹起品、著名表示冒用品、形態模倣品）を「輸出してはならない貨物」として、税関の水際取締りの対象とする制度が導入されたものです。この関税法改正に関しては、育成者権侵害物品については平成18年（2006年）6月から、特許権・実用新案権・意匠権・商標権侵害物品及び不正競争防止法違反物品については平成19年（2007年）1月から施行されています。

　なお、その後の関税法の改正により、著作権・著作隣接権侵害物品、不正競争防止法違反物品である保護の対象となる営業秘密の不正使用行為により生じた物

品及び技術的制限手段の効果を妨げる機能を有する物品についても、輸出しては
ならない貨物として税関の水際取締りの対象となっています。

Q2．外国貨物の積戻しや通過貨物も取締りの対象となりますか。対象となる場合、どの法令をみればよいのでしょうか？

A2．外国貨物の積戻しや通過貨物も、税関による取締りの対象となります。

　まず外国貨物の積戻しについてです。日本を仕向地として日本に到着し、保税
地域等に置かれた外国貨物が、輸入されないまま外国に向けて積み出される場合
は、「外国貨物の積戻し」に該当します。この積戻しについては、関税法上、貨
物を輸出する場合の規定が準用され、積戻しの申告をして許可を受ける必要があ
るほか、輸出してはならない貨物に関する規定も適用されることから、知的財産
侵害物品（税関長の積戻し命令がされたもの及び他法令の規定により積み戻すこ
とができることとされている者がその法令の定めるところにより積み戻すものを
除きます。）については、積戻しをすることはできません。また、輸入申告され
た貨物で認定手続が執られたものを積み戻そうとする場合は、税関長の積戻し命
令がされた場合、非該当認定がされた場合、認定手続が取りやめられた場合を除
き、経済産業大臣の承認が必要です。この場合において、認定手続中の貨物及び
商標権・著作権・著作隣接権侵害物品と認定された貨物の積戻しについては、そ
の承認の権限は税関長に委任されていますが、認定手続中の貨物については権利
者の同意がある場合のみ承認し、商標権・著作権・著作隣接権侵害物品と認定さ
れた貨物については承認しません。法令については、関税法第75条、第67条、
第69条の2第3号・第4号、第69条の3〜第69条の10、第70条第1項、
輸出貿易管理令第2条第2項第1号、別表第2第45号、輸出注意事項15第
16号を参照してください。

　次に通過貨物についてです。通過貨物とは、「輸入の目的以外の目的で日本に
到着した貨物」をいいますので、通常、日本を仕向地としていません。知的財産
侵害物品が、国内に不正に持ち込まれることを防止し、また、日本を経由して海
外に拡散することを防止するため、知的財産侵害物品（回路配置利用権のみを侵
害する物品を除きます。）である通過貨物については、平成20年（2008年）の
関税法改正により、保税地域に置くことや外国貨物のまま運送することが禁止さ
れています。これに違反する場合は罰則の適用がありますので、税関の犯則調査

が行われることとなります。法令については、関税法第30条第2項、第65条の3、第69条の11第1項第9号〜第10号を参照してください。

2. 知的財産侵害物品の輸入差止申立て制度

Q3. 輸入差止申立てを行うメリットは何ですか。

A3. まず知っていただきたいのは、日本には無数の知的財産が存在することです。例えば、令和4年（2022年）の出願件数をみると、特許権・実用新案権は294,043件、商標権は170,275件、意匠権は31,711件です。各権利の有効期間は、特許権が出願から20年、実用新案権が出願から10年、商標権が設定登録の日から10年で何度でも更新可能であり、意匠権が出願から25年です。また、著作権は創作した時に発生し、有効期間は著作者の死後70年です。これに加えて、登録制度のない不正競争防止法により保護される知的財産を考えると、いかに膨大な数の知的財産が世の中に存在するかお分かりいただけると思います。

　一方、令和4年（2022年）の輸入申告件数は約1億1,300万件であり、輸入郵便物の提示個数は約1億個といわれています。そもそも膨大な数の知的財産が存在することに加え、処理すべき輸入申告や輸入郵便物が膨大である中で、権利者が何もしないで自己の知的財産を侵害する物品を税関が発見することは、サハラ砂漠の中に落としたダイヤモンドを探すようなものです。

　税関が知的財産侵害物品を水際で差し止めるためには、権利者がどのような知的財産を有しているか、どのような侵害物品があるか、真正商品と侵害物品とはどのように異なり、それを見分けるポイントは何か等の情報を、権利者自ら税関に提供することが不可欠です。そのような情報を法律上の権利として税関に提供することができる制度が、輸入差止申立て制度です。すなわち、輸入差止申立てを行うことが、税関による水際取締りの第一歩であり、権利者が自己の知的財産を侵害する物品の輸入を阻止するための第一歩であるといっても過言ではありません。

　加えて、輸入差止申立てが受理されれば、その有効期間中は、税関が疑義貨物を発見した場合は何度でも認定手続が執られるとともに、認定手続においては簡素化手続の対象となり、輸入者が争う旨の申出を行わない限り、権利者はその疑義貨物が自己の知的財産を侵害している旨の証拠の提出や意見を述べる必要がな

く、大幅な事務の簡素化が図られるというメリットもあります。

Q4．輸入差止申立ての有効期間はどれくらいですか。また、その有効期間後も輸入差止申立てを更新したい場合には、どのような手続きが必要ですか。

A4．輸入差止申立ての有効期間は、4年以内の期間で申立人が希望する期間です。

　この有効期間の満了後も輸入差止申立てを継続する意思がある場合は、有効期間満了の日の3月前からその満了の日までの間に、「輸入差止申立更新申請書」及び必要な添付書類等を当初の輸入差止申立書を提出した税関に提出することになります。この場合において、当初の輸入差止申立ての内容に変更がないときは、「輸入差止申立更新申請書」及び登録原簿の謄本以外の書類の提出は必要ありませんが、周知表示混同惹起品、著名表示冒用品、形態模倣品、技術的制限手段の効果を妨げる機能を有する物品については、新たに経済産業大臣申立時意見書の提出が必要です。「輸入差止申立更新申請書」が提出された場合は、税関において審査が行われますが、当初の輸入差止申立ての内容に変更がないのであれば、更新が受理され、引き続き当初の輸入差止申立てが有効なものとして取り扱われることになるものと考えられます。

　なお、当初の輸入差止申立てを更新する場合であっても、申立対象物品が異なる場合や保護の対象となる営業秘密について善意・無重過失でない者を追加する場合など、当初の輸入差止申立てにおいて「侵害と認める理由」に記載した事項と異なる疎明が必要となる場合は、改めて「輸入差止申立書」の提出が必要となりますので、留意してください（関法基本通達69の13-9）。

Q5．権利者が税関に輸入差止申立書を提出した際、税関ホームページにおいてその内容を公表している理由は何ですか。

A5．税関が輸入差止申立てを受け付けた場合に、税関ホームページにおいてその内容を公表するのは、申立てがされた貨物の輸入者や国内における取扱事業者、海外の輸出者、製造者などの利害関係者から意見を求めるためです。

　輸入差止申立てが受理されると、その輸入差止申立てがされた貨物については認定手続が執られることになりますので、それまでその貨物を円滑に輸入してい

た輸入者や今後輸入を予定している輸入者その他の国内における取扱事業者、海外の輸出者や製造者等の事業活動に影響を与えることも考えられます。そのため、透明性の確保や輸入者その他の利害関係者の手続保障の観点、また、当事者同士による未然の紛争解決の観点から、輸入差止申立てがされた知的財産の種別・内容、侵害と認める物品の品名等を公表しているものです。なお、税関は、予想される輸入者その他の国内における利害関係者が判明している場合は、特別な事情がある場合を除き、その輸入者その他の利害関係者に対し直接連絡し、意見を求めることとしています。

　輸入者その他の利害関係者から意見が提出された場合には、税関は、その意見も踏まえて、専門委員の意見を聴きつつ、受け付けた輸入差止申立てを受理するか、不受理とするかを判断することになります。

Q6．輸入者は、輸入差止申立ての内容について、どのようにして知ることができますか。

A6．税関が輸入差止申立てを受け付けたときは、申立人の名称・連絡先、申立てがされた権利の内容、申立てがされた侵害物品の品名、受付税関名・連絡先等を税関ホームページで公表します。また、受け付けた輸入差止申立てにおいて予想される輸入者が判明している場合は、税関の取締り上支障があると認められる場合等を除き、その輸入者に連絡されます。税関ホームページや税関からの連絡により輸入差止申立てがされることを知った輸入者は、受付税関に対し、申立人が提出した侵害の事実を疎明するための資料等の開示を要請することができますし、税関ホームページに公表された日から10日（行政機関の休日の日数は含みません。）以内（申出により、その公表日から起算して25日を経過する日までに延長できます。）において、受付税関に対し意見を提出することができます（関法基本通達69の13-6（1）～（4））。

　さらに、税関が輸入差止申立ての内容を審査しこれを受理したときは、その輸入差止申立ての申立人の氏名・名称、法人番号、連絡先名・連絡先電話番号、知的財産の内容、侵害すると認める物品の品名、輸入差止申立ての有効期間を受理の都度公表するほか、有効期間中の輸入差止申立てについて1月ごとにこれらの事項を公表することとしています。

　したがって、輸入者は、誰が、どのような権利及び貨物について輸入差止申立

てを行っているのかを知ることができ、税関の審査に際し意見を述べることが可能であるほか、自己の輸入しようとする貨物が輸入差止申立ての対象となっている貨物に該当しないかどうかを事前にチェックすることにより、誤って侵害物品を輸入することを防止することができます。

> （注）　受理された輸入差止申立ての内容は、受理の都度税関ホームページにより公表されます。また、月ごとの公表は、（公財）日本関税協会知的財産情報センター（CIPIC）のホームページにおいても公表されています。
> https : //www.kanzei.or.jp/cipic/genkyou2023_table.htm

Q7．特許の技術的構成要件が外見からは確認できない場合でも、特許権侵害物品に対する輸入差止申立てをすることは可能ですか。

A7．税関が特許権侵害物品の輸入を差し止めるためには、まず、輸入貨物の外見で侵害の疑いのある物品であるか否かを識別する必要があります。特許の技術的構成要件が外見から確認できない場合であっても、侵害の疑いのある物品を外見により識別できる場合（例えば、輸入貨物あるいはその包装に真正商品と異なる表示等がある場合）には、輸入差止申立てが可能と考えます。

　ただし、輸入差止申立てが受理されるためには侵害の事実を疎明する必要がありますので、申立てをする貨物の技術的構成要件が自己の特許権の技術的構成要件と同一であることを疎明する必要があります。また、輸入差止申立てが受理された場合は、認定手続が執られた疑義貨物が侵害物品であることを立証する必要がありますので、技術的構成要件を外見から確認できない疑義貨物については、税関長に対し見本検査の承認申請を行い、承認を受けて疑義貨物の見本を入手し、その疑義貨物の技術的構成要件が自己の特許権の技術的構成要件と同一であることを証明する必要があるものと考えられます。

3.　認定手続

Q8．認定手続において疑義貨物の点検を行うことができるのは、どのような場合ですか。

A8. 受理された輸入差止申立てに基づき認定手続が執られたときは、権利者又は輸入者は、それぞれその申請により、その認定手続が執られている疑義貨物の点検をすることができます（関法第69条の13第4項）。したがって、税関の職権により認定手続が執られた疑義貨物については、点検を行うことはできません。この疑義貨物の点検は、申請があれば認められ、税関職員の立会いのもと、税関官署内又は保税地域内で行われます。その際、権利者による点検の場合は、疑義貨物の個別具体的な情報が権利者に了知されないよう、十分留意して行われます（関法基本通達69の12-1-5）。

　なお、輸入者は、一般に、保税地域において輸入貨物の内容点検を行うことができる（関法第40条等）ほか、許可を受けて保税地域にある輸入貨物の見本の一時持出しをすることができます（関法第32条）ので、関税法第69条の13第4項の規定にかかわらず、関税法上の所定の手続きを執ることにより、疑義貨物の点検を行うことができます。

Q9. 認定手続において、どのような場合に税関から疑義貨物の画像情報を電子メールで送信してもらうことができますか。

A9. 権利者又は輸入者から、認定手続において証拠を提出し、意見を述べるため必要であるとして、その認定手続が執られている疑義貨物の画像情報の電子メールによる送信を希望する旨の申出があった場合は、税関は、原則として1回に限り、その疑義貨物の画像情報を電子メールで送信します。ただし、画像情報が大量である場合や、輸入差止申立書が受理されていない場合であって、疑義貨物の形状等から画像情報によっては証拠の提出や意見を述べることができないと判断される場合等においては、送信を行いません（関法基本通達69の12-1-6）。

　したがって、認定手続開始通知を受け取った権利者又は輸入者は、疑義貨物を発見した税関官署に対し、画像情報を電子メールで送信するよう電話等で申出をする必要があります。ただし、簡素化手続においては、輸入者が「争う旨の申出」を行わない限り、権利者又は輸入者は証拠を提出し、意見を述べる必要がないことから、原則として、画像情報は送信されないこととなります。

Q10. 認定手続が執られたときは、権利者は疑義貨物の見本を入手し、分解検査をすることができると聞きましたが、これはどのような制度ですか。

A10．輸入差止申立てが受理された権利者は、その申立てをした貨物について認定手続が執られたときは、認定手続が執られている間に限り、税関長に対し、その認定手続が執られている疑義貨物の見本を検査することについて申請し、その承認を受けて、見本を検査することができます。この検査には、見本を分解したり、分析したり、性能試験をしたりすることが含まれます。

　認定手続が執られると、税関は、権利者及び輸入者から提出された証拠・意見等に基づき侵害の該非を認定することになります。しかしながら、例えば特許権のような場合は、外観を見ただけで侵害かどうか分からない場合が想定されます。このような場合に権利者による分解検査等を認めないと、権利者は認定手続において有効な証拠・意見を提出できないこととなり、輸入者からの一方的な証拠・意見により税関が認定を行うことにもなりかねず、公正かつ適正な認定を行うことは困難となります。

　見本検査の詳しい内容については、本書第4章「知的財産侵害疑義物品の認定手続」の「3．疑義貨物の点検・見本の検査」を参照してください。

Q11．権利者による疑義貨物についての見本検査と点検は、どのように異なるのですか。

A11．受理された輸入差止申立てに基づき認定手続が執られたときは、権利者は、税関長に申請することにより、その認定手続が執られている疑義貨物の点検をすることができますが、この点検は、疑義貨物の外観を見るとか、バッグのファスナーを開けて中を見るといった内容のものです。点検によって疑義貨物が損傷するようなことはありませんので、疑義貨物の点検は申請があれば認められます。

　これに対し、疑義貨物の見本検査は、見本について原状回復が困難な検査も可能となることから、税関が最終的にその疑義貨物について非該当認定をした場合に、輸入者が損害を被るおそれがあります。また、認定手続と関係のない事項について権利者に調べられるおそれ等もあります。したがって、見本検査については、申請があれば自動的に認められるものではなく、見本検査が認められるための要件が関税法に定められています。税関は、権利者から見本検査の申請があった場合には、この要件に合致するか否かを審査し、承認するかどうかを決定することになります。また、税関が最終的に疑義貨物について非該当認定をした場合に、輸入者が見本について被るおそれのある損害の賠償を担保するため、税関長

は、原則として、権利者に対し相当と認める額の金銭の供託を命じることになります。

　疑義貨物の点検及び見本検査の詳しい内容については、本書第4章「知的財産侵害疑義物品の認定手続」の「3. 疑義貨物の点検・見本の検査」を参照してください。

Q12. 見本検査の申請があった場合に権利者に供託を命ずるのはどのような場合ですか。また、どのくらいの金額を供託しなければならないのですか。

A12. 税関は、権利者・輸入者から提出される証拠・意見等を踏まえて、疑義貨物が知的財産侵害物品であるか否かの認定をします。その証拠・意見を提出するために必要であるとして、権利者から見本検査の申請がされた場合は、税関は、関税法に規定する要件を充足するときに限り、見本検査を承認します。

　一方、見本検査の申請がなされた時点では権利者からの証拠・意見が提出されておらず、最終的に疑義貨物について非該当認定となることも考えられることから、見本検査の申請があった場合は、税関は、原則として供託命令をします。ただし、供託を命ずる金額が1,000円程度以下と見込まれる場合は、供託命令をしません。

　供託を命ずる金額は、税関長が「相当と認める額」ですが、具体的には、次に掲げる額を合算したものとなります（関法基本通達69の16-3（3））。なお、供託命令に従わない場合は、見本検査は承認されません。

① 　見本の課税価格並びに関税及び内国消費税（地方消費税を含みます。）に相当する額
② 　その見本を輸入できないことにより輸入者が被る逸失利益（課税価格の20%程度を目安）
③ 　その他その見本が輸入されないことにより輸入者が被るおそれのある損害の額

Q13. 認定手続開始（輸入者等意思確認）通知書が届きました。どのように対処すればよいですか。

A13. 「認定手続開始（輸入者等意思確認）通知書」は、認定手続において簡素

化手続が執られる場合に送付されます。

　認定手続が執られた疑義貨物が知的財産侵害物品に該当しないことについて争う場合には、その通知を受けた日から起算して10日（行政機関の休日の日数は含みません。）を経過する日までに、その通知書を発出した税関官署の長宛てに、その疑義貨物が知的財産侵害物品に該当しないものとして争う旨を記載した書面を提出してください。期限までに争う旨を記載した書面の提出がない場合は、税関は、疑義貨物が明らかに侵害物品に該当しない場合を除き、侵害物品と認定し、その疑義貨物を没収して廃棄することとなります。

　争う旨を記載した書面を提出すると、後日、税関から「証拠・意見提出期限通知書（輸入者用）」が送付されますので、その通知書に記載された期限までに、その疑義貨物が知的財産侵害物品に該当しないことについて証拠・意見を提出することになります。また、税関から、知的財産侵害物品に該当しないことを証する書類の提出を求められることがあります。

　なお、インターネットの発達により、消費者がインターネット上で購入した商品が海外から郵便等を利用して送られてくるケースが多くあります。その中には、知的財産を侵害する物品も含まれており、それらは税関による水際取締りの対象となります。このため、インターネットを活用している消費者に対し、ある日突然、税関から「認定手続開始（輸入者等意思確認）通知書」が送られてくることも考えられます。

　令和4年（2022年）10月1日から商標法、意匠法及び関税法の改正が施行されました。これにより、個人使用目的で輸入する模倣品であっても、海外の仕出人（貨物を日本に向けて送り出した者）が「業として」その模倣品を送付している場合は、商標権・意匠権を侵害することが明確化され、関税法上の輸入してはならない貨物として、税関による水際取締りの対象となりました。

　したがって、インターネット等を利用して商品を購入する場合は、知らないうちに模倣品等を購入したということがないよう十分に商品や販売者等を確認して購入されることをお勧めします。

Q14.　認定手続における簡素化手続について教えて下さい。

A14.　簡素化手続とは、受理された輸入差止申立てに基づき認定手続を執る場合において、権利者・輸入者に証拠・意見の提出を求める前に、まず輸入者に対し、

その認定手続が執られている疑義貨物が侵害物品に該当するか否かについて争うかどうかを確認し、争う意思がないときは、原則として侵害認定をする手続きです。具体的には、輸入者が争う場合は、認定手続開始通知書を受けた日から起算して10日（行政機関の休日の日数は含みません。）を経過する日までに、その旨を記載した書面の提出を求め、期限までにその書面の提出（「争う旨の申出」）がない場合は、権利者・輸入者に対し証拠・意見の提出を求めず、疑義貨物が明らかに侵害物品に該当しない場合を除き、侵害の事実が疎明されている輸入差止申立てに基づき税関が侵害認定をするものです（関令第62条の16第4項第7号等）。

　一方、輸入者が期限までに争う旨の申出をすると、税関は、権利者・輸入者に対し証拠・意見の提出を求め、提出された証拠・意見等に基づき、侵害の該非を認定します。

　簡素化手続の導入前においては、輸入者が何ら証拠・意見を提出しない場合、すなわち争う意思がない場合であっても、権利者は証拠・意見の提出等の対応が必要であったことから、権利者にとって大きな負担となっていました。また、税関にとっても、輸入者が争わないにもかかわらず、認定手続を進めるため大きな事務負担が生じていました。そこで、知的財産侵害物品を税関が水際で取り締まるのは公益保護を目的とするものであること等を踏まえ、輸入者が争う旨の申出をしない場合に権利者の負担軽減を図るとともに、証拠・意見の提出の省略による税関行政の効率化を図るため、認定手続における簡素化手続が導入されました。

Q15. 入国者の携帯品についても認定手続が執られるのですか。

A15. 貨物を輸入しようとする者は、課税価格が20万円以下等の郵便物を除き、関税法第67条の規定により輸入申告をして、輸入の許可を受けなければなりません。税関は、輸入申告がされた貨物のうちに侵害疑義物品があれば、認定手続を執らなければなりません。入国者の携帯品も輸入申告が必要な貨物ですので、税関が携帯品の検査により侵害疑義物品を発見すれば、認定手続を執ることとなります。

　入国者の携帯品について認定手続を執る場合は、税関が「保管証」を入国者に交付して侵害疑義物品を保管しますので、後日税関から認定手続開始通知書が届くのを待つことになります。入国者がこのような手続きを煩瑣と考える場合は、

認定手続が執られる前に、税関から侵害疑義物品である旨の指摘を受けた時点で、その侵害疑義物品を任意放棄することができます。

　財務省ホームページ（https：//www.mof.go.jp/policy/customs_tariff/trade/safe_society/chiteki/cy2022/20230303b.htm）において、令和4年（2022年）における知的財産に関係する旅客携帯品の任意放棄件数が、商標権と著作権の合計で425件（8,925点）であることが公表されています。これらは、認定手続が執られる前に任意放棄された携帯品ではないかと推測されます。

Q16.　私権である知的財産を侵害するかどうかを税関が認定するのはなぜですか。裁判所で認定すべきではないですか。

A16.　知的財産侵害物品の中には、偽物の医薬品やバッテリー、粗雑な健康器具などもあり、そのような物品の国内流入を許せば、国民の健康・安全に重大な被害をもたらしかねません。また、知的財産侵害物品が国内に流入すれば、権利者が本来得ることのできる収益を得ることができないこととなり、国内の経済秩序が乱れることにもなります。税関が、知的財産侵害物品を輸入してはならない貨物として水際で取り締まるのは、このようなことを防止すること、すなわち、国民の健康・安全を保護し、国内の経済秩序を維持するといった公益を保護することが目的です。輸入してはならない貨物には、知的財産侵害物品のほか、薬物や銃器、偽造紙幣等がありますが、これらはすべて公益の保護を目的として、税関が水際で取り締まっているものです。

　税関が認定手続において知的財産を侵害する物品であるかどうかを認定するのは、以上のように、公益保護の観点から輸入を許可することができる貨物であるかどうかを判断するためであり、権利者と輸入者の権利義務関係を最終的に確定するものではありません。権利者と輸入者は、お互い裁判所で争うことができますし、税関の認定に不服があれば行政処分取消訴訟を提起することもできます。また、令和4年（2022年）の認定手続開始件数は3万2千件を超えています。訴訟経済上の観点や国際物流の円滑化の観点等も踏まえれば、税関の目の前にある輸入されようとする貨物について、税関自ら知的財産を侵害する物品であるかどうかを認定することは合理的と考えられます。

4. その他

Q17. 輸入しようとした貨物が認定手続において商標権侵害物品と認定されました。何とか輸入することはできませんか。

A17. 認定手続において商標権侵害物品と認定された貨物は、原則として没収して廃棄されることとなります。ただし、認定後直ちに没収・廃棄されるわけではありませんので、税関の認定に対し不服申立てをすることができる期間内に、権利者と交渉して輸入同意書を取得するか、商標権侵害と認定された部分（例えば標章）を切除する等の修正をして商標権侵害とならない状態にすることにより、商標権侵害と認定された物品を輸入することができます（切除等をした部分の輸入は認められません。）。

Q18. 権利者は、輸入差止申立てに関する手数料や認定手続中の疑義貨物の保管手数料等を支払う必要がありますか？

A18. 日本の制度においては、税関に対する輸入差止申立ての際に手数料は必要ありません。また、認定手続中の疑義貨物の保管手数料や、侵害認定された疑義貨物の没収・廃棄に要する費用も負担する必要はありません。一方、税関登録費用が必要な国（例えば、米国）や、権利者が保管費用や検査費用の負担を義務付けられている国（例えば、インドネシア）等がありますので、輸入差止申立て（又は税関登録）を行う場合は、それぞれの国の制度を事前に詳しく知る必要があります。

　なお、日本の制度においては、受理された輸入差止申立てに基づき行われる認定手続において、権利者に対し、その認定手続中に疑義貨物が輸入できないことにより輸入者が被るおそれのある損害の賠償を担保するために必要な金銭の供託を命じられることがあります。また、権利者が疑義貨物の見本検査をする場合は、その見本の運搬、保管、検査等に要する費用は権利者が負担することになるほか、その疑義貨物が侵害物品と認定されなかったときにその見本について輸入者が被るおそれのある損害の賠償を担保するために必要な金銭の供託を命じられることがあります。さらに、権利者が、代理人（弁理士又は弁護士）に依頼して輸入差

止申立てや認定手続における証拠・意見の提出、主張、陳述等を行う場合の代理
人手数料は、当然に権利者が負担することになります。

法令編

関税法（抄）

昭和29年4月2日法律第61号
最終改正：令和5年3月31日法律第6号

第四章　保税地域

（外国貨物を置く場所の制限）
第三十条　外国貨物は、保税地域以外の場所に置くことができない。ただし、次に掲げるものについては、この限りでない。

一～五　略

2　前項の規定にかかわらず、第六十九条の十一第一項第一号から第四号まで、第五号の二、第六号及び第八号から第十号まで（輸入してはならない貨物）に掲げる貨物（輸入の目的以外の目的で本邦に到着したものに限り、同項第九号に掲げる貨物にあつては、回路配置利用権のみを侵害するものを除く。）は、保税地域に置くことができない。

（外国貨物の廃棄）
第三十四条　保税地域にある外国貨物を廃棄しようとする者は、あらかじめその旨を税関に届け出なければならない。ただし、第四十五条第一項ただし書（許可を受けた者の関税の納付義務等）（第三十六条、第四十一条の三、第六十一条の四、第六十二条の七及び第六十二条の十五において準用する場合を含む。）の規定により滅却について承認を受けた場合は、この限りでない。

（許可を受けた者の関税の納付義務等）
第四十五条　保税蔵置場にある外国貨物（輸出の許可を受けた貨物を除く。以下この項及び次項において同じ。）が亡失し、又は滅却されたときは、当該保税蔵置場の許可を受けた者から、直ちにその関税を徴収する。ただし、外国貨物が災害その他やむを得ない事情により亡失した場合又はあらかじめ税関長の承認を受けて滅却された場合は、この限りでない。

2及び3　略

第五章　運送

（保税運送ができない貨物）
第六十五条の三　第二十四条第一項（船舶又は航空機と陸地との交通等）、第六十三条第一項（保税運送）、第六十三条の二第一項（保税運送の特例）、第六十三条の九第一項（郵便物の保税運送）又は第六十四条第一項（難破貨物等の運送）の規定にかかわらず、第六十九条の十一第一項第一号から第四号まで、第五号の二、第六号及び第八号から第十号まで（輸入して

はならない貨物）に掲げる貨物（輸入の目的以外の目的で本邦に到着したものに限り、同項第九号に掲げる貨物にあつては、回路配置利用権のみを侵害するものを除く。）は、外国貨物のまま運送（積卸しを含む。第百九条の二第一項及び第二項において同じ。）することができない。

第六章　通関

（輸出又は輸入の許可）

第六十七条　貨物を輸出し、又は輸入しようとする者は、政令で定めるところにより、当該貨物の品名並びに数量及び価格（輸入貨物（特例申告貨物を除く。）については、課税標準となるべき数量及び価格）その他必要な事項を税関長に申告し、貨物につき必要な検査を経て、その許可を受けなければならない。

（輸出申告又は輸入申告の手続）

第六十七条の二　輸出申告又は輸入申告は、輸出又は輸入の許可を受けるためにその申告に係る貨物を入れる保税地域等（保税地域又は第三十条第一項第二号（外国貨物を置く場所の制限）の規定により税関長が指定した場所をいう。以下同じ。）の所在地を所轄する税関長に対してしなければならない。

2　外国貿易船（これに準ずるものとして政令で定める船舶を含む。以下この項において同じ。）に積み込んだ状態で輸出申告又は輸入申告をすることが必要な貨物を輸出し、又は輸入しようとする者は、前項の規定にかかわらず、政令で定めるところにより税関長の承認を受けて、当該外国貿易船の係留場所を所轄する税関長に対して輸出申告又は輸入申告をすることができる。

3　輸入申告は、その申告に係る貨物を保税地域等に入れた後にするものとする。ただし、次の各号のいずれかに該当する場合は、この限りでない。

一　前項の規定による承認を受けた場合

二　当該貨物を保税地域等に入れないで申告をすることにつき、政令で定めるところにより、税関長の承認を受けた場合

三　当該貨物につき、特例輸入者又は特例委託輸入者が政令で定めるところにより輸入申告を行う場合

4　前項各号のいずれかに該当する場合における輸入申告は、当該貨物に係る第十五条第一項若しくは第九項（入港手続）の規定による積荷に関する事項が税関に報告され、又は同条第二項若しくは第十項若しくは第十八条第四項（入出港の簡易手続）の規定による積荷に関する事項を記載した書面が税関に提出された後にするものとする。

第二款　輸入してはならない貨物

（輸入してはならない貨物）

第六十九条の十一　次に掲げる貨物は、輸入してはならない。

一　麻薬及び向精神薬、大麻、あへん及びけしがら並びに覚醒剤（覚醒剤取締法にいう覚醒剤原料を含む。）並びにあへん吸煙具。ただし、政府が輸入するもの及び他の法令の規定により輸入することができることとされている者が当該他の法令の定めるところにより輸入

するものを除く。

一の二　医薬品、医療機器等の品質、有効性及び安全性の確保等に関する法律（昭和三十五年法律第百四十五号）第二条第十五項（定義）に規定する指定薬物（同法第七十六条の四（製造等の禁止）に規定する医療等の用途に供するために輸入するものを除く。）

二　拳銃、小銃、機関銃及び砲並びにこれらの銃砲弾並びに拳銃部品。ただし、他の法令の規定により輸入することができることとされている者が当該他の法令の定めるところにより輸入するものを除く。

三　爆発物（爆発物取締罰則（明治十七年太政官布告第三十二号）第一条に規定する爆発物をいい、前号及び次号に掲げる貨物に該当するものを除く。）。ただし、他の法令の規定により輸入することができることとされている者が当該他の法令の定めるところにより輸入するものを除く。

四　火薬類（火薬類取締法（昭和二十五年法律第百四十九号）第二条第一項（定義）に規定する火薬類をいい、第二号に掲げる貨物に該当するものを除く。）。ただし、他の法令の規定により輸入することができることとされている者が当該他の法令の定めるところにより輸入するものを除く。

五　化学兵器の禁止及び特定物質の規制等に関する法律（平成七年法律第六十五号）第二条第三項（定義等）に規定する特定物質。ただし、条約又は他の法令の規定により輸入することができることとされている者が当該条約又は他の法令の定めるところにより輸入するものを除く。

五の二　感染症の予防及び感染症の患者に対する医療に関する法律（平成十年法律第百十四号）第六条第二十項（定義等）に規定する一種病原体等及び同条第二十一項に規定する二種病原体等。ただし、他の法令の規定により輸入することができることとされている者が当該他の法令の定めるところにより輸入するものを除く。

六　貨幣、紙幣若しくは銀行券、印紙若しくは郵便切手（郵便切手以外の郵便に関する料金を表す証票を含む。以下この号において同じ。）又は有価証券の偽造品、変造品及び模造品（印紙の模造品にあつては印紙等模造取締法（昭和二十二年法律第百八十九号）第一条第二項の規定により財務大臣の許可を受けて輸入するものを除き、郵便切手の模造品にあつては郵便切手類模造等取締法（昭和四十七年法律第五十号）第一条第二項の規定により総務大臣の許可を受けて輸入するものを除く。）並びに不正に作られた代金若しくは料金の支払用又は預貯金の引出用のカードを構成する電磁的記録をその構成部分とするカード（その原料となるべきカードを含む。）

七　公安又は風俗を害すべき書籍、図画、彫刻物その他の物品（次号に掲げる貨物に該当するものを除く。）

八　児童ポルノ（児童買春、児童ポルノに係る行為等の規制及び処罰並びに児童の保護等に関する法律第二条第三項（定義）に規定する児童ポルノをいう。）

九　特許権、実用新案権、意匠権、商標権、著作権、著作隣接権、回路配置利用権又は育成者権を侵害する物品（意匠権又は商標権のみを侵害する物品にあつては、次号に掲げる貨物に該当するものを除く。）

九の二　意匠権又は商標権を侵害する物品（外国から日本国内にある者（意匠権を侵害する物品にあつては当該物品を業として輸入する者を除くものとし、商標権を侵害する物品にあつては業としてその物品を生産し、証明し、又は譲渡する者を除く。）に宛てて発送した貨物のうち、持込み行為（意匠法第二条第二項第一号（定義等）又は商標法（昭和三十四年法律第百二十七号）第二条第七項（定義等）に規定する外国にある者が外国から日本国

内に他人をして持ち込ませる行為をいう。）に係るものに限る。）

　十　不正競争防止法第二条第一項第一号から第三号まで、第十号、第十七号又は第十八号
　　（定義）に掲げる行為（これらの号に掲げる不正競争の区分に応じて同法第十九条第一項第
　　一号から第五号まで、第七号又は第九号（適用除外等）に定める行為を除く。）を組成する
　　物品

2　税関長は、前項第一号から第六号まで又は第九号から第十号までに掲げる貨物で輸入され
　ようとするものを没収して廃棄し、又は当該貨物を輸入しようとする者にその積戻しを命ず
　ることができる。

3　税関長は、この章に定めるところに従い輸入されようとする貨物のうちに第一項第七号又
　は第八号に掲げる貨物に該当すると認めるのに相当の理由がある貨物があるときは、当該貨
　物を輸入しようとする者に対し、その旨を通知しなければならない。

（輸入してはならない貨物に係る認定手続）

第六十九条の十二　税関長は、この章に定めるところに従い輸入されようとする貨物のうちに
　前条第一項第九号から第十号までに掲げる貨物に該当する貨物があると思料するときは、政
　令で定めるところにより、当該貨物がこれらの号に掲げる貨物に該当するか否かを認定する
　ための手続（以下この款において「認定手続」という。）を執らなければならない。この場合
　において、税関長は、政令で定めるところにより、当該貨物に係る特許権者等（特許権者、
　実用新案権者、意匠権者、商標権者、著作権者、著作隣接権者、回路配置利用権者若しくは
　育成者権者又は不正競争差止請求権者（前条第一項第十号に掲げる貨物に係る同号に規定す
　る行為による営業上の利益の侵害について不正競争防止法第三条第一項（差止請求権）の規
　定により停止又は予防を請求することができる者をいう。以下この款において同じ。）をいう。
　以下この条において同じ。）及び当該貨物を輸入しようとする者に対し、当該貨物について認
　定手続を執る旨並びに当該貨物が前条第一項第九号から第十号までに掲げる貨物に該当する
　か否かについてこれらの者が証拠を提出し、及び意見を述べることができる旨その他の政令
　で定める事項を通知しなければならない。

2　税関長は、前項の規定による通知を行う場合には、当該貨物に係る特許権者等に対しては
　当該貨物を輸入しようとする者及び当該貨物の仕出人の氏名又は名称及び住所を、当該貨物
　を輸入しようとする者に対しては当該特許権者等の氏名又は名称及び住所を、併せて通知す
　るものとする。

3　税関長は、認定手続が執られる貨物の輸入に係る第六十七条（輸出又は輸入の許可）の規
　定に基づく輸入申告書その他の税関長に提出された書類、当該認定手続において税関長に提
　出された書類又は当該貨物における表示から、当該貨物を生産した者の氏名若しくは名称又
　は住所が明らかであると認める場合には、第一項の通知と併せて、又は当該通知の後で当該
　認定手続が執られている間、その氏名若しくは名称又は住所を当該貨物に係る特許権者等に
　通知するものとする。

4　税関長は、第一項の通知を受けた同項に規定する輸入しようとする者が、認定手続が執ら
　れた貨物（以下この条及び第六十九条の十六（申請者による疑義貨物に係る見本の検査）に
　おいて「疑義貨物」という。）について前条第一項第九号から第十号までに掲げる貨物に該当
　しない旨の主張をする場合には、当該者に対し、その旨を証する書類その他の政令で定める
　書類の提出を求めることができる。

5　税関長は、認定手続を経た後でなければ、この章に定めるところに従い輸入されようとす
　る貨物について前条第二項の措置をとることができない。

6　税関長は、疑義貨物が前条第一項第九号から第十号までに掲げる貨物に該当すると認定したとき、又は該当しないと認定したときは、それぞれその旨及びその理由を当該認定がされた貨物に係る特許権者等及び当該認定がされた貨物を輸入しようとする者に通知しなければならない。ただし、次項の規定による通知をした場合は、この限りでない。

7　税関長は、前項本文の規定による疑義貨物に係る認定の通知をする前に次の各号に掲げる場合のいずれかに該当することとなつたときは、当該疑義貨物に係る特許権者等に対し、その旨を通知するとともに、認定手続を取りやめるものとする。

一　第三十四条（外国貨物の廃棄）の規定により当該疑義貨物が廃棄された場合

二　第四十五条第一項ただし書（許可を受けた者の関税の納付義務等）（第三十六条、第四十一条の三、第六十一条の四、第六十二条の七及び第六十二条の十五において準用する場合を含む。）の規定により当該疑義貨物が滅却された場合

三　第七十五条（外国貨物の積戻し）の規定により当該疑義貨物が積み戻された場合

四　前三号に掲げる場合のほか、当該疑義貨物が輸入されないこととなつた場合

8　第二項若しくは第三項の規定による通知を受けた者又は第六十九条の十六第二項の規定により承認を受けた同項に規定する申請者は、当該通知を受けた事項又は当該申請に係る見本の検査（分解を含む。同条において同じ。）その他当該見本の取扱いにおいて知り得た事項を、みだりに他人に知らせ、又は不当な目的に使用してはならない。

（輸入してはならない貨物に係る申立て手続等）

第六十九条の十三　特許権者、実用新案権者、意匠権者、商標権者、著作権者、著作隣接権者若しくは育成者権者又は不正競争差止請求権者は、自己の特許権、実用新案権、意匠権、商標権、著作権、著作隣接権若しくは育成者権又は営業上の利益を侵害すると認める貨物に関し、政令で定めるところにより、いずれかの税関長に対し、その侵害の事実を疎明するために必要な証拠を提出し、当該貨物がこの章に定めるところに従い輸入されようとする場合は当該貨物について当該税関長（以下この条及び次条において「申立先税関長」という。）又は他の税関長が認定手続を執るべきことを申し立てることができる。この場合において、不正競争差止請求権者は、当該貨物が第六十九条の十一第一項第十号（輸入してはならない貨物）に掲げる貨物（不正競争防止法第二条第一項第十号（定義）に係るものを除く。）である場合にあつては同法第二条第一項第一号に規定する商品等表示であつて当該不正競争差止請求権者に係るものが需要者の間に広く認識されているものであることその他の経済産業省令で定める事項についての意見を、当該貨物が第六十九条の十一第一項第十号に掲げる貨物（同法第二条第一項第十号に係るものに限る。）である場合にあつては当該貨物が同法第二条第一項第十号に規定する不正使用行為により生じた物であること及び当該貨物を輸入するおそれのある者が当該貨物を譲り受けた時に当該貨物が当該不正使用行為により生じた物であることを知らず、かつ、知らないことにつき重大な過失がない者でないことについての認定を、経済産業省令で定めるところにより、経済産業大臣に求め、その意見又は認定の内容が記載された書面を申立先税関長に提出しなければならない。

2　申立先税関長は、前項の規定による申立てがあつた場合において、当該申立てに係る侵害の事実を疎明するに足りる証拠がないと認めるときは、当該申立てを受理しないことができる。

3　申立先税関長は、第一項の規定による申立てがあつた場合において、当該申立てを受理したときはその旨及び当該申立てが効力を有する期間（税関長がその期間中にこの章に定めるところに従い輸入されようとする貨物のうちに当該申立てに係る貨物があると認めるときは、

その都度、当該申立てに基づき認定手続を執ることとなる期間をいう。）を、前項の規定により当該申立てを受理しなかつたときはその旨及びその理由を当該申立てをした者に通知しなければならない。

4　税関長は、第一項の規定による申立てを受理した場合又は当該申立てが他の税関長により受理された場合において、当該申立てに係る貨物について認定手続を執つたときは、政令で定めるところにより、当該申立てをした者又は当該貨物を輸入しようとする者に対し、それぞれその申請により、当該貨物を点検する機会を与えなければならない。ただし、前条第七項の規定により当該認定手続を取りやめたときは、この限りでない。

（輸入差止申立てにおける専門委員への意見の求め）

第六十九条の十四　申立先税関長は、前条第一項の規定による申立てがあつた場合において必要があると認めるときは、知的財産権に関し学識経験を有する者であつてその申立てに係る事案の当事者と特別の利害関係を有しないものを専門委員として委嘱し、政令で定めるところにより、当該専門委員に対し、同項の規定により提出された証拠が当該申立てに係る侵害の事実を疎明するに足りると認められるか否かについて、意見を求めることができる。ただし、同項後段の規定により経済産業大臣の意見又は認定を求めるべき事項については、この限りでない。

（輸入差止申立てに係る供託等）

第六十九条の十五　税関長は、第六十九条の十三第一項（輸入してはならない貨物に係る申立て手続等）の規定による申立てを受理した場合又は当該申立てが他の税関長により受理された場合において、当該申立てに係る貨物についての認定手続が終了するまでの間当該貨物が輸入されないことにより当該貨物を輸入しようとする者が被るおそれがある損害の賠償を担保するため必要があると認めるときは、当該申立てをした者（以下この条において「申立人」という。）に対し、期限を定めて、相当と認める額の金銭をその指定する供託所に供託すべき旨を命ずることができる。

2　税関長は、前項の規定により供託された金銭の額が同項に規定する損害の賠償を担保するのに不足すると認めるときは、申立人に対し、期限を定めて、その不足すると認める額の金銭を供託すべき旨を命ずることができる。

3　前二項の規定により供託する金銭は、国債、地方債その他の有価証券（社債、株式等の振替に関する法律第二百七十八条第一項（振替債の供託）に規定する振替債を含む。以下この条及び第六十九条の二十（輸入してはならない貨物に係る認定手続を取りやめることの求め等）において同じ。）で税関長が確実と認めるものをもつてこれに代えることができる。

4　第一項又は第二項の規定による命令によりされた供託に係る税関長に対する手続に関し必要な事項は、政令で定める。

5　申立人は、政令で定めるところにより、第一項に規定する損害の賠償に充てるものとして所要の金銭が当該申立人のために支払われる旨の契約を締結し、同項又は第二項の規定により定められた期限までにその旨を税関長に届け出たときは、当該契約の効力の存する間、第一項又は第二項の金銭の全部又は一部の供託をしないことができる。

6　第一項の貨物の輸入者は、申立人に対する同項に規定する損害に係る賠償請求権に関し、同項及び第二項の規定により供託された金銭（第三項の規定による有価証券を含む。第八項から第十項までにおいて同じ。）について、他の債権者に先立ち弁済を受ける権利を有する。

7　前項の権利の実行に関し必要な事項は、政令で定める。

8　第一項又は第二項の規定により金銭を供託した申立人は、次の各号に掲げる場合のいずれかに該当することとなつたときは、その供託した金銭を取り戻すことができる。
　一　供託の原因となつた貨物が第六十九条の十一第一項第九号から第十号まで（輸入してはならない貨物）に掲げる貨物に該当する旨の第六十九条の十二第六項本文（輸入してはならない貨物に係る認定手続）の規定による通知を受けた場合
　二　供託の原因となつた貨物について第六十九条の十二第七項の規定による通知を受けた場合
　三　第一項の貨物の輸入者が当該供託した金銭の取戻しに同意したこと、同項に規定する損害に係る賠償請求権が時効により消滅したことその他同項に規定する損害の賠償を担保する必要がなくなつたことを税関長に証明し、その確認を受けた場合
　四　第五項の契約を締結して、政令で定めるところにより、税関長の承認を受けた場合
　五　供託した有価証券が償還を受けることとなつたことその他の事由により現に供託されている供託物に代えて他の供託物を供託することについて、政令で定めるところにより、税関長の承認を受けた場合
9　前項の規定による供託した金銭の取戻しに関し必要な事項は、法務省令・財務省令で定める。
10　税関長は、第一項又は第二項の規定により供託すべき旨を命じられた者が、これらの規定により定められた期限までにその供託を命じられた金銭の全部について、供託をせず、かつ、第五項の規定による契約の締結の届出をしないときは、その供託を命じられる原因となつた貨物について認定手続を取りやめることができる。
11　税関長は、前項の規定により認定手続を取りやめたときは、当該認定手続に係る申立てをした者及び当該認定手続に係る貨物を輸入しようとする者に対し、その旨を通知しなければならない。

（申請者による疑義貨物に係る見本の検査）
第六十九条の十六　第六十九条の十三第一項（輸入してはならない貨物に係る申立て手続等）の規定による申立てが受理された特許権者、実用新案権者、意匠権者、商標権者、著作権者、著作隣接権者若しくは育成者権者又は不正競争差止請求権者は、当該申立てに係る貨物について認定手続が執られている間に限り、税関長に対し、当該認定手続に係る疑義貨物について、これらの者がその見本の検査をすることを承認するよう申請することができる。この場合において、当該申請を受けた税関長は、その旨を当該疑義貨物を輸入しようとする者に通知しなければならない。
2　税関長は、次の各号のいずれの要件にも該当するときは、前項の申請に応じて、当該申請を行つた者（その委託を受けた者を含む。以下この条（第五項を除く。）において「申請者」という。）が当該認定手続に係る疑義貨物の見本の検査をすることを承認するものとする。ただし、当該申請に係る貨物が第六十九条の十一第一項第九号（輸入してはならない貨物）に掲げる貨物（回路配置利用権を侵害する貨物を除く。以下この項及び第五項において同じ。）又は同条第一項第九号の二若しくは第十号に掲げる貨物に該当するか否かが明らかであるとき、その他当該見本の検査をすることを承認する必要がないと認めるときは、この限りでない。
　一　当該見本に係る疑義貨物が第六十九条の十一第一項第九号に掲げる貨物又は同項第九号の二若しくは第十号に掲げる貨物に該当するものであることについて税関長に証拠を提出し、又は意見を述べるために、当該見本の検査をすることが必要であると認められること。

　　二　当該見本に係る疑義貨物を輸入しようとする者の利益が不当に侵害されるおそれがない
　　　と認められること。
　　三　前号に掲げるもののほか、当該見本が不当な目的に用いられるおそれがないと認められ
　　　ること。
　　四　申請者が当該見本の運搬、保管又は検査その他当該見本の取扱いを適正に行う能力及び
　　　資力を有していると認められること。
3　税関長は、前項の規定により申請者が見本の検査をすることを承認する場合には、その旨
　を当該申請者（その委託を受けた者を除く。）及び当該見本に係る疑義貨物を輸入しようとす
　る者に通知しなければならない。
4　第二項の規定により税関長が承認した場合には、申請者は、当該見本の検査に必要な限度
　において、当該見本の運搬、保管又は検査の費用その他必要な費用を負担しなければならな
　い。
5　前条（第十一項を除く。）の規定は、税関長が第二項の規定により承認する場合について準
　用する。この場合において、次の表の上欄に掲げる規定中同表の中欄に掲げる字句は、それ
　ぞれ同表の下欄に掲げる字句に読み替えるものとする。

読み替える規定	読み替えられる字句	読み替える字句
第六十九条の十五第一項	当該申立てに係る貨物についての認定手続が終了するまでの間当該貨物が輸入されないことにより	当該見本に係る疑義貨物が第六十九条の十一第一項第九号に掲げる貨物又は同項第九号の二若しくは第十号に掲げる貨物に該当する貨物と認定されなかつた場合に
	申立てをした者（以下この条において「申立人	承認の申請をした者（以下この条において「申請者
第六十九条の十五第二項、第五項、第六項及び第八項	申立人	申請者
第六十九条の十五第十項	認定手続を取りやめる	次条第二項の承認をしない

6　第二項の規定により承認を受けた申請者が見本の検査をする場合には、税関職員が立ち会
　うものとする。この場合において、当該見本に係る疑義貨物を輸入しようとする者は、税関
　長に申請し、これに立ち会うことができる。
7　前各項に定めるもののほか、第一項の申請の手続、第四項の費用の負担その他申請者によ
　る見本の検査に関し必要な事項は、政令で定める。

（輸入してはならない貨物に係る意見を聴くことの求め等）
第六十九条の十七　特許権、実用新案権若しくは意匠権を侵害する貨物又は不正競争防止法第
　二条第一項第十号（定義）に掲げる行為（同法第十九条第一項第七号（適用除外等）に定め
　る行為を除く。以下この項及び第九項において同じ。）を組成する貨物に該当するか否かにつ
　いての認定手続が執られたときは、これらの貨物に係る特許権者等（特許権者、実用新案権
　者、意匠権者又は不正競争差止請求権者（同法第二条第一項第十号に掲げる行為を組成する
　貨物に係る者に限る。以下この項、第九項及び第六十九条の二十第一項（輸入してはならな
　い貨物に係る認定手続を取りやめることの求め等）において同じ。）をいう。以下この条にお
　いて同じ。）又は輸入者（当該認定手続に係る貨物を輸入しようとする者をいう。以下この条

関税法（抄）

において同じ。）は、政令で定めるところにより、当該特許権者等が第六十九条の十二第一項（輸入してはならない貨物に係る認定手続）の規定による通知を受けた日（以下この項及び第六十九条の二十第二項において「通知日」という。）から起算して十日（行政機関の休日の日数は、算入しない。）を経過する日（第六十九条の二十第一項及び第二項において「十日経過日」という。）までの期間（その期間の満了する日前に当該認定手続の進行状況その他の事情を勘案して税関長が当該期間を延長することを必要と認めてその旨を当該特許権者等及び当該輸入者に通知したときは、通知日から起算して二十日（行政機関の休日の日数は、算入しない。）を経過する日（第六十九条の二十第一項において「二十日経過日」という。）までの期間）内は、当該認定手続が執られている間に限り、税関長に対し、当該認定手続に係る貨物が当該特許権者等（不正競争差止請求権者を除く。）の特許権、実用新案権又は意匠権を侵害する貨物に該当するか否かについての認定手続が執られた場合にあつては技術的範囲等（特許法第七十条第一項（特許発明の技術的範囲）（実用新案法第二十六条（特許法の準用）において準用する場合を含む。）に規定する技術的範囲又は意匠法第二十五条第一項（登録意匠の範囲等）に規定する範囲をいう。第九項及び第六十九条の十九（輸入してはならない貨物に係る認定手続における専門委員への意見の求め）において同じ。）について特許庁長官の意見を聴くことを、当該認定手続に係る貨物が当該特許権者等（不正競争差止請求権者に限る。）に係る不正競争防止法第二条第一項第十号に掲げる行為を組成する貨物に該当するか否かについての認定手続が執られた場合にあつては当該認定手続に係る貨物が同号に掲げる行為を組成する貨物に該当するか否かについて経済産業大臣の意見を聴くことを求めることができる。

2　税関長は、前項の規定による求めがあつたときは、政令で定めるところにより、経済産業大臣又は特許庁長官に対し、意見を求めるものとする。ただし、同項の規定による求めに係る貨物が第六十九条の十一第一項第九号から第十号まで（輸入してはならない貨物）に掲げる貨物に該当するか否かが明らかであるときその他経済産業大臣又は特許庁長官の意見を求める必要がないと認めるときは、この限りでない。

3　税関長は、第一項の規定による求めがあつた場合において、前項ただし書の規定により経済産業大臣又は特許庁長官の意見を求めなかつたときは、第一項の規定による求めをした特許権者等又は輸入者に対し、その旨及びその理由を通知しなければならない。

4　経済産業大臣又は特許庁長官は、第二項本文の規定により税関長から意見を求められたときは、その求めがあつた日から起算して三十日以内に、書面により意見を述べなければならない。

5　税関長は、第二項本文の規定により経済産業大臣又は特許庁長官の意見を求めたときは、その求めに係る特許権者等及び輸入者に対し、その旨を通知しなければならない。

6　税関長は、第四項の規定による意見が述べられたときは、その意見に係る特許権者等及び輸入者に対し、その旨及びその内容を通知しなければならない。

7　税関長は、第二項本文の規定により経済産業大臣又は特許庁長官の意見を求めたときは、その求めに係る第四項の規定による意見が述べられる前に、第一項の求めをした者が特許権者等である場合にあつてはその求めに係る貨物が第六十九条の十一第一項第九号から第十号までに掲げる貨物に該当しないことの認定を、第一項の求めをした者が輸入者である場合にあつてはその求めに係る貨物が同条第一項第九号から第十号までに掲げる貨物に該当することの認定をしてはならない。

8　税関長は、第二項本文の規定により経済産業大臣又は特許庁長官の意見を求めた場合において、その求めに係る第四項の規定による意見が述べられる前に、第一項の求めをした者が

115

特許権者等である場合にあつてはその求めに係る貨物が第六十九条の十一第一項第九号から第十号までに掲げる貨物に該当すると認定したとき、若しくは第一項の求めをした者が輸入者である場合にあつてはその求めに係る貨物が同条第一項第九号から第十号までに掲げる貨物に該当しないと認定したとき、又は第六十九条の十二第七項若しくは第六十九条の十五第十項（輸入差止申立てに係る供託等）の規定により当該貨物について認定手続を取りやめたときは、その旨を経済産業大臣又は特許庁長官に通知するものとする。この場合においては、経済産業大臣又は特許庁長官は、第四項の規定による意見を述べることを要しない。

9　税関長は、特許権、実用新案権若しくは意匠権を侵害する貨物又は不正競争防止法第二条第一項第十号に掲げる行為を組成する貨物に該当するか否かについての認定手続において、第六十九条の十二第一項の規定による認定をするために必要があると認めるときは、特許権、実用新案権又は意匠権を侵害する貨物に該当するか否かについての認定手続が執られた場合にあつては当該認定手続に係る貨物が当該貨物に係る特許権者等（不正競争差止請求権者を除く。）の特許権、実用新案権又は意匠権を侵害する貨物に該当するか否かに関し、技術的範囲等についての意見を特許庁長官に、同号に掲げる行為を組成する貨物に該当するか否かについての認定手続が執られた場合にあつては当該認定手続に係る貨物が当該貨物に係る特許権者等（不正競争差止請求権者に限る。）に係る同号に掲げる行為を組成する貨物に該当するか否かについての意見を経済産業大臣に、政令で定めるところにより、求めることができる。

10　第四項から第六項まで及び次条第五項の規定は、前項の規定により意見を求める場合について準用する。この場合において、必要な技術的読替えは、政令で定める。

（輸入してはならない貨物に係る認定手続における農林水産大臣等への意見の求め）

第六十九条の十八　税関長は、育成者権を侵害する貨物又は第六十九条の十一第一項第十号（輸入してはならない貨物）に掲げる貨物（不正競争防止法第二条第一項第十号（定義）に係るものを除く。以下この項及び第五項において同じ。）に該当するか否かについての認定手続において、第六十九条の十二第一項（輸入してはならない貨物に係る認定手続）の規定による認定をするために必要があると認めるときは、政令で定めるところにより、育成者権を侵害する貨物に該当するか否かについての認定手続にあつては農林水産大臣に、第六十九条の十一第一項第十号に掲げる貨物に該当するか否かについての認定手続にあつては経済産業大臣に対し、当該認定のための参考となるべき意見を求めることができる。

2　農林水産大臣又は経済産業大臣は、前項の規定により税関長から意見を求められたときは、その求めがあつた日から起算して三十日以内に、書面により意見を述べなければならない。

3　税関長は、第一項の規定により意見を求めたときは、認定手続に係る育成者権者又は不正競争差止請求権者及び当該認定手続に係る貨物を輸入しようとする者に対し、その旨を通知しなければならない。

4　税関長は、第二項の規定による意見が述べられたときは、前項の育成者権者又は不正競争差止請求権者及び当該認定手続に係る貨物を輸入しようとする者に対し、その旨及びその内容を通知しなければならない。

5　税関長は、第一項の規定により農林水産大臣又は経済産業大臣の意見を求めた場合において、その求めに係る第二項の規定による意見が述べられる前にその求めに係る貨物が育成者権を侵害する貨物若しくは第六十九条の十一第一項第十号に掲げる貨物に該当すると認定したとき若しくは該当しないと認定したとき、又は第六十九条の十二第七項若しくは第六十九条の十五第十項（輸入差止申立てに係る供託等）の規定により当該貨物について認定手続を取りやめたときは、その旨を農林水産大臣又は経済産業大臣に通知するものとする。この場

合においては、農林水産大臣又は経済産業大臣は、第二項の規定による意見を述べることを要しない。

（輸入してはならない貨物に係る認定手続における専門委員への意見の求め）

第六十九条の十九　税関長は、第六十九条の十一第一項第九号（輸入してはならない貨物）に掲げる貨物（育成者権を侵害する貨物を除く。）又は同項第九号の二に掲げる貨物に該当するか否かについての認定手続において、第六十九条の十二第一項（輸入してはならない貨物に係る認定手続）の規定による認定をするために必要があると認めるときは、知的財産権に関し学識経験を有する者であつてその認定手続に係る事案の当事者と特別の利害関係を有しないものを専門委員として委嘱し、政令で定めるところにより、当該専門委員に対し、当該認定のための参考となるべき意見を求めることができる。ただし、技術的範囲等については、この限りでない。

（輸入してはならない貨物に係る認定手続を取りやめることの求め等）

第六十九条の二十　第六十九条の十三第一項（輸入してはならない貨物に係る申立て手続等）の規定による申立てが受理された特許権者、実用新案権者、意匠権者又は不正競争差止請求権者（以下この条において「申立特許権者等」という。）の申立てに係る貨物について認定手続が執られたときは、当該貨物を輸入しようとする者は、政令で定めるところにより、次の各号に掲げる場合の区分に応じ、それぞれ当該各号に定める日後は、当該認定手続が執られている間に限り、税関長に対し、当該認定手続を取りやめることを求めることができる。

　一　第六十九条の十七第一項（輸入してはならない貨物に係る意見を聴くことの求め等）の規定により十日経過日までの期間を延長する旨の通知を受けた場合　二十日経過日（同条第五項（同条第十項において準用する場合を含む。次号において同じ。）の規定により経済産業大臣又は特許庁長官の意見を求めた旨の通知を受けたときは、二十日経過日とその求めに係る同条第六項（同条第十項において準用する場合を含む。次号において同じ。）の規定による通知を受けた日から起算して十日を経過する日とのいずれか遅い日）

　二　前号に掲げる場合以外の場合　十日経過日（第六十九条の十七第五項の規定により経済産業大臣又は特許庁長官の意見を求めた旨の通知を受けたときは、十日経過日とその求めに係る同条第六項の規定による通知を受けた日から起算して十日を経過する日とのいずれか遅い日）

2　税関長は、申立特許権者等の申立てに係る貨物について認定手続を執つたときは、十日経過日前に、当該貨物を輸入しようとする者に対し、通知日を通知しなければならない。

3　税関長は、第一項の規定により認定手続を取りやめることの求めがあつたときは、当該認定手続に係る申立てをした申立特許権者等に対し、その旨を通知するとともに、当該求めをした者（以下この条において「請求者」という。）に対し、期限を定めて、当該認定手続に係る貨物が輸入されることにより当該申立特許権者等が被るおそれがある損害の賠償を担保するために相当と認める額の金銭をその指定する供託所に供託すべき旨を命じなければならない。

4　前項の規定により供託する金銭は、国債、地方債その他の有価証券で税関長が確実と認めるものをもつてこれに代えることができる。

5　第三項の規定による命令によりされた供託に係る税関長に対する手続に関し必要な事項は、政令で定める。

6　請求者は、政令で定めるところにより、第三項に規定する損害の賠償に充てるものとして

所要の金銭が当該請求者のために支払われる旨の契約を締結し、同項の規定により定められた期限までにその旨を税関長に届け出たときは、当該契約の効力の存する間、同項の金銭の全部又は一部の供託をしないことができる。

7　第三項の申立特許権者等は、請求者に対する同項に規定する損害に係る賠償請求権に関し、同項の規定により供託された金銭（第四項の規定による有価証券を含む。第九項から第十一項までにおいて同じ。）について、他の債権者に先立ち弁済を受ける権利を有する。

8　前項の権利の実行に関し必要な事項は、政令で定める。

9　第三項の規定により金銭を供託した請求者は、次の各号に掲げる場合のいずれかに該当することとなつたときは、その供託した金銭を取り戻すことができる。

　一　第十二項の申立特許権者等が当該供託した金銭の取戻しに同意したこと、第三項に規定する損害に係る賠償請求権が時効により消滅したことその他同項に規定する損害の賠償を担保する必要がなくなつたことを税関長に証明し、その確認を受けた場合

　二　第六項の契約を締結して、政令で定めるところにより、税関長の承認を受けた場合

　三　供託した有価証券が償還を受けることとなつたことその他の事由により現に供託されている供託物に代えて他の供託物を供託することについて、政令で定めるところにより、税関長の承認を受けた場合

　四　前三号に掲げるもののほか、第十二項の申立特許権者等が同項の規定による通知を受けた日から起算して三十日以内に第三項に規定する損害の賠償を求める訴えの提起をしなかつた場合

10　前項の規定による供託した金銭の取戻しに関し必要な事項は、法務省令・財務省令で定める。

11　税関長は、第三項の規定により供託すべき旨を命じられた者が、同項の規定により定められた期限までにその供託を命じられた金銭の全部について、供託をし、又は第六項の規定による契約の締結の届出をしたときは、その供託を命じられる原因となつた貨物について認定手続を取りやめるものとする。

12　税関長は、前項の規定により認定手続を取りやめたときは、当該認定手続に係る貨物を輸入しようとする者及び当該認定手続に係る申立てをした申立特許権者等に対し、その旨を通知しなければならない。

第三款　専門委員

第六十九条の二十一　第六十九条の五（輸出差止申立てにおける専門委員への意見の求め）及び第六十九条の九（輸出してはならない貨物に係る認定手続における専門委員への意見の求め）並びに第六十九条の十四（輸入差止申立てにおける専門委員への意見の求め）及び第六十九条の十九（輸入してはならない貨物に係る認定手続における専門委員への意見の求め）の規定により税関長から意見を求められた専門委員は、その意見を求められた事案に関して知り得た秘密を漏らしてはならない。専門委員でなくなつた後においても、同様とする。

2　専門委員の委嘱その他専門委員に関し必要な事項は、政令で定める。

第五節　輸出又は輸入に関する証明等

（原産地を偽つた表示等がされている貨物の輸入）

第七十一条　原産地について直接若しくは間接に偽つた表示又は誤認を生じさせる表示がされ

ている外国貨物については、輸入を許可しない。

2　税関長は、前項の外国貨物については、その原産地について偽つた表示又は誤認を生じさせる表示がある旨を輸入申告をした者に、直ちに通知し、期間を指定して、その者の選択により、その表示を消させ、若しくは訂正させ、又は当該貨物を積みもどさせなければならない。

第七節　外国貨物の積戻し

第七十五条　本邦から外国に向けて行う外国貨物（仮に陸揚げされた貨物（外国為替及び外国貿易法（昭和二十四年法律第二百二十八号）第四十八条第一項（輸出の許可等）の規定による許可を受けなければならないものを除く。第百八条の四第一項及び第二項並びに第百十一条第一項第一号において同じ。）を除く。）の積戻しには、第六十七条（輸出又は輸入の許可）、第六十七条の二第一項及び第二項（輸出申告又は輸入申告の手続）、第六十七条の三第一項（後段及び第三号を除く。）（輸出申告の特例）、第六十八条から第六十九条の十まで（輸出申告又は輸入申告に際しての提出書類・貨物の検査に係る権限の委任・貨物の検査場所・輸出してはならない貨物・輸出してはならない貨物に係る認定手続・輸出してはならない貨物に係る申立て手続等・輸出差止申立てにおける専門委員への意見の求め・輸出差止申立てに係る供託等・輸出してはならない貨物に係る意見を聴くことの求め等・輸出してはならない貨物に係る認定手続における農林水産大臣等への意見の求め・輸出してはならない貨物に係る認定手続における専門委員への意見の求め・輸出してはならない貨物に係る認定手続を取りやめることの求め等）並びに第七十条（証明又は確認）の規定を準用する。この場合において、第六十九条の二第一項中「貨物」とあるのは「貨物（第六十九条の十一第二項の規定により積戻しを命じられたものを除く。）」と、同項第三号及び第四号中「物品」とあるのは「物品（他の法令の規定により積み戻すことができることとされている者が当該他の法令の定めるところにより積み戻すものを除く。）」と読み替えるものとする。

第八節　郵便物等に関する特則

（原産地を偽つた表示等がされている郵便物）

第七十八条　輸入される郵便物中にある信書以外の物にその原産地について直接若しくは間接に偽つた表示又は誤認を生じさせる表示がされているときは、税関長は、その旨を日本郵便株式会社に通知しなければならない。

2　日本郵便株式会社は、前項の通知を受けたときは、名宛人に、その選択により、同項の表示を消させ、又は訂正させなければならない。

3　名宛人が第一項の表示を消し、又は訂正しないときは、日本郵便株式会社は、その郵便物を交付してはならない。

第八章　不服申立て

（再調査の請求）

第八十九条　この法律又は他の関税に関する法律の規定による税関長の処分に不服がある者は、再調査の請求をすることができる。

2　この法律又は他の関税に関する法律の規定による税関職員の処分は、前項及び第九十一条の規定の適用に関しては、当該職員の属する税関の税関長がした処分とみなす。

第九十条　削除

（審議会等への諮問）

第九十一条　この法律又は他の関税に関する法律の規定による財務大臣又は税関長の処分について審査請求があつたときは、財務大臣は、次の各号のいずれかに該当する場合を除き、審議会等（国家行政組織法（昭和二十三年法律第百二十号）第八条（審議会等）に規定する機関をいう。）で政令で定めるものに諮問しなければならない。

一　審査請求人から、その諮問を希望しない旨の申出がされている場合（参加人（行政不服審査法第十三条第四項（参加人）に規定する参加人をいう。）から、当該諮問をしないことについて反対する旨の申出がされている場合を除く。）

二　審査請求が不適法であり、却下する場合

三　行政不服審査法第四十六条第一項（処分についての審査請求の認容）の規定により審査請求に係る処分（法令に基づく申請を却下し、又は棄却する処分及び事実上の行為を除く。）の全部を取り消し、又は同法第四十七条第一号若しくは第二号（処分についての審査請求の認容）の規定により審査請求に係る事実上の行為の全部を撤廃すべき旨を命じ、若しくは撤廃することとする場合（当該処分の全部を取り消すこと又は当該事実上の行為の全部を撤廃すべき旨を命じ、若しくは撤廃することについて反対する旨の意見書が提出されている場合及び口頭意見陳述においてその旨の意見が述べられている場合を除く。）

四　行政不服審査法第四十六条第二項各号に定める措置（法令に基づく申請の全部を認容すべき旨を命じ、又は認容するものに限る。）をとることとする場合（当該申請の全部を認容することについて反対する旨の意見書が提出されている場合及び口頭意見陳述においてその旨の意見が述べられている場合を除く。）

第十章　罰則

第百八条の四　第六十九条の二第一項第一号（輸出してはならない貨物）に掲げる貨物を輸出した者（本邦から外国に向けて行う外国貨物（仮に陸揚げされた貨物を除く。）の積戻し（第六十九条の十一第二項（輸入してはならない貨物）の規定により命じられて行うものを除く。）をした者を含む。）は、十年以下の懲役若しくは三千万円以下の罰金に処し、又はこれを併科する。

2　第六十九条の二第一項第二号から第四号までに掲げる貨物を輸出した者（本邦から外国に向けて行う外国貨物（仮に陸揚げされた貨物を除く。）の積戻し（同項第三号及び第四号に掲げる物品であつて他の法令の規定により当該物品を積み戻すことができることとされている者が当該他の法令の定めるところにより行うもの及び第六十九条の十一第二項の規定により命じられて行うものを除く。）をした者を含む。）は、十年以下の懲役若しくは千万円以下の罰金に処し、又はこれを併科する。

3　前二項の犯罪の実行に着手してこれを遂げない者についても、これらの項の例による。

4　第一項の罪を犯す目的をもつてその予備をした者は、五年以下の懲役若しくは三千万円以下の罰金に処し、又はこれを併科する。

5　第二項の罪を犯す目的をもつてその予備をした者は、五年以下の懲役若しくは五百万円以

下の罰金に処し、又はこれを併科する。

第百九条 第六十九条の十一第一項第一号から第六号まで（輸入してはならない貨物）に掲げる貨物を輸入した者は、十年以下の懲役若しくは三千万円以下の罰金に処し、又はこれを併科する。

2 第六十九条の十一第一項第七号から第九号まで及び第十号に掲げる貨物を輸入した者は、十年以下の懲役若しくは千万円以下の罰金に処し、又はこれを併科する。

3 前二項の犯罪の実行に着手してこれを遂げない者についても、これらの項の例による。

4 第一項の罪を犯す目的をもつてその予備をした者は、五年以下の懲役若しくは三千万円以下の罰金に処し、又はこれを併科する。

5 第二項の罪を犯す目的をもつてその予備をした者は、五年以下の懲役若しくは五百万円以下の罰金に処し、又はこれを併科する。

第百九条の二 第六十九条の十一第一項第一号から第四号まで、第五号の二及び第六号（輸入してはならない貨物）に掲げる貨物（輸入の目的以外の目的で本邦に到着したものに限る。）を第三十条第二項（外国貨物を置く場所の制限）の規定に違反して保税地域に置き、又は第六十五条の三（保税運送ができない貨物）の規定に違反して外国貨物のまま運送した者は、十年以下の懲役若しくは千万円以下の罰金に処し、又はこれを併科する。

2 第六十九条の十一第一項第八号、第九号及び第十号に掲げる貨物（輸入の目的以外の目的で本邦に到着したものに限り、同項第九号に掲げる貨物にあつては、回路配置利用権のみを侵害するものを除く。）を第三十条第二項の規定に違反して保税地域に置き、又は第六十五条の三の規定に違反して外国貨物のまま運送した者は、十年以下の懲役若しくは七百万円以下の罰金に処し、又はこれを併科する。

3 前二項の犯罪の実行に着手してこれを遂げない者についても、これらの項の例による。

4 第一項の罪を犯す目的をもつてその予備をした者は、五年以下の懲役若しくは五百万円以下の罰金に処し、又はこれを併科する。

5 第二項の罪を犯す目的をもつてその予備をした者は、五年以下の懲役若しくは三百万円以下の罰金に処し、又はこれを併科する。

第百十二条 第百八条の四第一項若しくは第二項（輸出してはならない貨物を輸出する罪）、第百九条第一項若しくは第二項（輸入してはならない貨物を輸入する罪）、第百九条の二第一項若しくは第二項（輸入してはならない貨物を保税地域に置く等の罪）又は第百十条第一項（関税を免れる等の罪）の犯罪に係る貨物について、情を知つてこれを運搬し、保管し、有償若しくは無償で取得し、又は処分の媒介若しくはあつせん（以下この条においてこれらの行為を「運搬等」という。）をした者は、五年以下の懲役若しくは五百万円以下の罰金に処し、又はこれを併科する。

2 前項の犯罪に係る貨物についての第百十条第一項の犯罪に係る関税又は関税の払戻しの額の五倍が五百万円を超える場合においては、情状により、前項の罰金は、五百万円を超え当該関税又は関税の払戻しの額の五倍に相当する金額以下とすることができる。

3 前条第一項の犯罪に係る貨物について情を知つて運搬等をした者は、三年以下の懲役若しくは五百万円以下の罰金に処し、又はこれを併科する。ただし、当該犯罪に係る貨物の価格の三倍が五百万円を超えるときは、罰金は、当該価格の三倍以下とする。

法令編

第百十五条の三 第六十九条の二十一第一項（専門委員）の規定に違反して秘密を漏らした者
　は、六月以下の懲役又は五十万円以下の罰金に処する。

第百十七条 法人の代表者又は法人若しくは人の代理人、使用人その他の従業者がその法人又
　は人の業務又は財産について、第百八条の四から第百十二条まで（輸出してはならない貨物
　を輸出する罪・輸入してはならない貨物を輸入する罪・輸入してはならない貨物を保税地域
　に置く等の罪・関税を免れる等の罪・許可を受けないで輸出入する等の罪・密輸貨物の運搬
　等をする罪）、第百十二条の二（用途外に使用する等の罪）、第百十三条の二（特例申告書を
　提出期限までに提出しない罪）、第百十四条の二（報告を怠つた等の罪）、第百十五条の二
　（帳簿の記載を怠つた等の罪）又は前条に該当する違反行為（同条中第百十三条（許可を受け
　ないで不開港に出入する罪）、第百十四条及び第百十五条（報告を怠つた等の罪）に係るもの
　を除く。）をしたときは、その行為者を罰するほか、その法人又は人に対して当該各条の罰金
　刑を科する。
2　前項の規定により第百八条の四から第百九条の二まで、第百十条第一項から第三項まで若
　しくは第五項、第百十一条第一項から第三項まで又は第百十二条第一項の違反行為につき法
　人又は人に罰金刑を科する場合における時効の期間は、これらの規定の罪についての時効の
　期間による。
3　人格のない社団等（法人でない社団又は財団で代表者又は管理人の定めがあるものをいう。
　次項において同じ。）は、法人とみなして、前二項の規定を適用する。
4　人格のない社団等について第一項の規定の適用がある場合には、その代表者又は管理人が
　その訴訟行為につきその人格のない社団等を代表するほか、法人を被告人又は被疑者とする
　場合の刑事訴訟に関する法律の規定を準用する。

第百十八条 第百八条の四から第百十一条まで（輸出してはならない貨物を輸出する罪・輸入
　してはならない貨物を輸入する罪・輸入してはならない貨物を保税地域に置く等の罪・関税
　を免れる等の罪・許可を受けないで輸出入する等の罪）の犯罪に係る貨物（第百十条又は第
　百十一条の犯罪に係る貨物にあつては、輸入制限貨物等に限る。）、その犯罪行為の用に供し
　た船舶若しくは航空機又は第百十二条（密輸貨物の運搬等をする罪）の犯罪に係る貨物（第
　百八条の四又は第百九条の犯罪に係る貨物及び輸入制限貨物等に限る。）（以下この条におい
　て「犯罪貨物等」と総称する。）は、没収する。ただし、犯罪貨物等が犯人以外の者の所有に
　係り、かつ、その者が次の各号のいずれかに該当する場合は、この限りでない。
　一　第百八条の四から第百十二条までの犯罪が行われることをあらかじめ知らないでその犯
　　罪が行われた時から引き続き犯罪貨物等を所有していると認められるとき。
　二　前号に掲げる犯罪が行われた後、その情を知らないで犯罪貨物等を取得したと認められ
　　るとき。
2　前項の規定により没収すべき犯罪貨物等（同項の船舶又は航空機を除く。以下この項にお
　いて同じ。）を没収することができない場合又は同項第二号の規定により犯罪貨物等を没収し
　ない場合（これらの場合のうち第百十二条（密輸貨物の運搬等をする罪）の犯罪に係る場合
　にあつては、同条第一項又は第三項の貨物の取得に係る犯罪の場合に限る。）においては、そ
　の没収することができないもの又は没収しないものの犯罪が行われた時の価格に相当する金
　額を犯人から追徴する。
3～7　略

関税法施行令（抄）

昭和29年6月19日政令第150号
最終改正：令和5年5月12日政令第179号

第四節　輸出又は輸入をしてはならない貨物

第二款　輸入してはならない貨物

（輸入してはならない貨物に係る認定手続）

第六十二条の十六　税関長は、法第六十九条の十二第一項（輸入してはならない貨物に係る認定手続）に規定する認定手続（以下この条において「認定手続」という。）においては、当該認定手続が執られた貨物（以下この条、第六十二条の二十四第一項第一号及び第二項、第六十二条の二十九第一項並びに第六十二条の三十において「疑義貨物」という。）に係る特許権者等（特許権者、実用新案権者、意匠権者、商標権者、著作権者、著作隣接権者、回路配置利用権者若しくは育成者権者又は不正競争差止請求権者（法第六十九条の十二第一項に規定する不正競争差止請求権者をいう。第四項第四号及び第六十二条の二十九第二項において同じ。）をいう。以下この条において同じ。）及び当該疑義貨物を輸入しようとする者（以下この条において「輸入者」という。）に対し、当該疑義貨物が法第六十九条の十一第一項第九号から第十号まで（輸入してはならない貨物）に掲げる貨物に該当すること又は該当しないことについて証拠を提出し、及び意見を述べる機会を与えなければならない。ただし、第五項の通知を受けた輸入者から同項第五号に規定する期限までに同号に規定する書面の提出がない場合は、この限りでない。

2　法第六十九条の十二第四項に規定する政令で定める書類は、次に掲げる書類とする。

一　輸入者が疑義貨物を購入し、又は譲り受けようとしたこと、仕出人が当該疑義貨物を発送したことその他の輸入者が当該疑義貨物を輸入しようとした経緯及び目的に関する事項を記載した書類

二　輸入者及び疑義貨物の仕出人の氏名又は名称、住所及び職業又は事業を証する書類

三　疑義貨物の性質、形状、機能、品質、用途その他の特徴を記載した書類

四　輸入者が疑義貨物を輸入することについて当該疑義貨物に係る特許権者等から許諾を得ているか否かについて記載した書類

五　前各号に掲げるもののほか、疑義貨物が法第六十九条の十一第一項第九号から第十号までに掲げる貨物に該当しない旨を証する書類その他当該疑義貨物が同項第九号から第十号までに掲げる貨物に該当するか否かについて税関長が認定するための参考となるべき書類

3　税関長は、第一項の規定により提出された証拠、法第六十九条の十二第四項の規定により提出された書類その他認定手続において使用する証拠を同条第六項の認定の基礎とする場合には、当該認定手続に係る特許権者等又は輸入者に対し、当該証拠又は書類について意見を述べる機会を与えなければならない。

法 令 編

4 　法第六十九条の十二第一項及び第二項の規定による特許権者等に対する通知は、次に掲げる事項を記載した書面でしなければならない。
　一　疑義貨物の品名
　二　輸入者及び疑義貨物の仕出人の氏名又は名称及び住所
　三　疑義貨物（法第六十九条の十一第一項第九号又は第九号の二に掲げる貨物に係る認定手続に係るものに限る。）に係る特許権、実用新案権、意匠権、商標権、著作権、著作隣接権、回路配置利用権又は育成者権の内容
　四　疑義貨物（法第六十九条の十一第一項第十号に掲げる貨物に係る認定手続に係るものに限る。）に係る商品等表示、商品の形態又は技術的制限手段（不正競争防止法第二条第一項第一号から第三号まで、第十七号又は第十八号（定義）に規定する商品等表示、商品の形態又は技術的制限手段であつて、不正競争差止請求権者に係るものをいう。次条第二号において同じ。）の内容
　五　認定手続を執る理由
　六　法第六十九条の十三第一項（輸入してはならない貨物に係る申立て手続等）の規定による申立てが受理された場合において当該申立てに係る認定手続が執られるときにあつては、その旨
　七　疑義貨物が法第六十九条の十一第一項第九号から第十号までに掲げる貨物に該当することについて、証拠を提出し、及び意見を述べることができる旨（法第六十九条の十三第一項の規定による申立てが受理された場合において当該申立てに係る認定手続が執られるときにあつては、次項の通知を受けた輸入者から同項第五号に規定する期限までに同号に規定する書面が税関長に提出された場合に限り、証拠を提出し、及び意見を述べることができる旨）並びにその期限
　八　法第六十九条の十三第一項の規定による申立てが受理された場合において当該申立てに係る認定手続が執られるときにあつては、前号の期限内に申請することにより疑義貨物を点検することができる旨
　九　その他参考となるべき事項
5 　法第六十九条の十二第一項及び第二項の規定による輸入者に対する通知は、次に掲げる事項を記載した書面でしなければならない。
　一　疑義貨物の品名及び数量並びにその輸入申告の年月日（疑義貨物が法第七十六条第一項（郵便物の輸出入の簡易手続）に規定する郵便物である場合にあつては、同条第三項の規定による提示がされた年月日）
　二　特許権者等の氏名又は名称及び住所
　三　疑義貨物が法第六十九条の十一第一項第九号から第十号までに掲げる貨物に該当しないことについて、証拠を提出し、及び意見を述べることができる旨（法第六十九条の十三第一項の規定による申立てが受理された場合において当該申立てに係る認定手続が執られるときにあつては、第五号に規定する期限までに同号に規定する書面の提出がある場合に限り、証拠を提出し、及び意見を述べることができる旨）並びにその期限
　四　疑義貨物が法第六十九条の十一第一項第九号から第十号までに掲げる貨物に該当すると認定されたときは、同条第二項の規定により当該疑義貨物が没収されて廃棄されることがある旨
　五　法第六十九条の十三第一項の規定による申立てが受理された場合において当該申立てに係る認定手続が執られるときにあつては、疑義貨物が法第六十九条の十一第一項第九号から第十号までに掲げる貨物に該当するか否かについて争う場合には、通知を受けた日から

起算して十日（行政機関の休日（行政機関の休日に関する法律（昭和六十三年法律第九十一号）第一条第一項各号（行政機関の休日）に掲げる日をいう。）の日数は、算入しない。）を経過する日までに、その旨を記載した書面を税関長に提出しなければならない旨

六　法第六十九条の十三第一項の規定による申立てが受理された場合において当該申立てに係る認定手続が執られるときにあつては、当該申立てをした者又は輸入者（法第三十六条第二項（保税地域についての規定の準用等）、第四十条第一項（貨物の取扱い）（法第四十九条（指定保税地域についての規定の準用）において準用する場合を含む。）、第六十二条の二第三項（保税展示場の許可）及び第六十二条の八第一項（総合保税地域の許可）の規定により疑義貨物について内容の点検を行うことができる場合における輸入者を除く。）は、第三号の期限内に申請することにより疑義貨物を点検することができる旨

七　前項第三号から第六号まで及び第九号に掲げる事項

6　法第六十九条の十二第三項の規定による通知は、書面でしなければならない。

7　税関長は、第五項の通知を受けた輸入者から同項第五号に規定する期限までに同号に規定する書面の提出があつた場合には、その旨を特許権者等に通知しなければならない。

（輸入してはならない貨物に係る申立て手続）

第六十二条の十七　法第六十九条の十三第一項（輸入してはならない貨物に係る申立て手続等）の規定による申立てをしようとする者は、次に掲げる事項を記載した申立書に、同項に規定する証拠を添えて、税関長に提出しなければならない。

一　自己の特許権、実用新案権、意匠権、商標権、著作権、著作隣接権又は育成者権（第三号及び第四号において「権利」と総称する。）の内容（法第六十九条の十一第一項第九号又は第九号の二（輸入してはならない貨物）に掲げる貨物に係る申立てをしようとする場合に限る。）

二　商品等表示、商品の形態又は技術的制限手段の内容（法第六十九条の十一第一項第十号に掲げる貨物に係る申立てをしようとする場合に限る。）

三　自己の権利又は営業上の利益（法第六十九条の十一第一項第十号に掲げる貨物に係る同号に規定する行為により侵害される営業上の利益をいう。次号において同じ。）を侵害すると認める貨物の品名

四　前号の貨物が自己の権利又は営業上の利益を侵害すると認める理由

五　法第六十九条の十三第三項に規定する申立てが効力を有する期間として希望する期間（四年以内に限る。）

六　その他参考となるべき事項

（輸入してはならない貨物に係る点検の機会の付与）

第六十二条の十八　法第六十九条の十三第四項（輸入してはならない貨物に係る申立て手続等）の規定による点検を行おうとする者は、第六十二条の十六第四項第七号又は第五項第三号の期限内に、点検を行うことを申請する旨を記載した書面に、同条第四項又は第五項の通知に係る書面の写しを添付して、税関長に提出しなければならない。

（輸入差止申立てにおける専門委員への意見の求めの手続）

第六十二条の十九　税関長は、法第六十九条の十四（輸入差止申立てにおける専門委員への意見の求め）の規定により専門委員に対し意見を求めるときは、その旨及び理由を記載した書面に、当該申立てに係る貨物についての資料その他の専門委員が意見を述べるに際し参考と

なるべき資料を添えて、専門委員に送付するものとする。

（輸入してはならない貨物に係る税関長の命令により供託した場合の手続）

第六十二条の二十　法第六十九条の十三第一項（輸入してはならない貨物に係る申立て手続等）の規定による申立てをした者で法第六十九条の十五第一項又は第二項（輸入差止申立てに係る供託等）の規定により金銭を供託すべき旨を命じられたもの（次条において「供託をすべき申立人」という。）は、当該供託（法第六十九条の十五第三項の規定による有価証券の供託を含む。）をしたときは、遅滞なく、その供託書の正本を税関長に提出しなければならない。

2　税関長は、前項の規定による供託書の正本の提出があつたときは、遅滞なく、その旨を記載した書面及び当該供託書の正本の写しをその供託の原因となつた貨物を輸入しようとする者に交付しなければならない。

（輸入してはならない貨物に係る供託に代わる契約の内容等）

第六十二条の二十一　供託をすべき申立人は、法第六十九条の十五第五項（輸入差止申立てに係る供託等）の契約を締結する場合には、本邦にある銀行、信用金庫、保険会社その他の金融機関で税関長の承認を受けたもの（第一号及び第三項において単に「金融機関」という。）を相手方とし、その内容を次に掲げる要件に適合するものとしなければならない。

一　金融機関は、供託をすべき申立人のために、税関長が当該供託をすべき申立人に供託することを命じた金銭の額を限度として、当該供託をすべき申立人に対する法第六十九条の十五第一項に規定する損害に係る賠償請求権を有する輸入者が当該金融機関に対して金銭の支払を請求する権利を有することを確認するものとして当該輸入者の申請により税関長が交付する書面に表示された額の金銭を当該輸入者に支払うものであること。

二　税関長の承認を受けて解除した時に契約の効力が消滅するものであること。

三　税関長の承認を受けた場合を除き、契約を解除し、又は契約の内容を変更することができないものであること。

2　供託をすべき申立人は、法第六十九条の十五第五項の契約を締結したとき（税関長の承認を受けて当該契約の内容を変更した場合を含む。）は、その旨を記載した書面に、契約書の写しを添付して、税関長に提出しなければならない。

3　税関長は、前項の規定による書面及び契約書の写しの提出があつたときは、遅滞なく、その旨並びに同項の契約の相手方である金融機関の名称及び所在地並びに当該契約に係る契約金額を記載した書面を当該契約の締結の原因となつた貨物を輸入しようとする者に交付しなければならない。

4　税関長は、第二項の規定による書面及び契約書の写しの提出があつた場合において、同項の契約を締結した供託をすべき申立人に対する法第六十九条の十五第一項に規定する損害に係る賠償請求権を有する輸入者から当該賠償請求権を有すること及び当該賠償請求権の額の確認の申請があり、判決の謄本、和解を証する書面その他これらに類するものにより当該申請を理由があると認めるときは、当該申請をした輸入者に対し、当該賠償請求権を有すること及び当該賠償請求権の額を確認する書面を交付しなければならない。

（輸入してはならない貨物に係る権利の実行の手続）

第六十二条の二十二　法第六十九条の十五第六項（輸入差止申立てに係る供託等）に規定する権利（以下この条において単に「権利」という。）を有する輸入者は、税関長に対し、その権利の実行の申立てをすることができる。

2 税関長は、前項の申立てがあつた場合において、判決の謄本、和解を証する書面その他これらに類するものにより当該申立てを理由があると認めるときは、当該申立てをした輸入者に対し、権利を有することを確認する書面を交付しなければならない。

3 税関長は、有価証券が供託されている場合において、権利の実行に必要があるときは、当該有価証券を換価することができる。この場合において、換価の費用は、換価代金から控除する。

4 前三項に規定するもののほか、権利の実行に関し必要な事項は、法務省令・財務省令で定める。

（輸入してはならない貨物に係る供託された金銭等の取戻しに係る承認申請手続）
第六十二条の二十三 法第六十九条の十五第八項第四号（輸入差止申立てに係る供託等）の承認を受けようとする者は、同号の承認を受けたい旨を記載した書面に、同条第五項の契約に係る契約書の写しを添付して、税関長に提出しなければならない。

2 法第六十九条の十五第八項第五号の承認を受けようとする者は、現に供託されている供託物に代わる他の供託物を供託した上、同号の承認を受けたい旨及びその事由を記載した書面に、当該他の供託物に係る供託書の正本を添付して、税関長に提出しなければならない。

（見本の検査をすることの承認の申請手続等）
第六十二条の二十四 法第六十九条の十六第一項（申請者による疑義貨物に係る見本の検査）の承認を受けようとする者は、次に掲げる事項を記載した書面に、第六十二条の十六第四項の通知に係る書面の写しを添えて、税関長に提出しなければならない。
　一　当該見本に係る疑義貨物について、第六十二条の十六第一項の規定により証拠を提出し、又は意見を述べるためにその検査が必要である理由
　二　当該見本の数量
　三　当該見本の検査をする場所及び日時並びに検査の方法
　四　当該見本の検査をする前又は検査をした後において前号に規定する場所と異なる場所に当該見本を保管する場合には、その場所及び当該保管の方法
　五　当該見本を運送する場合には、当該運送の方法
　六　その他参考となるべき事項

2 税関長は、法第六十九条の十六第一項の申請があつた場合において、同項後段の規定により当該見本に係る疑義貨物を輸入しようとする者（以下この条において「輸入者」という。）に当該申請があつたことを通知するときは、併せて、当該輸入者が当該申請について税関長に意見を述べることができる旨を通知するものとする。

3 税関長は、法第六十九条の十六第一項の申請があつた場合において、その申請につき承認しないこととしたときは、申請者及び輸入者に対し、その旨及び理由を書面により通知しなければならない。

4 税関長は、輸入者に対し、法第六十九条の十六第三項の規定による通知をする場合には、同項に規定する見本の検査をすることを承認する旨並びに当該見本の検査がされる場所及び日時を書面により通知しなければならない。

5 法第六十九条の十六第四項の規定により同項の申請者が負担すべき費用は、当該見本の運搬、保管又は検査その他当該見本の取扱いに要する費用（見本を返還するために要する費用を含む。）とする。

（税関長の命令により供託した場合の手続等についての規定の準用）

第六十二条の二十五　第六十二条の二十及び第六十二条の二十一の規定は法第六十九条の十六第一項（申請者による疑義貨物に係る見本の検査）の規定による申請をしようとする者で同条第五項において準用する法第六十九条の十五第一項（輸入差止申立てに係る供託等）の規定により金銭を供託すべき旨を命じられたものについて、第六十二条の二十二の規定は法第六十九条の十六第五項において準用する法第六十九条の十五第六項に規定する権利の実行の手続について、第六十二条の二十三第一項の規定は法第六十九条の十六第五項において準用する法第六十九条の十五第八項第四号の承認を受けようとする者について、第六十二条の二十三第二項の規定は法第六十九条の十六第五項において準用する法第六十九条の十五第八項第五号の承認を受けようとする者について、それぞれ準用する。この場合において、次の表の上欄に掲げる規定中同表の中欄に掲げる字句は、それぞれ同表の下欄に掲げる字句と読み替えるものとする。

読み替える規定	読み替えられる字句	読み替える字句
第六十二条の二十第一項並びに第六十二条の二十一第一項、第二項及び第四項	申立人	申請者
第六十二条の二十第一項	法第六十九条の十五第三項	法第六十九条の十六第五項において準用する法第六十九条の十五第三項
第六十二条の二十一第一項及び第二項	法第六十九条の十五第五項	法第六十九条の十六第五項において準用する法第六十九条の十五第五項
第六十二条の二十一第一項第一号及び第四項	法第六十九条の十五第一項	法第六十九条の十六第五項において準用する法第六十九条の十五第一項
第六十二条の二十三第一項	同条第五項	法第六十九条の十六第五項において準用する法第六十九条の十五第五項

（見本の検査への立会申請手続）

第六十二条の二十六　法第六十九条の十六第六項（申請者による疑義貨物に係る見本の検査）の規定による申請をしようとする者は、第六十二条の二十四第四項の規定により通知された当該見本の検査がされる日前に、その旨並びに立会人の氏名及び住所その他参考となるべき事項を記載した書面を税関長に提出しなければならない。この場合において、当該書面の提出を受けた税関長は、法第六十九条の十六第一項の申請をした者に対し、当該立会人の氏名その他参考となるべき事項を通知するものとする。

（輸入してはならない貨物に係る意見を聴くことの求めの手続）

第六十二条の二十七　法第六十九条の十七第一項（輸入してはならない貨物に係る意見を聴くことの求め等）の規定による求め（以下この条及び次条第一項各号において「意見照会請求」という。）をしようとする者は、次に掲げる事項を記載した書面に、当該意見照会請求をしようとする者が法第六十九条の十七第一項に規定する特許権者等である場合にあつては当該意見照会請求に係る貨物に係る自己の特許権、実用新案権若しくは意匠権の侵害の行為を組成したものとして認める物若しくは方法又は不正競争防止法第二条第一項第十号（定義）に掲

げる行為（同法第十九条第一項第七号（適用除外等）に定める行為を除く。以下この条並びに次条第一項各号及び第二項において同じ。）を組成したものとして認める物の具体的態様を明らかにする資料を、当該意見照会請求をしようとする者が法第六十九条の十七第一項に規定する輸入者である場合にあつては当該意見照会請求に係る貨物に係る同項に規定する特許権者等の特許権、実用新案権若しくは意匠権の侵害の行為を組成していないものとして認める物若しくは方法又は不正競争防止法第二条第一項第十号に掲げる行為を組成していないものとして認める物の具体的態様を明らかにする資料を添えて、税関長に提出しなければならない。

一　法第六十九条の十七第一項に規定する通知日

二　法第六十九条の十七第一項の規定により同項に規定する十日経過日までの期間を延長する旨の通知を受けたときは、その旨

三　意見照会請求をする旨及びその理由

四　その他参考となるべき事項

（輸入してはならない貨物に係る経済産業大臣等への意見の求めの手続）

第六十二条の二十八　税関長は、法第六十九条の十七第二項（輸入してはならない貨物に係る意見を聴くことの求め等）の規定により経済産業大臣又は特許庁長官に対し意見を求めるときは、その旨を記載した書面及び次の各号に掲げる場合の区分に応じ、当該各号に定める書面に、前条の規定により提出された書面の写し及び同条に規定する資料その他の経済産業大臣又は特許庁長官が意見を述べるに際し参考となるべき資料を添えて、経済産業大臣又は特許庁長官に提出しなければならない。

一　意見照会請求をしようとする者が法第六十九条の十七第一項に規定する特許権者等である場合　当該特許権者等が当該意見照会請求に係る貨物に係る自己の特許権、実用新案権若しくは意匠権の侵害の行為を組成したものとして認める物若しくは方法又は不正競争防止法第二条第一項第十号（定義）に掲げる行為を組成したものとして認める物の具体的態様であつて税関長が特定したものを記載した書面

二　意見照会請求をしようとする者が法第六十九条の十七第一項に規定する輸入者である場合　当該輸入者が当該意見照会請求に係る貨物に係る同項に規定する特許権者等の特許権、実用新案権若しくは意匠権の侵害の行為を組成していないものとして認める物若しくは方法又は不正競争防止法第二条第一項第十号に掲げる行為を組成していないものとして認める物の具体的態様であつて税関長が特定したものを記載した書面

2　税関長は、法第六十九条の十七第九項の規定により経済産業大臣又は特許庁長官に対し意見を求めるときは、その旨及び理由並びに当該意見の求めに係る同条第一項に規定する特許権者等の特許権、実用新案権若しくは意匠権の侵害の行為を組成したものと思料する物若しくは方法又は不正競争防止法第二条第一項第十号に掲げる行為を組成したものと思料する物の具体的態様であつて自ら特定したものを記載した書面に、当該具体的態様を明らかにする資料その他の経済産業大臣又は特許庁長官が意見を述べるに際し参考となるべき資料を添えて、経済産業大臣又は特許庁長官に提出しなければならない。

3　税関長は、法第六十九条の十七第二項又は第九項の規定により経済産業大臣又は特許庁長官に対し意見を求める前に、その求めに係る同条第一項に規定する特許権者等及び輸入者に対し、前二項に規定する資料について意見を述べる機会を与えなければならない。

（輸入してはならない貨物に係る認定手続における農林水産大臣等への意見の求めの手続等）
第六十二条の二十九　税関長は、法第六十九条の十八第一項（輸入してはならない貨物に係る認定手続における農林水産大臣等への意見の求め）の規定により農林水産大臣又は経済産業大臣に対し意見を求めるときは、その旨及び理由を記載した書面に、当該意見の求めに係る疑義貨物についての資料その他の農林水産大臣又は経済産業大臣が意見を述べるに際し参考となるべき資料を添えて、農林水産大臣又は経済産業大臣に提出しなければならない。

2　農林水産大臣又は経済産業大臣は、法第六十九条の十八第二項の規定により意見を述べるため必要な場合には、同条第三項に規定する育成者権者若しくは不正競争差止請求権者、当該認定手続に係る貨物を輸入しようとする者その他の関係者又は学識経験を有する者から意見を聴くことができる。この場合において、必要な手続その他の事項は、農林水産省令又は経済産業省令で定める。

（輸入してはならない貨物に係る認定手続における専門委員への意見の求めの手続）
第六十二条の三十　税関長は、法第六十九条の十九（輸入してはならない貨物に係る認定手続における専門委員への意見の求め）の規定により専門委員に対し意見を求めるときは、その旨及び理由を記載した書面に、当該意見の求めに係る疑義貨物についての資料その他の専門委員が意見を述べるに際し参考となるべき資料を添えて、専門委員に送付するものとする。

（輸入してはならない貨物に係る認定手続を取りやめることの求めの手続）
第六十二条の三十一　法第六十九条の二十第一項（輸入してはならない貨物に係る認定手続を取りやめることの求め等）の規定による求め（第四号において「認定手続取りやめ請求」という。）をしようとする者は、次に掲げる事項を記載した書面を税関長に提出しなければならない。
　　一　法第六十九条の二十第二項の規定により通知を受けた法第六十九条の十七第一項（輸入してはならない貨物に係る意見を聴くことの求め等）に規定する通知日
　　二　法第六十九条の十七第一項の規定により同項に規定する十日経過日までの期間を延長する旨の通知を受けたときは、その旨
　　三　法第六十九条の十七第六項の規定による通知を受けたときは、当該通知を受けた日
　　四　認定手続取りやめ請求をする旨
　　五　その他参考となるべき事項

（税関長の命令により供託した場合の手続等についての規定の準用）
第六十二条の三十二　第六十二条の二十及び第六十二条の二十一の規定は法第六十九条の二十第一項（輸入してはならない貨物に係る認定手続を取りやめることの求め）の規定による求めをしようとする者で同条第三項の規定により金銭を供託すべき旨を命じられたものについて、第六十二条の二十二の規定は法第六十九条の二十第七項に規定する権利の実行の手続について、第六十二条の二十三第一項の規定は法第六十九条の二十第九項第二号の承認を受けようとする者について、第六十二条の二十三第二項の規定は法第六十九条の二十第九項第三号の承認を受けようとする者について、それぞれ準用する。この場合において、次の表の上欄に掲げる規定中同表中欄に掲げる字句は、それぞれ同表下欄に掲げる字句と読み替えるものとする。

読み替える規定	読み替えられる字句	読み替える字句
第六十二条の二十第一項並びに第六十二条の二十一第一項、第二項及び第四項	申立人	請求者
第六十二条の二十第一項	法第六十九条の十五第三項	法第六十九条の二十第四項
第六十二条の二十第二項	を輸入しようとする者	に係る法第六十九条の十三第一項（輸入してはならない貨物に係る申立て手続等）の規定による申立てをした特許権者等（法第六十九条の十七第一項（輸入してはならない貨物に係る意見を聴くことの求め等）に規定する特許権者等をいう。次条及び第六十二条の二十二において同じ。）
第六十二条の二十一第一項及び第二項	法第六十九条の十五第五項	法第六十九条の二十第六項
第六十二条の二十一第一項第一号及び第四項	法第六十九条の十五第一項	法第六十九条の二十第三項
第六十二条の二十一第一項第一号及び第四項並びに第六十二条の二十二第一項及び第二項	輸入者	特許権者等
第六十二条の二十一第三項	を輸入しようとする者	に係る法第六十九条の十三第一項（輸入してはならない貨物に係る申立て手続等）の規定による申立てをした特許権者等
第六十二条の二十三第一項	同条第五項	法第六十九条の二十第六項

第三款　専門委員

第六十二条の三十三　税関長は、法第六十九条の五（輸出差止申立てにおける専門委員への意見の求め）、第六十九条の九（輸出してはならない貨物に係る認定手続における専門委員への意見の求め）、第六十九条の十四（輸入差止申立てにおける専門委員への意見の求め）又は第六十九条の十九（輸入してはならない貨物に係る認定手続における専門委員への意見の求め）の規定により専門委員を委嘱するときは、期間を定めて行うものとする。

関税法基本通達（抄）

昭和 47 年 3 月 1 日蔵関第 100 号
最終改正：令和 5 年 9 月 27 日財関第 937 号

第 6 章　通　関

第 8 節　知的財産侵害物品（輸入）

（用語の定義）

69 の 11〜69 の 21-1　この節において使用する次の用語の意義は、それぞれ次に定めるところによる。

(1)　「知的財産権」　法第 69 条の 11 第 1 項第 9 号に掲げる特許権（特許権についての専用実施権を含む。以下同じ。）、実用新案権（実用新案権についての専用実施権を含む。以下同じ。）、意匠権（意匠権についての専用実施権を含む。以下同じ。）、商標権（商標権についての専用使用権を含む。以下同じ。）、著作権（著作権についての無名又は変名の著作物の発行者が行い得る差止請求権を含む。以下同じ。）、著作隣接権、回路配置利用権（回路配置利用権についての専用利用権を含む。以下同じ。）若しくは育成者権（育成者権についての専用利用権を含む。以下同じ。）又は同項第 9 号の 2 に掲げる意匠権若しくは商標権をいう。

(2)　「知的財産」　知的財産権並びに不正競争防止法第 2 条第 1 項第 1 号若しくは第 2 号に規定する商品等表示、同項第 3 号に規定する商品の形態又は同項第 17 号若しくは第 18 号に規定する技術的制限手段であって不正競争差止請求権者（法第 69 条の 12 に規定する不正競争差止請求権者をいう。以下同じ。）に係るもの（以下「保護対象商品等表示等」という。）及び同項第 10 号に規定する不正使用行為の対象となる営業秘密であって不正競争差止請求権者に係るもの（以下「保護対象営業秘密」という。）をいう。

(3)　「侵害物品」　法第 69 条の 11 第 1 項第 9 号から第 10 号までに掲げる物品をいう。

(4)　「侵害疑義物品」　侵害物品に該当すると思料される貨物をいう。

(5)　「認定手続」　侵害疑義物品について、侵害物品に該当するか否かを認定するための手続をいう。

(6)　「疑義貨物」　認定手続が執られた貨物をいう。

(7)　「権利者」　知的財産権を有する者及び不正競争差止請求権者をいう。

(8)　「輸入者等」　輸入申告をした者及び日本郵便株式会社から提示された国際郵便物の名宛人をいう。

(9)　「仕出人」　法第 69 条の 11 第 1 項第 9 号の 2 に規定する持込み行為をする者をいう。

(10)　「輸入差止申立て」　法第 69 条の 13 第 1 項の規定による申立てをいう。

(11)　「申立人」　輸入差止申立てをした者をいう。

(12)　「輸入差止申立てにおける専門委員意見照会」　法第 69 条の 14 の規定により、税関長が

専門委員に対し意見を求めることをいう。

⒀　「輸入差止情報提供」　回路配置利用権を有する者が、後記 69 の 13-12 により、自己の権利を侵害すると認める貨物に関する資料を提出することをいう。

⒁　「情報提供者」　輸入差止情報提供をした者をいう。

⒂　「自発的処理」　後記 69 の 12-2(1)に規定する廃棄、滅却、積戻し、輸入同意書の提出、切除等の修正及び任意放棄をいう。

⒃　「見本検査承認申請」　法第 69 条の 16 第 1 項の規定による申請をいう。

⒄　「経済産業大臣意見照会（保護対象営業秘密関係）」　法第 69 条の 17 第 2 項又は第 9 項の規定により、税関長が経済産業大臣に対し意見を求めることをいう。

⒅　「特許庁長官意見照会」　法第 69 条の 17 第 2 項又は第 9 項の規定により、税関長が特許庁長官に対し意見を求めることをいう。

⒆　「農林水産大臣意見照会」　法第 69 条の 18 第 1 項の規定により、税関長が農林水産大臣に対し意見を求めることをいう。

⒇　「経済産業大臣意見照会（保護対象商品等表示等関係）」　法第 69 条の 18 第 1 項の規定により、税関長が経済産業大臣に対し意見を求めることをいう。

㉑　「認定手続における専門委員意見照会」　法第 69 条の 19 の規定により、税関長が専門委員に対し意見を求めることをいう。

㉒　「通関解放金」　法第 69 条の 20 第 3 項の規定により、認定手続の取りやめを求めた輸入者等に対し供託を命じる金銭（同条第 4 項に規定する有価証券を含む。）をいう。

㉓　「通関解放」　法第 69 条の 20 第 11 項の規定により、認定手続を取りやめることをいう。

（各種通知書等の送付）

69 の 11～69 の 21-2　各種通知書等の送付の取扱いについては、次のとおりとする。

(1)　通知書の送付方法

税関官署の長が交付する各種通知書等は、輸入者等若しくは権利者に直接又は前記 2 の 4-1（送達の方法）に規定する郵便等のうち相手方に到達した日付が客観的に確認できるもの（例えば、簡易書留、特定記録郵便）をもって交付することとする。ただし、これらによりがたい場合には、前記 2 の 4-1 の(3)及び 2 の 4-2 の(3)の公示送達によるものとする。

(2)　通知書様式中の文字の消込み

複数の用途に使用される通知書等の様式において、用途上不要な文字は、適宜、その文字を線で消し込み、又は電子媒体上削除して使用する。

(3)　窓付封筒の使用

各種通知書等の送付に当たっては、窓付封筒を利用して差し支えない。様式については、別に事務連絡する。

（取締対象貨物及び貨物に関する情報収集）

69 の 11-4　侵害物品の取締りは、この節に定めるところにより、法の規定により輸入申告された貨物又は日本郵便株式会社から提示された国際郵便物のうち、次の貨物を対象として重点的に審査等を行い、必要に応じて貨物に関する情報収集を行うこととする。

(1)　重点的に審査等を行う貨物

イ　知的財産（回路配置利用権を除く。）

(イ)　輸入差止申立てが受理されたもの

(ロ)　その他税関において侵害物品の疑いがあると判断されるもの

ロ　回路配置利用権

(イ)　輸入差止情報提供のあったもの

(ロ)　その他税関において侵害物品の疑いがあると判断されるもの

(2)　貨物に関する情報収集

上記(1)に規定する貨物に該当するかの否かの判断に際して、必要な情報収集を行う場合の留意点等は、次の通りである。

イ　情報収集は、発見部門の所掌に属するものを除き、必要に応じて本関知的財産調査官と協議の上、知的財産調査官又は知的財産担当官が行うこととする。なお、知的財産調査官又は知的財産担当官が配置されていない税関官署にあっては、原則として本関知的財産調査官が行うこととする。

ロ　情報収集の際には、当該貨物に係る個別具体的な情報が了知されないよう十分留意することとする。

(知的財産調査官等の事務)

69の11-5　知的財産調査官等の担当する事務は、次による。

(1)　知的財産調査官（署所知的財産調査官にあっては、ハからヨまでの事務に限る。）

イ　輸入差止申立ての受理又は不受理に係る手続（輸入差止申立てにおける専門委員意見照会に係る事務を含む。）

ロ　輸入差止情報提供の受付

ハ　侵害物品の疑いがあるとの判断に際して必要な情報の収集

ニ　認定手続及び疑義貨物に対する調査等

ホ　輸入差止申立てに係る供託命令

ヘ　見本検査承認申請に係る手続（供託命令を含む。）

ト　経済産業大臣意見照会（保護対象営業秘密関係）に係る手続

チ　特許庁長官意見照会に係る手続

リ　農林水産大臣意見照会に係る手続

ヌ　経済産業大臣意見照会（保護対象商品等表示等関係）に係る手続

ル　認定手続における専門委員意見照会に係る手続

ヲ　通関解放に係る手続（供託命令を含む。）

ワ　知的財産に関する資料及び情報の収集、分析、管理及び伝達

カ　侵害物品に係る審査及び検査手法の研究

ヨ　侵害物品の取締りに関する関係部門の指導

タ　総括知的財産調査官及び他税関の本関知的財産調査官との連絡及び調整

(2)　総括知的財産調査官

総括知的財産調査官は、知的財産を侵害するおそれのある貨物に関し、上記(1)の知的財産調査官の事務を行うほか、上記(1)のイからヨまでの事務について、全国の税関における統一的な事務処理を確保するため必要な調査、情報の収集、分析、管理及び提供を行うものとする。なお、総括知的財産調査官は、統一的な事務処理を確保するうえで必要であると認める場合その他本関知的財産調査官からの協議に際し必要と認める場合には、本省知的財産調査室長に協議するものとする。

(3)　知的財産担当官

税関長は、監視部及び侵害物品の輸入が予想される主要官署の課長相当職以上の者の中から知的財産担当官を指定し、上記(1)のハからヨまでの事務を処理させる。

（知的財産の侵害とはならない物品）

69の11-6 知的財産の侵害とならないものとして、例えば次のような物品があるので留意する。

(1) 特許権、実用新案権、育成者権、回路配置利用権については、業として輸入されるものでないもの

(2) 意匠権、商標権については、業として輸入されるものでなく、かつ、外国にある者が業として外国から日本国内に他人をして持ち込ませたものでないもの

(3) 著作権、著作隣接権については、国内において頒布する目的をもって輸入されるものでないもの

  (注) 上記(1)及び(2)における「業として」又は上記(3)における「頒布する目的」に当たるか否かの判断に当たっては、輸入の目的、輸入者等及び仕出人の職業又は事業内容、輸入取引の内容、輸入貨物の数量及び状況、並びに過去の輸入実績及び認定手続開始実績等の諸事情を総合的に勘案する必要がある。したがって、輸入貨物の数量が1個であるか複数個であるかは「業として」又は「頒布する目的」に当たるか否かを直ちに決定するものではなく、発見された侵害疑義物品が1個の場合でも、原則として認定手続を執り、輸入者等及び権利者から提出される証拠や意見等に基づき判断するものとする。ただし、認定手続を執る前に輸入者等から当該物品について任意放棄等の自発的処理をする旨の申し出があった場合は、この限りでない。

(4) 権利者から輸入の許諾を得ているもの

(5) 回路配置利用権について、半導体集積回路の引渡しを受けた時において、模倣の事実を知らず、かつ、知らないことについて過失のない者によって輸入されるもの

(6) 保護対象商品等表示等については、不正競争防止法第19条第1項第1号から第5号まで又は第9号に掲げる行為を組成する物品

(7) 保護対象営業秘密については、不正競争防止法第19条第1項第7号に掲げる行為を組成する物品

  (注) 善意・無重過失でない者によって輸入されるもののみが、侵害物品となるので留意する。なお、税関において、輸入者等が善意・無重過失でない者か否かを判断しがたい場合は、経済産業大臣意見照会（保護対象営業秘密関係）を行うこととする。

(8) 後記69の11-7において、商標権等の侵害とならない並行輸入品として取り扱うこととされているもの

（商標権等に係る並行輸入品の取扱い）

69の11-7

(1) 商標権に係る並行輸入品の取扱い

  商標権者以外の者が、我が国における商標権の指定商品と同一の物品につき、その登録商標と同一の商標を付したものを輸入する行為であっても、次の全てを満たす場合の当該物品は、商標権の侵害とはならない並行輸入品として取り扱うものとする。

  イ 当該商標が外国における商標権者又は当該商標権者から使用許諾を受けた者により適法に付されたものである場合

  ロ 当該外国における商標権者と我が国の商標権者とが同一人であるか又は法律的若しくは経済的に同一人と同視しうるような関係があることにより、当該商標が我が国の登録商標と同一の出所を表示するものである場合

  ハ 我が国の商標権者が直接的に又は間接的に当該物品の品質管理を行いうる立場にあり、

当該物品と我が国の商標権者が登録商標を付した物品とが当該登録商標の保証する品質において実質的に差異がないと評価される場合

(2) 特許権に係る並行輸入品の取扱い

イ　我が国の特許権者又はこれと同視し得る者（以下この項において「特許権者等」という。）が国外において適法に拡布した特許製品が、特許権者等又は当該製品を輸入する権利を有する者以外の者によって輸入される場合において、次の場合以外の当該製品は特許権の侵害とはならない並行輸入品として取り扱うものとする。

(イ)　輸入者が譲受人であるときは、特許権者等と譲受人との間で当該製品について販売先ないし使用地域から我が国を除外する旨の合意がされた場合

(ロ)　輸入者が譲受人から特許製品を譲り受けた第三者及びその後の転得者であるときは、特許権者等と譲受人との間で当該製品について販売先ないし使用地域から我が国を除外する旨の合意がされた場合であって、かつ、その旨が当該製品に明確に表示された場合

ロ　上記イにおいて、特許権者等と譲受人との間で当該製品について販売先ないし使用地域から我が国を除外する旨の合意がされたことを確認するための資料とは、契約書又はこれに類する文書で、販売先ないし使用地域から我が国を除外する旨の合意があることを確認できる資料をいう。

ハ　上記イの(ロ)中「その旨が当該製品に明確に表示された場合」とは、当該製品の取引時において、製品の本体又は包装に刻印、印刷、シール、下げ札等により、通常の注意を払えば容易に了知できる形式で当該製品について販売先ないし使用地域から我が国が除外されている旨の表示がされている場合で、当該製品の取引時にはその旨の表示がされていたことが輸入時において確認できる場合をいう。

(3) 実用新案権及び意匠権に係る並行輸入品の取扱い

上記(2)の規定は、実用新案権及び意匠権に係る並行輸入品について準用する。

（通過貨物の取扱い）

69の11-8　輸入目的以外の目的で本邦に到着した貨物であって、法第30条第2項又は法第65条の3に規定するもの（以下この節において「通過貨物」という。）のうち、侵害物品（回路配置利用権を侵害する物品を除く。以下この項において同じ。）の取扱いは、次による。

(1) 知的財産調査官は、通過貨物は輸入差止申立ての対象ではないことに留意し、通過貨物のうち侵害物品の取締りのため、次に掲げる資料等の収集に努めるものとする。

イ　知的財産の内容を証する書類

ロ　侵害の事実に係る資料

ハ　識別ポイントに係る資料

ニ　侵害物品の特定のために必要と認める資料

(2) 通過貨物のうち侵害物品に係る情報を得た場合は、当該情報を遅滞なく関係税関に通報するものとする。

（侵害疑義物品を発見した場合の取扱い）

69の12-1-1　侵害疑義物品を発見した場合の取扱いは、次による。

(1) 見本の採取等

イ　一般輸入貨物の場合

発見部門の長（統括審査官及びこれと同等の職位にある者。これらが設置されていな

い税関支署、出張所又は監視署にあっては、それぞれ支署長、出張所長又は監視署長。以下一般輸入貨物の場合について同じ。）は、侵害疑義物品について前記67-3-13（検査における見本の採取）に準じて見本を採取する。この場合において、見本検査承認申請が見込まれる場合には、当該見本検査承認申請を承認した場合に権利者に交付することとなる見本についても採取しておくものとする。

ロ　旅具通関扱貨物の場合

発見部門の長（統括監視官。統括監視官が設置されていない税関支署、出張所又は監視署にあっては、それぞれ支署長、出張所長又は監視署長。以下輸入に係る旅具通関扱貨物の場合について同じ。）は、「保管証」（C-5806）を2部作成し、1部を輸入者に交付して侵害疑義物品を保管する。

ハ　国際郵便物の場合

発見部門の長（統括審査官。統括審査官が設置されていない出張所にあっては出張所長。以下輸入に係る国際郵便物の場合について同じ。）は、侵害疑義物品を包有する郵便物を取り扱った郵便局（以下この節において「取扱郵便局」という。）に対して侵害疑義物品が発見された旨を「知的財産侵害疑義物品発見通報書」（C-5808）をもって通報する。

(2)　認定依頼及び認定手続に係る事務の処理担当

イ　知的財産調査官又は知的財産担当官が配置されている税関官署

侵害疑義物品を発見した発見部門の長は、上記(1)の取扱いをした上、速やかに発見官署の知的財産調査官又は知的財産担当官に「知的財産侵害疑義物品認定依頼書」（C-5804）（以下この節において「「認定依頼書」」という。）をもって当該貨物が侵害物品であるか否かの認定を依頼する。「認定依頼書」を受けた知的財産調査官又は知的財産担当官は、後記69の12-1-2から69の12-1-8に規定する事務を処理するものとする。

ロ　知的財産調査官又は知的財産担当官が配置されていない税関官署

侵害疑義物品の発見部門の長が、後記69の12-1-2から69の12-1-8に規定する事務を処理するものとする。

(3)　本関知的財産調査官等との協議

上記(2)のイの規定により「認定依頼書」を受けた署所知的財産調査官若しくは知的財産担当官又は上記(2)のロに規定する侵害疑義物品の発見部門の長は、必要に応じ発見税関の本関知的財産調査官に（上記(1)のロの場合には、発見税関の監視部の知的財産担当官を経て）協議するものとする。

(4)　実用新案権に係る留意点

実用新案権については、後記69の13-3の(2)のイの(ロ)の②に規定する警告書の写しの提出がない場合には、認定手続は開始しないものとするので留意する。

（認定手続開始通知）

69の12-1-2　法第69条の12第1項及び第2項の規定に基づく認定手続を執る旨等の通知（以下この節において「認定手続開始通知」という。）並びに同条第3項の規定に基づく当該認定手続に係る疑義貨物を生産した者の氏名等の通知（以下この節において「生産者の氏名等の通知」という。）の取扱いは、次による。

(1)　通常の認定手続

イ　輸入者等への認定手続開始通知

輸入者等に対する認定手続開始通知は、「認定手続開始通知書（輸入者用）」（C-

5810)（保護対象営業秘密に係るものにあっては「認定手続開始通知書（輸入者用）（保護対象営業秘密関係）」（C-5810-1)、国際郵便物にあっては「認定手続開始通知書（名宛人用）」（C-5812)、保護対象営業秘密に係る国際郵便物にあっては「認定手続開始通知書（名宛人用）（保護対象営業秘密関係)」（C-5812-1)。以下この節において「「認定手続開始通知書（輸入者等用）等」」という。）を交付することにより行う。

その際、法第69条の12第4項の規定に基づき、疑義貨物について侵害物品に該当しない旨の主張をしようとする輸入者等に対し、令第62条の16第2項各号に規定する書類のうち、当該主張の根拠となるものの提出を求めるものとする。なお、日本語以外の言語で記載された書類については、日本語に翻訳した書類も併せて求めるものとする。

ロ　権利者への認定手続開始通知

権利者に対する認定手続開始通知は、「認定手続開始通知書（権利者用）」（C-5814)（保護対象営業秘密に係るものにあっては「認定手続開始通知書（権利者用）（保護対象営業秘密関係)」（C-5814-1)。以下この節において「「認定手続開始通知書（権利者用）等」」という。）を交付することにより行う。

(2)　簡素化手続

受理されている輸入差止申立てに係る貨物について認定手続を執る場合の取扱いは、上記(1)にかかわらず、次による。

イ　輸入者等への認定手続開始通知

輸入者等に対する認定手続開始通知は、「認定手続開始（輸入者等意思確認）通知書（輸入者用）」（C-5811)（保護対象営業秘密に係るものにあっては「認定手続開始（輸入者等意思確認）通知書（輸入者用）（保護対象営業秘密関係)」（C-5811-1)、国際郵便物にあっては「認定手続開始（輸入者等意思確認）通知書（名宛人用）」（C-5813)、保護対象営業秘密に係る国際郵便物にあっては「認定手続開始（輸入者等意思確認）通知書（名宛人用）（保護対象営業秘密関係)」（C-5813-1)。以下この節において「「認定手続開始（輸入者等意思確認）通知書（輸入者等用）等」」という。）を交付することにより行う。

ロ　申立人への認定手続開始通知

申立人に対する認定手続開始通知は、「認定手続開始（輸入者等意思確認）通知書（申立人用）」（C-5815)（保護対象営業秘密に係るものにあっては「認定手続開始（輸入者等意思確認）通知書（申立人用）（保護対象営業秘密関係)」（C-5815-1)。以下この節において「「認定手続開始（輸入者等意思確認）通知書（申立人用）等」」という。）を交付することにより行う。

(3)　生産者の氏名等の通知

生産者の氏名等の通知は、次により行うものとする。

イ　当該認定手続に係る疑義貨物の生産者の氏名若しくは名称又は住所が認定手続開始通知を行う際に明らかである場合は、当該認定手続開始通知に併せて通知することとする。

ロ　当該認定手続中に当該疑義貨物の生産者の氏名若しくは名称又は住所が明らかになった場合は「疑義貨物に係る生産者通知書」（C-5816)により、権利者に通知することとする。

ハ　法第69条の12第3項に規定する生産者の氏名等が「明らかであると認める場合」とは、税関への提出書類又は疑義貨物（梱包、説明書等を含む。）に、例えば、「製造者名○○」、「MANUFACTURER △△」、「produced by××」のように生産者が明確に表示されている場合や提出書類が「Maker's Invoice」のように製造者により作成されたもので

あることが明らかである場合をいう。

（証拠・意見の提出期限）

69 の 12-1-3 前記 69 の 12-1-2 の規定による認定手続開始通知を受け取った輸入者等又は権利者が法第 69 条の 12 第 1 項に規定する証拠（法第 69 条の 12 第 4 項に規定する書類を含む。以下この節において同じ。）の提出又は意見の陳述を行う場合の期限等は、次による。

(1) 回答期限

輸入者等及び権利者が証拠を提出し、意見を述べることができる期限は、「認定手続開始通知書（輸入者等用）等」又は「認定手続開始通知書（権利者用）等」の日付の日の翌日から起算して 10 日（行政機関の休日に関する法律（昭和 63 年法律第 91 号）第 1 条第 1 項各号に掲げる日（以下「行政機関の休日」という。）の日数は算入しない。）以内とする。ただし、疑義貨物のうち生鮮貨物（腐敗のおそれがあるものをいう。以下同じ。）については、原則として、3 日（行政機関の休日の日数は算入しない。）以内とする。

(2) 争う旨の申出があった場合の期限等の通知

前記 69 の 12-1-2 の(2)により認定手続開始通知を行った場合であって、輸入者等から令第 62 条の 16 第 5 項第 5 号に規定する期限までに同号に規定する書面の提出（以下「争う旨の申出」という。）があった場合は、申立人及び輸入者等に対し、以下により証拠の提出又は意見の陳述の期限を通知するとともに、法第 69 条の 12 第 4 項の規定に基づき、当該輸入者等で疑義貨物について侵害物品に該当しない旨の主張をしようとする者に対し、令第 62 条の 16 第 2 項各号に規定する書類のうち、当該主張の根拠となるものの提出を求めるものとする。なお、日本語以外の言語で記載された書類については、日本語に翻訳した書類も併せて求めるものとする。

知的財産調査官又は知的財産担当官は、申立人に対し輸入者等から争う旨の申出があった旨並びに申立人及び輸入者等に対し証拠を提出し、意見を述べることができる期限を速やかに通知する（申立人には「証拠・意見提出期限通知書（申立人用）」（C-5819）、輸入者等には「証拠・意見提出期限通知書（輸入者等用）」（C-5820）を交付するものとする。）。この場合における上記(1)の適用に当たっては、申立人及び輸入者等が証拠を提出し、意見を述べることができる期限の起算日は、「証拠・意見提出期限通知書（申立人用）」又は「証拠・意見提出期限通知書（輸入者等用）」の日付の日の翌日とする。

(3) 回答期限の延長

上記(1)又は(2)の規定により設定した回答期限を超えて証拠の提出又は意見の陳述の申出があった場合には、回答期限延長の申出を書面（任意の様式）により提出させることとし、やむを得ない事情があると認められる場合に限って、証拠の提出又は意見の陳述を認めて差し支えない。

また、後記 69 の 16-1 に規定する見本検査承認申請と併せて回答期限延長の申出が書面により提出された場合は、見本検査に必要な期間等を考慮して適当と認める期限延長を認めて差し支えない。

なお、疑義貨物が通関解放の適用がある特許権、実用新案権、意匠権若しくは保護対象営業秘密に係るものであるとき又は疑義貨物が過去に認定手続、判決等において侵害物品とされた物品と同一と認められるときは、期限延長の要否については特に慎重に検討するものとする。

（疑義貨物に対する調査等）

69 の 12-1-4　認定手続に係る疑義貨物についての必要な調査等は、次により行う。

(1)　認定手続の期間

　　疑義貨物の認定に必要な調査等は、「認定手続開始通知書（輸入者等用）等」の日付の日（前記 69 の 12-1-2 の(2)により認定手続開始通知を行った場合は、「証拠・意見提出期限通知書（輸入者等用）」の日付の日）の翌日から起算して 1 か月以内を目途とする。1 か月以内（特許権、実用新案権若しくは意匠権を侵害するか否か又は不正競争防止法第 2 条第 1 項第 10 号に規定する不正使用行為を組成する物品に該当するか否かに係る認定手続の場合には、法第 69 条の 20 第 1 項の規定による求めを行うことができることとなる日までの間）に認定手続が終了しない場合には、輸入者等にその理由を連絡する。

(2)　疑義貨物の確認による調査

　　調査の対象となる疑義貨物に関して税関に提出された「輸入差止申立書」及び添付資料等の関係書類と疑義貨物との対査確認、過去の認定事例等を参考に現品の確認を行う。なお、育成者権に係る疑義貨物については、侵害物品であるか否かを外観から識別する資料（輸入差止申立ての際に提出されたもの）又は侵害物品に係る外装、商品名、記号等の特徴が記載された資料（侵害の事実を疎明する資料として提出されたもの）と疑義貨物との対査確認を行うほか、必要に応じて、分析部門等に対し、速やかに DNA 鑑定の依頼を行うものとする。

(3)　輸入者等又は権利者からの証拠又は意見に基づく調査

　　前記 69 の 12-1-3 の規定により輸入者等又は権利者から提出された証拠又は陳述された意見に基づく調査は、次のとおり行うものとする。

　イ　輸入者等又は権利者の一方がその主張を裏付ける証拠を提出し、かつ、当該証拠の裏付けに関連する証拠を他方の者が有していることが明らかとなった場合には、当該他方の者に対してその証拠を提出するようしょうようする。

　ロ　輸入者等及び権利者から提出された証拠その他の認定手続において使用する証拠を認定の基礎とする場合には、当該証拠について、輸入者等及び権利者に開示し、弁明の機会を与える。

　　(注) 個別具体的な情報を通知する必要がある場合には、その内容について当事者の了解を得て行うこととする。なお、了解が得られないものについては証拠として採用できないので留意する。

(4)　輸入差止申立書に基づく調査

　　前記 69 の 12-1-2 の(2)により認定手続開始通知を行った場合において、令第 62 条の 16 第 5 項第 5 号に規定する期限までに輸入者等から争う旨の申出がないときは、認定手続中に輸入者等が自発的処理を行った場合を除き、「輸入差止申立書」及びその添付資料等により調査する。

(5)　疑義貨物の鑑定

　　疑義貨物の認定手続において、権利者に疑義貨物の鑑定を依頼する場合の留意点は、次のとおりである。

　イ　権利者による疑義貨物の鑑定の際には、疑義貨物に係る個別具体的な情報（法第 69 条の 12 第 1 項から第 3 項までの規定により権利者に通知すべきものを除く。）が権利者に了知されないよう十分留意することとする。

　ロ　当該疑義貨物を権利者へ提示する場合には、原則として、あらかじめ当該疑義貨物の輸入者等から同意を得るとともに、必要に応じて提示を望まない箇所があるか否かを確

認するものとする。この場合において、提示を望まない旨の申出があり、当該申出に合理的な理由があると認められる場合は、当該疑義貨物を提示せず、又は当該申出に係る箇所を被覆等したうえで提示するものとする。

ハ　疑義貨物の鑑定は、原則として、税関官署又は保税地域において行うものとし、知的財産調査官又は知的財産担当官が立ち会うものとする。

(6)　認定が困難である場合等

輸入者等と権利者の意見が対立し、かつ、認定が困難である場合その他経済産業大臣意見照会（保護対象営業秘密関係）、特許庁長官意見照会、農林水産大臣意見照会、経済産業大臣意見照会（保護対象商品等表示等関係）又は認定手続における専門委員意見照会を行うことが適当と認められる場合は、意見を添えて総括知的財産調査官に協議するものとする。

（輸入者等に提出を求めることができる書類）

69の12-1-4の2　法第69条の12第4項において輸入者等に提出を求めることができる書類として令第62条の16第2項各号に規定する書類は、例えば以下のものとする。なお、いずれも写しの提出で差し支えない。

(1)　輸入者が疑義貨物を購入し、又は譲り受けようとしたこと、仕出人が当該疑義貨物を発送したことその他の輸入者が当該疑義貨物を輸入しようとした経緯及び目的に関する事項を記載した書類（令第62条の16第2項第1号）

イ　輸入者等が疑義貨物の仕出人との間で、当該疑義貨物についてやり取りした電子メール、手紙等

ロ　輸入者等が疑義貨物を入手したインターネットサイトにおける注文確定に係る電子メール等

(2)　輸入者及び疑義貨物の仕出人の氏名又は名称、住所及び職業又は事業を証する書類（令第62条の16第2項第2号）

輸入者等及び仕出人の身分証明書（運転免許証、社員証等）、登記事項証明書等

(3)　疑義貨物の性質、形状、機能、品質、用途その他の特徴を記載した書類（令第62条の16第2項第3号）

疑義貨物に係る商品説明書、設計図面等

(4)　輸入者が疑義貨物を輸入することについて当該疑義貨物に係る特許権者等から許諾を得ているか否かについて記載した書類（令第62条の16第2項第4号）

輸入者等が疑義貨物を輸入することについて当該疑義貨物に係る権利者から許諾を得ていることについて記載した書類

(5)　前各号に掲げるもののほか、疑義貨物が法第69条の11第1項第9号から第10号までに掲げる貨物に該当しない旨を証する書類その他当該疑義貨物が同項第9号から第10号までに掲げる貨物に該当するか否かについて税関長が認定するための参考となるべき書類（令第62条の16第2項第5号）

イ　輸入者等が疑義貨物を輸入した後に、当該疑義貨物を譲渡する予定の者がいる場合には、その者の身分証明書（運転免許証、社員証等）、登記事項証明書等

ロ　仕出人が反復継続的に持込み行為をしていないことを記載した書類として、仕出人の情報が確認できるインターネット上のページ等

ハ　上記(1)から(4)までに示す書類を提出できないやむを得ない理由がある場合は、その理由を記載した書類

（疑義貨物の点検等）

69の12-1-5 認定手続における疑義貨物の点検の取扱いについては、次のとおりとする。

(1) 点検の申請

輸入者等又は申立人からの点検の申請は、「疑義貨物点検申請書」（C-5818）（2部。原本、交付用）に「認定手続開始（輸入者等意思確認）通知書（輸入者等用）等」又は「認定手続開始（輸入者等意思確認）通知書（申立人用）等」の写しを添えて提出するよう求める。

(2) 個別情報の取扱い

申立人による疑義貨物の点検の際には、疑義貨物に係る個別具体的な情報（法第69条の12第1項から第3項までの規定により権利者に通知すべきものを除く。）が申立人に了知されないよう十分留意し、必要に応じて輸入者等に申立人に了知された場合に支障がある箇所がないか確認のうえ対応することとする。

(3) 税関職員の立会い

点検は、税関官署内又は保税地域内で行うものとし、知的財産調査官又は知的財産担当官が立ち会うものとする。

（画像情報の送信）

69の12-1-6 認定手続における疑義貨物の画像送信の取扱いについては、次のとおりとする。

(1) 画像情報の送信

輸入者等又は権利者等から、認定手続において証拠を提出し、意見を述べるため必要であるとして、当該認定手続に係る疑義貨物の画像情報の電子メールによる送信を希望する旨の申出があった場合は、原則として一回に限り、当該疑義貨物の画像情報を電子メールで送信することとする。ただし、以下の場合は電子メールによる送信を行わないことができる。この場合においては、その理由を当該申出をした輸入者等又は権利者等に対し説明するものとする。

① 輸入者等又は権利者等が送信を希望する画像情報が大量である場合

② 業務遂行上真にやむを得ない理由により、画像情報の電子メールによる送信ができない場合

③ 輸入差止申立書が受理されていない場合であって、疑義貨物の形状又は侵害の疑いのある部分の状況等により、画像情報によっては輸入者等又は権利者等が証拠を提出し、意見を述べることができないと判断される場合

(2) 個人情報の取扱い

送信する画像情報により、疑義貨物に係る個別具体的な情報（法第69条の12第1項から第3項までの規定により権利者に通知するべきものを除く。）が権利者等に了知されることがないよう十分留意し、必要に応じて輸入者等に権利者等に了知された場合に支障がある箇所がないか確認のうえ対応することとする。

（裁判外紛争解決手続の活用）

69の12-1-7 認定手続の当事者である権利者及び輸入者等が合意のうえ、当該認定手続に係る疑義貨物について日本知的財産仲裁センター等の知的財産に係る事項を扱う裁判外紛争処理機関による裁判外紛争解決手続（訴訟手続によらずに民事上の紛争の解決をしようとする紛争の当事者のため、公正な第三者が関与して、その解決を図る手続をいう。以下同じ。）

を活用して紛争を解決することを希望する場合の取扱いは、次による。
(1) 申請書等の提出
　「裁判外紛争解決手続を踏まえた認定申請書」(C-5830) 3 部（原本、権利者及び輸入者等交付用）の提出を求めるものとする。当該裁判外紛争解決手続が終了したときは、権利者又は輸入者等からその結果を証する書類の提出を求めるものとする。
(2) 紛争解決手続の結果に基づく認定
　上記(1)に規定する結果を証する書類が提出された場合は、原則として、当該書類の内容を踏まえ、侵害の該否を認定するものとする。当該書類の内容により侵害の該否を認定することが困難である場合には、権利者及び輸入者等に対し 5 日（行政機関の休日の日数は算入しない。）以内の期限を付して証拠・意見の提出を認めるものとする。
(3) 通関解放との関係
　裁判外紛争解決手続により解決する場合であっても、通関解放までの期限が延長されるものではないことに留意する。

（侵害物品に該当するか否かの認定）
69 の 12-1-7 の 2　侵害物品に該当するか否かの認定は、次により行う。
(1) 輸入者等からの争う旨の申出の有無、法第 69 条の 12 第 4 項の規定に基づく輸入者等からの書類の提出又は不提出の事実、当該書類の内容、権利者から提出された証拠又は意見、及び税関の調査により把握した事実（輸入の目的、輸入者等及び仕出人の職業又は事業内容、輸入取引の内容、輸入貨物の数量及び状況、並びに過去の輸入実績及び認定手続開始実績等）等の諸事情を総合的に勘案して、侵害物品に該当するか否かを認定する。
(2) 以下の場合については、侵害物品に該当するか否かを認定するに当たり、当該輸入者等が疑義貨物について侵害物品に該当しない旨を主張しないものとして、その事実を勘案する。これらの場合においては、貨物の状況等を確認することにより明らかに侵害物品に該当しないものと認められる理由がある場合を除き、侵害物品に該当する旨の認定を行うものとする。
　イ　輸入者等に対し、前記 69 の 12-1-2 の(2)により認定手続開始通知を行った場合において、令第 62 条の 16 第 5 項第 5 号に規定する期限までに当該輸入者等から争う旨の申出がない場合
　ロ　権利者から証拠の提出又は意見の陳述があった場合であって、輸入者等に対し、法第 69 条の 12 第 4 項の規定により書類の提出を求めたにもかかわらず、前記 69 の 12-1-3 の(1)の期限（前記 69 の 12-1-3 の(3)により期限の延長を認めた場合には、当該延長後の期限）までに当該輸入者等が当該書類を提出しない場合

（認定通知等）
69 の 12-1-8　認定手続により、疑義貨物が侵害物品に該当する若しくは該当しないと認定した場合又は当該疑義貨物に係る自発的処理が行われたこと等により認定手続を取りやめた場合の取扱いは、次による。
(1) 発見部門の長に対する通報
　認定手続の依頼を受けた知的財産調査官又は知的財産担当官は、当該依頼を行った発見部門の長に対して、速やかに「知的財産疑義貨物認定（処理）連絡書」(C-5821) を送付し、認定結果又は認定手続を取りやめた旨を通報する。
(2) 輸入者等への通知

イ　一般輸入貨物及び旅具通関扱貨物の場合

「認定通知書（輸入者用）」（C-5822）（保護対象営業秘密に係るものにあっては「認定通知書（輸入者用）（保護対象営業秘密関係）」（C-5822-1））を交付する。

（注）輸入者に侵害物品である旨の通知を行った場合には、当該通知に係る物品が蔵置されている保税地域を管轄する保税取締部門（以下この節において「保税取締部門」という。）に対して輸入者に「認定通知書（輸入者用）」又は「認定通知書（輸入者用）（保護対象営業秘密関係）」を交付した旨を通報する。

ロ　国際郵便物の場合

(イ)　侵害物品に該当すると認定した場合

「認定（没収）通知書」（C-5823）（保護対象営業秘密に係るものにあっては「認定（没収）通知書（保護対象営業秘密関係）」（C-5823-1））を交付する。

(ロ)　侵害物品に該当しないと認定した場合

「認定通知書（名宛人用）」（C-5824）（保護対象営業秘密に係るものにあっては「認定通知書（名宛人用）（保護対象営業秘密関係）」（C-5824-1））を交付する。

(3)　権利者への通知

認定結果については「認定通知書（権利者用）」（C-5826）（保護対象営業秘密に係るものにあっては「認定通知書（権利者用）（保護対象営業秘密関係）」（C-5826-1）。以下この節において「「認定通知書（権利者用）」等」という。）を、認定手続を取りやめた旨の通知は「処理結果通知書」（C-5828）を交付する。

（輸入者等による自発的処理の取扱い）

69の12-2　発見部門の長は、輸入者等から疑義貨物又は侵害物品について自発的処理を希望する旨申出があった場合は、次により処理するものとする。

(1)　認められる自発的処理

輸入者等は疑義貨物又は侵害物品について、次のいずれかの処理を行うことができる。

イ　一般輸入貨物及び旅具通関扱貨物の場合

(イ)　法第34条の規定による廃棄

(ロ)　法第45条第1項ただし書き（法第36条第1項、第41条の3、第61条の4、第62条の7及び第62条の15において準用する場合を含む。）の規定による滅却

(ハ)　法第75条の規定による疑義貨物の積戻し

(ニ)　権利者からの輸入同意書（権利者が当該物品の輸入について同意する旨を記載した書類。以下同じ。）の提出

(ホ)　侵害部分又は侵害の疑いのある部分の切除等の修正（例えば、商標権侵害物品について標章の切除。ただし、切除された標章は輸入を認めない。以下同じ。）

(ヘ)　任意放棄

ロ　国際郵便物の場合

(イ)　権利者からの輸入同意書の提出

(ロ)　侵害部分又は侵害の疑いのある部分の切除等の修正

(ハ)　任意放棄

(2)　疑義貨物に係る自発的処理

イ　保税地域における廃棄又は滅却

輸入者が保税地域における廃棄又は滅却を行うことを申し出た場合は、税関職員の立会いの下で当該疑義貨物の廃棄又は滅却を行い、処理が行われたことを確認のうえ、認

　　定手続を取りやめる。

　ロ　輸入同意書の提出

　　　輸入者等が、権利者からの輸入同意書を提出した場合は、対象となる貨物については、侵害物品に該当しないものとして取り扱い、輸入を認める。

　ハ　侵害の疑いのある部分の切除等の修正

　　(イ)　保護対象営業秘密に係る疑義貨物について、輸入者等から侵害の疑いのある部分の切除等の修正を希望する旨申出があった場合は、輸入者等に対して修正内容を記載した書面（任意の様式）の提出を求めることとし、当該書面の提出があった場合は、権利者に対して「疑義貨物（侵害物品）修正に係る意見照会書（保護対象営業秘密関係）」（C-5831）により、当該意見照会書の日付の日の翌日から起算して5日（行政機関の休日の日数は算入しない。）以内の期限を定めて意見を述べる機会を与えるものとする。権利者から、当該期日までに、輸入者等が当該修正をした物品は侵害物品でない旨意見が述べられた場合には、必要に応じて、経産省知財室に照会したうえ、当該修正を認める。

　　(ロ)　輸入者等が侵害の疑いのある部分の切除等修正した場合は、権利者に対して「疑義貨物（侵害物品）修正に係る意見照会書」（C-5832）により、当該意見照会書の日付の日の翌日から起算して5日（行政機関の休日の日数は算入しない。）以内の期限を定めて修正後の物品を点検し、意見を述べる機会を与えるものとする。当該期日までに意見が述べられた場合には、当該意見を踏まえ、保護対象営業秘密に係る疑義貨物については、必要に応じて、経産省知財室に照会したうえ、当該修正後の物品が侵害物品でないと認められる場合には、処理された貨物については侵害物品に該当しないものとして取り扱うとともに、輸入を認めるものとする。ただし、商標権に係る疑義貨物について切除した標章及び意匠権、著作権又は保護対象営業秘密に係る疑義貨物について切除した部分の輸入は認めない。

　　(ハ)　本取扱いにおいて、権利者から意見を述べるため、修正後の物品に係る画像情報の電子メールによる送信を希望する旨の申出があった場合は、前記69の12-1-6（画像情報の送信）の規定に準じて取り扱うこととする。

　ニ　任意放棄

　　　輸入者等が任意放棄する意思を明らかにした場合は、「任意放棄書」の提出を求め、輸入者等が当該疑義貨物に係る処分の権限及び能力を有すると認められることを確認のうえ、引渡しを受けるとともに、認定手続を取りやめる。

　ホ　積戻し

　　　輸入者等が疑義貨物の積戻しを申し出た場合は、輸出貿易管理令第2条の規定により輸出承認が必要であるので留意する。当該疑義貨物の積戻しを認めた場合には、認定手続を取りやめるものとする。

(3)　侵害物品に係る自発的処理

　イ　保税地域における廃棄又は滅却

　　　輸入者が保税地域における廃棄又は滅却を行うことを申し出た場合は、輸入申告を撤回させたうえ、税関職員の立会いの下で当該侵害物品の廃棄又は滅却を行うものとする。

　ロ　輸入同意書の提出

　　　輸入者等が、権利者からの輸入同意書を提出した場合は、対象となる貨物については、侵害物品に該当しないものとして取り扱い、輸入を認める。

　ハ　侵害部分の切除等の修正

 (イ) 保護対象営業秘密に係る侵害物品について、輸入者等から侵害部分の切除等の修正を希望する旨申出があった場合は、輸入者等に対して修正内容を記載した書面（任意の様式）の提出を求めることとし、当該書面の提出があった場合は、権利者に対して「疑義貨物（侵害物品）修正に係る意見照会書（保護対象営業秘密関係）」（C-5831）により、当該意見照会書の日付の日の翌日から起算して5日（行政機関の休日の日数は算入しない。）以内の期限を定めて意見を述べる機会を与えるものとする。権利者から、当該期日までに、輸入者等が当該修正をした物品は侵害物品でない旨意見が述べられた場合には、必要に応じて、経産省知財室に照会したうえ、当該修正を認める。

 (ロ) 輸入者等が侵害部分の切除等修正した場合は、権利者に対して「疑義貨物（侵害物品）修正に係る意見照会書」により、当該意見照会書の日付の日の翌日から起算して5日（行政機関の休日の日数は算入しない。）以内の期限を定めて修正後の物品を点検し、意見を述べる機会を与えるものとする。当該期日までに意見が述べられた場合には、当該意見を踏まえ、保護対象営業秘密に係る侵害物品については、必要に応じて、経産省知財室に照会したうえ、当該修正後の物品が侵害物品でないと認められる場合には、輸入を認めるものとする。ただし、商標権に係る侵害物品について切除した標章及び意匠権、著作権又は保護対象営業秘密に係る侵害物品について切除した部分の輸入は認めない。

 (ハ) 本取扱いにおいて、権利者から意見を述べるため、修正後の物品に係る画像情報の電子メールによる送信を希望する旨の申出があった場合は、前記69の12-1-6の規定に準じて取り扱うこととする。

 ニ 任意放棄

  輸入者等が任意放棄する意思を明らかにした場合は、「任意放棄書」の提出を求め、輸入者等が当該侵害物品に係る処分の権限及び能力を有すると認められることを確認のうえ、引渡しを受ける。

 ホ 積戻し

  輸入者等が侵害物品の積戻しを申し出た場合は、輸出貿易管理令第2条の規定により輸出承認が必要であるが、商標権、著作権又は著作隣接権に係る侵害物品の輸出承認の申請があっても承認されないので、留意する。

(4) 他部門への通報

 上記(2)又は(3)に規定する自発的処理の結果については、発見部門の長が認定手続を執った場合を除き、速やかに認定手続を執った知的財産調査官又は知的財産担当官及び保税取締部門に通報する。

(5) 取扱郵便局への通報

 疑義貨物又は侵害物品が国際郵便物であり、上記(2)のロからニまで又は(3)のロからニまでに規定する処理が行われた場合、取扱郵便局に対し通報するものとする。この際、上記(2)のロ若しくはハ又は(3)のロ若しくはハに規定する処理が行われた場合は「郵便物認定通報書」（C-5834）により、上記(2)のニ又は(3)のニに規定する処理が行われた場合は「任意放棄書」の写しにより通報するものとする。

(6) 採取した見本の扱い

 採取見本については前記67-3-13（検査における見本の採取）に準じて処理し、保管品については「保管証」を回収したうえ、輸入者等に返却する。

（認定後の取扱い）

69の12-3-1 発見部門の長は、次により侵害の該否の認定が行われた疑義貨物を処理し、処理結果について速やかに認定手続を執った知的財産調査官又は知的財産担当官に連絡（発見部門の長が認定手続を執った場合を除く。）するとともに、保税取締部門にも通報する。

(1) 侵害物品に該当しない物品

　　イ　一般輸入貨物及び旅具通関扱貨物の場合輸入を認める。

　　　　なお、採取見本については前記67-3-13（検査における見本の採取）により処理し、保管品については「保管証」を回収したうえ、輸入者に返却する。

　　ロ　国際郵便物の場合

　　　　取扱郵便局に対し、疑義貨物は侵害物品に該当しない旨を「郵便物認定通報書」をもって通報する。

(2) 侵害物品に該当する物品

　　侵害物品に該当する旨の認定に対し不服申立てができる期間が経過するまでの間（侵害物品が不正輸入されるおそれがある場合を除く。）は、原則として、法第69条の11第2項の規定による没収又は積戻命令を行わないこととし、侵害物品が国際郵便物である場合を除き、輸入者に対し、前記69の12-2の(1)のイの(イ)又は(ロ)の処理をしょうようするものとする。なお、輸入者から侵害物品について自発的処理を行う旨申出があった場合には、これを認めることとする。

（通関解放が行われた貨物の取扱い）

69の12-3-2 発見部門の長は、通関解放が行われた貨物については、前記69の12-3-1の(1)に準じて取り扱い、処理結果について速やかに認定手続を執った知的財産調査官又は知的財産担当官に連絡する（発見部門の長が認定手続を執った場合を除く。）とともに、保税取締部門にも通報する。この場合においては、原則として、通関解放を行う前に見本を採取し、当該認定手続に係る侵害についての損害賠償請求若しくは差止請求についての裁判が終了するまでの間又は当該裁判が行われないことが確実になるまでの間、保管するものとする。ただし、当該物品の数量、価格等によりこれによりがたいときは、総括知的財産調査官と協議するものとする。

（侵害物品の没収又は積戻命令の手続）

69の12-4 侵害物品について輸入者等が不服申立てができる期間中に不服申立て又は行政処分取消訴訟（以下この節において「行政争訟」という。）を行わず、かつ、自発的処理を行わない場合又は不正輸入されるおそれがある場合には、原則として法第69条の11第2項の規定により、当該物品を没収する。

　　また、国際郵便物にあっては、侵害物品について輸入者等が不服申立てができる期間中に行政争訟を行った場合で、行政争訟の対象となった認定処分を維持することが確定したときは、確定した日に当該物品を没収する。

　　なお、没収を行う場合には、本関知的財産調査官に協議するもの（前記69の12-1-8の(2)のロの(イ)に基づき、「認定（没収）通知書」又は「認定（没収）通知書（保護対象営業秘密関係）」を交付している場合を除く。）とし、積戻命令を行う場合には、総括知的財産調査官に協議するものとする。

　　没収及び積戻命令の手続は次によるものとする。

(1) 一般輸入貨物及び旅具通関扱貨物の場合

 イ 没収の場合

  発見部門の長は、輸入者に対して「知的財産侵害物品没収通知書」(C-5836) を交付
する。

 ロ 積戻命令の場合

  発見部門の長は、輸入者に対して「知的財産侵害物品積戻命令書」(C-5838) を交付
する。

(2) 国際郵便物の場合

  前記 69 の 12-1-8 の(2)のロの(イ)に基づき、名宛人に対し「認定（没収）通知書」又は
「認定（没収）通知書（保護対象営業秘密関係）」を交付することにより侵害物品を没収す
る旨を通知していることから、あらためて名宛人にその旨を通知する必要はない。取扱郵
便局に対し、当該物品を没収する旨を「認定（没収）通知書」又は「認定（没収）通知書
(保護対象営業秘密関係)」の写しをもって通報するとともに、当該物品の引渡しを受ける。

（廃棄の手続）

69 の 12-5 前記 69 の 12-2 の規定に従い任意放棄された物品（以下この節において「任意
放棄物品」という。）及び前記 69 の 12-4 の規定に従い没収された物品（以下この節におい
て「没収物品」という。）の処理は次による。

(1) 会計課長への引継ぎ

  発見部門の長（支署、出張所又は監視署においては、支署長、出張所長又は監視署長）
は、任意放棄物品又は没収物品について、「知的財産侵害物品引継書」(C-5839) に「任
意放棄書」の原本若しくは写し、「認定（没収）通知書」、「認定（没収）通知書（保護対象
営業秘密関係）」若しくは「知的財産侵害物品没収通知書」の写し又は引継ぎ対象を一覧表
としたもののいずれか一以上を添付して、速やかに会計課長に引き継ぐこととする。

(2) 国庫帰属の通知

  任意放棄物品又は没収物品が税関官署以外に蔵置されている場合には、当該物品の引継
ぎを受けた会計課長は、直ちに当該物品の蔵置場所の管理責任者に対して当該物品が国庫
に帰属した旨を伝えるとともに、以後当該物品を国庫帰属品として管理する。

(3) 任意放棄物品及び没収物品の処理

  会計課長は、引継ぎを受けた任意放棄物品又は没収物品について、速やかに廃棄するも
のとする。ただし、没収物品については、被処分者が没収処分に対する不服申立て又は行
政処分取消訴訟を提起し得る期間中及び行政争訟期間中は廃棄することなく保管するもの
とし、当該行政争訟の終了を待って、廃棄するものとする。

(4) 見本とする場合

  会計課長は、必要に応じ、本関知的財産調査官と相談のうえ、任意放棄物品又は没収物
品を執務参考用又は展示用の見本として使用することができる。会計課長は、見本として
使用する任意放棄物品又は没収物品について厳重に保管するとともに、見本としての使用
を終えた物品については、上記(3)に準じ、廃棄するものとする。

(5) 物品の管理

  会計課長は、管理簿を作成のうえ、任意放棄物品又は没収物品の適正な管理に努めるも
のとする。

（輸入差止実績の公表）

69 の 12-6 侵害物品等に係る輸入差止実績の公表及びその取扱いは、次による。

(1)　侵害物品及び輸入者等が自発的処理をした疑義貨物の輸入差止実績については、本省において仕出国別、知的財産別、品目別の全国分件数及び点数を半期毎に公表する。
(2)　各税関においては、各税関の仕出国別、知的財産別、品目別の件数及び点数の実績について、原則として、半期毎に公表する。

（輸入差止申立ての審査期間）

69の13-1　申立先税関（輸入差止申立てを受け付けた税関をいう。以下この節において同じ。）の本関知的財産調査官及び総括知的財産調査官は、輸入差止申立てにおける専門委員意見照会を実施する場合を除き、輸入差止申立ての受付の日の翌日から起算して1月以内に輸入差止申立ての審査を終了するよう努めるものとする。

（輸入差止申立ての提出）

69の13-2　輸入差止申立てをしようとする権利者に対し、次の要領により所要の資料の提出を求めるものとする。
(1)　提出窓口
　　　いずれかの税関の本関知的財産調査官とする。
(2)　申立てを行うことができる者
　　　輸入差止申立てを行うことができる者は、権利者とする。なお、代理人に輸入差止申立ての手続を委任することを妨げない。
(3)　提出書類等
　　　提出を求める書類等は、「輸入差止申立書」（C-5840）（不正競争差止請求権者（不正競争防止法第2条第1項第10号に掲げる行為を構成する貨物に係る者を除く。）にあっては、「輸入差止申立書（保護対象商品等表示等関係）」（C-5842）、不正競争差止請求権者（同号に掲げる行為を構成する貨物に係る者に限る。）にあっては、「輸入差止申立書（保護対象営業秘密関係）」（C-5843）、受理されている輸入差止申立てについて当該申立てを行った知的財産権を有する者が権利、品名又は自己の権利を侵害すると認める理由を追加する場合にあっては「輸入差止申立書（権利・品名・侵害理由追加）」（C-5844）（注）、当該申立てを行った不正競争差止請求権者（同号に掲げる行為を構成する貨物に係る者に限る。）が善意・無重過失でない者を追加する場合にあっては「輸入差止申立書（善意・無重過失でない者追加）」（C-5845）。以下この節において同じ。）並びに後記69の13-3及び69の13-4に定める添付資料等とし、提出部数は1部とする。ただし、サンプル等の現物が提出された場合には、申立人に過度の負担を与えない範囲内で必要と認める数の提出を求めることができるものとする。また、「輸入差止申立書（権利・品名・侵害理由追加）」による申立ての場合において、受理されている輸入差止申立ての記載又は添付資料と内容が同一のものについては、記載又は添付の省略を認めて差し支えない。
　(注)　権利を追加する場合は、同じ知的財産権の範囲内における新たな権利に限る。なお、追加する権利の存続期間が受理されている輸入差止申立ての有効期間よりも短い場合には、追加後の輸入差止申立ての有効期間が短くなることに留意すること。
(4)　電磁的記録
　　　必要と認める場合は、当該輸入差止申立ての内容を記録した電磁的記録の提出を求めることができるものとする。提出の方法は、電子メールによる送信、記録媒体による提出など適宜の方法とする。

（輸入差止申立書の添付資料）

69の13-3 「輸入差止申立書」に添付を求める資料は、以下のとおりとする。

(1) 知的財産の内容を証する書類

イ 特許権、実用新案権、意匠権又は商標権

登録原簿の謄本（認証官印付きであることを要しない。）及び公報の写し（登録後に訂正があった場合の特許審決公報等を含む。）

ロ 著作権又は著作隣接権

権利の発生を証すべき資料等（原本であることを要しない。）

ハ 育成者権

品種登録簿の謄本

ニ 保護対象商品等表示等

法第69条の13第1項に規定する意見が記載された書面（以下この節において「経済産業大臣申立時意見書」という。）

ホ 保護対象営業秘密

法第69条の13第1項に規定する認定の内容が記載された書面（以下この節において「経済産業大臣認定書」という。）

なお、税関において他の方法により知的財産の内容を確認する手段がある場合は、経済産業大臣申立時意見書及び経済産業大臣認定書を除き、輸入差止申立ての受理後の提出を認めて差し支えない。

(注1) 経済産業大臣申立時意見書には、次の事項について意見及びその理由が述べられる（意見書等に関する規則第3条）。

① 不正競争防止法第2条第1項第1号に規定する商品等表示

申立不正競争差止請求権者に係る商品等表示が全国の需要者の間に広く認識されているものであること

② 不正競争防止法第2条第1項第2号に規定する商品等表示

申立不正競争差止請求権者に係る商品等表示が著名なものであること

③ 不正競争防止法第2条第1項第3号に規定する商品の形態

申立不正競争差止請求権者に係る商品の形態が当該商品の機能を確保するために不可欠な形態ではなく、かつ、当該商品が日本国内において最初に販売された日から起算して3年を経過していないものであること

④ 不正競争防止法第2条第1項第17号に規定する技術的制限手段

申立不正競争差止請求権者に係る技術的制限手段が特定の者以外の者に影像若しくは音の視聴、プログラムの実行若しくは情報の処理又は影像、音、プログラムその他の情報の記録をさせないために用いているものでなく、かつ、営業上用いられているものであること

⑤ 不正競争防止法第2条第1項第18号に規定する技術的制限手段

申立不正競争差止請求権者に係る技術的制限手段が特定の者以外の者に影像若しくは音の視聴、プログラムの実行若しくは情報の処理又は影像、音、プログラムその他の情報の記録をさせないために営業上用いているものであること

⑥ 申立不正競争差止請求権者が輸入差止申立ての際に申立先税関に提出する証拠が当該輸入差止申立てに係る侵害の事実を疎明するに足りると認められるものであること

(注2) 経済産業大臣認定書には、次の事項について認定の内容及びその理由が記載され

る（意見書等に関する規則第6条）。
① 不正競争防止法第2条第1項第10号に規定する不正使用行為により生じた物に該当する貨物を特定することができる事項
② 善意・無重過失でない者
(2) 侵害の事実を疎明するための資料
　輸入差止申立てに係る侵害すると認める物品が侵害物品に該当する事実を疎明する資料であり、認定手続及び輸入差止申立てにおける専門委員意見照会等において輸入者等の利害関係者に開示できるもの
(注1)「侵害の事実」とは、国内外において現に侵害すると認める物品が存在している必要性は必ずしもなく、過去に権利侵害があったこと等により侵害すると認める物品の輸入が見込まれる場合を含むことに留意する。
(注2)「利害関係者」とは、輸入差止申立てについて利害関係を有すると認められる者をいい、例えば、次の者をいう。以下この節において同じ。
① 差止対象物品の輸入者（輸入する予定があると認められる潜在的輸入者を含む。）
② 差止対象物品の国内における輸入者以外の取扱事業者
③ 海外における差止対象物品（当該物品の部分品が侵害と認められる場合における当該部分品を含む。）の製造者及び輸出者
イ　特許権又は実用新案権
　(イ) 侵害すると認める物品が特許発明又は登録実用新案の技術的範囲に属すると認める理由を明らかにする資料であって、次の①から④までの事項を記載したもの（当該物品が権利侵害を構成することを証する判決書、仮処分決定通知書、判定書又は弁護士等が作成した鑑定書が提出された場合は、この限りでない。）
① 特許請求又は実用新案登録請求の範囲に記載された請求項のうち輸入差止申立てに係るものを明示し、当該請求項を構成要件ごとに分説した、特許発明又は登録実用新案の技術的範囲の説明
② 侵害すると認める物品の技術的構成を上記①の記載と対応させた、侵害すると認める物品の具体的態様の特定（例えば、上記①の構成要件の一つが「厚さ1～5mmの金属製の蓄熱板」であるとき、侵害すると認める物品の対応部分の寸法、材質、用途を特定する。）
③ 上記①に記載した技術的範囲の説明と上記②に記載した具体的態様を対比して説明した、侵害すると認める物品が権利の技術的範囲に属する理由
④ 侵害すると認める物品が特許請求（又は実用新案登録請求）の範囲に記載された構成と均等なものとして、特許発明（又は登録実用新案）の技術的範囲に属すると主張する場合には、その理由及び証拠
　(ロ) 実用新案権については、次の資料の添付を求めるものとする。
① 実用新案技術評価書
② 実用新案法第29条の2の規定に基づき権利者が権利侵害を行う者に対して発した警告書の写し（権利者が権利侵害を行う者を把握し、かつ、警告を発していない場合には警告書を発するよう指導し、侵害すると認める物品を輸入することが予想される者のうちその者に対する警告書の写しが添付されていないものについては、その者に係る部分について「輸入差止申立書」が受け付けられていないものとして取り扱うとともに、「輸入差止申立書」には可能な限り権利侵害を行う者の具体的情報の記載を求める。）

 (ハ) 侵害すると認める物品が並行輸入品には当たらない物品に該当する事実を疎明する場合においては、特許権については前記 69 の 11-7 (2)に該当しない理由、実用新案権については前記 69 の 11-7 (3)において準用されている同(2)に該当しない理由を記載した書類の添付を求めるものとする。

 ロ 意匠権

 (イ) 侵害すると認める物品が登録意匠及びこれに類似する意匠の範囲に属すると認める理由を明らかにする資料であって、次の①から③までの事項を記載したもの（当該物品が権利侵害を構成することを証する判決書、仮処分決定通知書、判定書又は弁護士等が作成した鑑定書が提出された場合は、この限りでない。）

  ① 登録意匠を明示し、その登録意匠に係る物品の形状、模様、色彩又はこれらの結合の態様を具体的に記載した、登録意匠の説明

  ② 上記①の記載と対応させた、侵害すると認める物品の特定及び説明

  ③ 上記①の登録意匠の説明と上記②の侵害すると認める物品を対比して説明した、侵害すると認める物品が登録意匠及びこれに類似する意匠の範囲に属する理由

 (ロ) 侵害すると認める物品が並行輸入品に当たらない物品に該当する事実を疎明する場合においては、前記 69 の 11-7 (3)において準用されている同(2)に該当しない理由を記載した書類の添付を求めるものとする。

 ハ 商標権

  侵害すると認める物品の標章の使用の態様を示す写真等の資料であって、商品全体を観察できるもの（補足説明を含む）。なお、この場合、次の①及び②の事項が明らかになるよう留意する。（当該物品が権利侵害を構成することを証する判決書、仮処分決定通知書、判定書又は弁護士等が作成した鑑定書が提出された場合は、この限りでない。）

  ① 侵害すると認める物品に付された商標が登録商標と同一又は類似する商標であること

  ② 侵害すると認める物品が指定商品と同一又は類似する商品であること

 ニ 著作権又は著作隣接権（著作権法第 113 条第 10 項に係るものを除く。）

  侵害すると認める物品が著作権又は著作隣接権を侵害する理由を明らかにする資料であって、例えば次の①及び②に掲げる事項を記載したもの（当該物品が権利侵害を構成することを証する判決書、仮処分決定通知書又は弁護士等が作成した鑑定書が提出された場合は、この限りでない。）

  ① 侵害すると認める物品が著作物に依拠していること

  ② 侵害すると認める物品が著作物と同一性又は類似性を有すること

 ホ 著作権又は著作隣接権（著作権法第 113 条第 10 項に係るものに限る。）次の①から③の資料

  ① 同項に規定する「国内頒布目的商業用レコード」と「国外頒布目的商業用レコード」の発行日及び同一性が確認できる資料

  ② 同項に規定する「国外頒布目的商業用レコード」に記載される「日本国内頒布禁止」等の表示内容が確認できる資料

  ③ 同項に規定する「不当に害されることとなる場合」に該当することを明らかにする書類（ライセンス契約書等ライセンス料率を確認できる書類、卸売価格等を確認できる書類、レコード製作者が自ら発行している場合においてはその事実を確認できる書類）

 ヘ 育成者権

侵害すると認める物品が育成者権を侵害する理由を明らかにする資料であって、例えば次の①から③までに掲げる資料（当該物品が権利侵害を構成することを証する判決書、仮処分決定通知書又は弁護士等が作成した鑑定書が提出された場合は、この限りでない。）

① 真正品のDNA鑑定書（外観による識別で侵害認定を行うことが十分に可能であると認められるものについては、当該鑑定書は省略させて差し支えない。）

② 侵害すると認める物品を入手している場合には、そのDNA鑑定書

③ 種苗法第35条の3第2項の規定により、農林水産大臣の判定結果の通知を受領している場合には、その結果を証する書類

なお、提出された上記①及び②のDNA鑑定書については、農林水産省輸出・国際局知的財産課に確認を求めることとし、鑑定方法その他の事情により当該物品に係るDNA鑑定書として適当であることの確認ができない場合には、当該輸入差止申立ては受理しないこととする。この場合には、当該申立てを行った者に同課の回答内容を開示することとする。

ト　保護対象営業秘密

経済産業大臣認定書において認定されている事項については、当該認定書において既に侵害の事実の判断が示されていることから、輸入差止申立書の添付資料として、新たに侵害の事実を疎明するための資料の提出を求めないものとする。ただし、提出された経済産業大臣認定書では認定されていない事項について差止申立てを行おうとする場合には、新たに、当該事項を認定した経済産業大臣認定書の提出が必要となることに留意する。

なお、善意・無重過失でない者として経済産業大臣認定書に記載された者に当該認定書が到達した事実を確認するため、経産省知財室に対して当該事実を客観的に確認できるもの（簡易書留、配達証明郵便に係る郵便物配達証明書の写し等）を求めるものとする。

(3) 識別ポイントに係る資料

当該輸入差止申立てに基づき認定手続を執るべき税関において、侵害疑義物品の発見の参考となる資料であり、真正商品又は侵害すると認める物品の特徴（商品名や型番等の特有の表示、形状、包装等の真正商品と侵害すると認める物品を識別するポイント及び方法を示したもの（特に、侵害すると認める物品が、いわゆるデッドコピー商品の場合には、真正商品と侵害すると認める物品の違いを写真により明示した資料の提出を求めるものとする。）

(4) 通関解放金の額の算定の基礎となる資料

特許権、実用新案権、意匠権又は保護対象営業秘密に係る裁判において認定された額、過去1年間に実際に締結されたライセンス契約におけるライセンス料の額又は類似の権利におけるこれらの額を記載したもの（当該裁判又は契約がない場合は、省略して差し支えない。ただし、これらの額に相当する額の資料として参考となるものがある場合には当該資料の提出を求めるものとする。）

(5) 代理権に関する書類（代理人が輸入差止申立ての手続を行う場合に限る。）

権利者が、代理人に輸入差止申立ての手続を委任する場合には、委任の範囲が明示された代理権を証したもの

（その他の資料）

69 の 13-4　申立先税関の本関知的財産調査官は、申立人から次の①から⑥に掲げる資料等を輸入差止申立ての受理の際又は当該受理の後追加して提出したい旨の申出があった場合において、認定手続を執るために必要と認めるときは、当該資料等を逐次受理し、当該輸入差止申立てに基づき認定手続を執る他の税関に連絡する。この場合において、提出された資料等は、輸入差止申立てに係る添付資料等の一部として取り扱うこととする。なお、申立先税関の本関知的財産調査官及び総括知的財産調査官が必要と認める場合には、必要と認める資料等の提出をしょうようして差し支えない。

①　輸入差止申立てに係る侵害すると認める物品について権利侵害を証する裁判所の判決書若しくは仮処分決定通知書の写し又は特許庁の判定書の写し

②　弁護士等が作成した輸入差止申立てに係る侵害すると認める物品に関する鑑定書

③　申立人が自らの調査に基づき権利侵害を行う者に対して発した警告書又は新聞等に注意喚起を行った広告等の写し

④　輸入差止申立てに係る知的財産の内容について訴訟等で争いがある場合には、その争いの内容を記載した書類

⑤　並行輸入に係る資料等

⑥　侵害すると認める物品を輸入することが予想される者、その輸出者その他侵害すると認める物品に関する情報を確認することができる資料

（輸入差止申立ての受付及び審査）

69 の 13-5　輸入差止申立ての受付及び審査の手続及びその取扱いは、申立審査通達の定めるところによる。

（輸入差止申立ての受理前の公表等）

69 の 13-6　前記 69 の 13-2 の規定に基づき提出された「輸入差止申立書」（「輸入差止申立書（保護対象営業秘密関係）」を除く。）の記載事項及び添付資料に不備がないことを確認したときは、速やかに以下の事務を行うものとする。

(1)　税関ホームページにおける公表等

　　総括知的財産調査官は、申立審査通達の第 1 章の 2 の(1)により申立先税関の本関知的財産調査官から連絡を受けた場合、「輸入差止申立書」に基づき、次の事項を財務省の税関ホームページを利用して公表する。この場合には、利害関係者が申立先税関に意見を提出できる旨を付記するものとする。なお、申立審査通達の第 1 章の 3 の(1)により、公表前に「輸入差止申立書」の記載事項の補正が必要であると判明した場合は、申立人に補正を求め、補正後速やかに公表するものとする。

①　「知的財産種別」　特許権、意匠権等の権利の種類を表示する。

②　「知的財産の内容」

　　権利の登録番号を表示する。特許権又は実用新案権の場合で、請求項が限定されている場合には、当該請求項番号を併せて表示する。登録番号のない知的財産については、次の内容を表示する。

イ　著作権　著作物の種類及びその内容（映画の著作物及びそのタイトル等）

ロ　著作隣接権　対象となる媒体（レコード、CD 等）及びタイトル・実演家の名称等

ハ　不正競争防止法

(イ)　同法第 2 条第 1 項第 1 号又は第 2 号の場合　経済産業大臣申立時意見書に記載さ

れている商品等表示

 (ロ) 同法第 2 条第 1 項第 3 号の場合 経済産業大臣申立時意見書に記載されている商品形態及び商品名

 (ハ) 同法第 2 条第 1 項第 17 号又は第 18 号の場合 経済産業大臣申立時意見書に記載されている技術的制限手段

③ 「侵害すると認める物品の品名」 差止対象となる物品の品名を表示する。

④ 「申立人、申立人連絡先」 申立人の名称及び連絡先（電話番号を含む。）を表示する。

⑤ 「申立先税関及び連絡先」 申立先税関及び連絡先（電話番号を含む。）を表示する。

⑥ 「公表日及び意見を述べることができる期間」 税関ホームページに公表した日及び意見を提出できる期限を表示する。その期限の最終日は、税関ホームページに公表した日から 10 日（行政機関の休日を含まない。）となる日を設定するものとする。

(2) 予想される輸入者等への連絡

 申立先税関の本関知的財産調査官は、予想される輸入者その他国内において当該輸入差止申立てに利害関係を有すると認められる者（以下この節において「予想される輸入者等」という。）が判明している場合は、申立人に意見を聴いたうえで税関の取締り上支障があると認められるとき又は当該申立人と当該予想される輸入者等との間に争いがないこと若しくは争いが生じるおそれがないことが明らかであると認められるときを除き、当該予想される輸入者等に対し上記(1)により公表する事項及び意見提出について電話等により連絡し意見を求めるものとする。なお、差止対象物品の具体的な製造者名、商品名又は商品番号が申立時に判明している場合であって、必要と認められるときは、これらの事項を併せて連絡するものとする。

(3) 侵害すると認める理由の開示

 申立先税関の本関知的財産調査官は、侵害すると認める理由（申立人が提出した侵害の事実を疎明するための資料等）を、利害関係者から開示の要請があった場合は、原則として、その写しの交付等により開示するものとする。なお、申立先税関の本関知的財産調査官は、その開示にあたって、複写による資料の正確な再現が困難である等やむを得ないと認められる場合は、申立人に対して、副本の提出を求めることができるものとする。

(4) 利害関係者による意見書の提出

 イ 利害関係者意見書の提出

  利害関係者が輸入差止申立てについて意見を述べることを希望する場合は、申立先税関の本関知的財産調査官は、上記(1)の⑥の税関ホームページで明示した提出期限までに、氏名又は名称及び住所、利害関係の内容並びに意見を記載した書面により提出するよう求めるものとする。

 ロ 提出期限の延長

  申立先税関の本関知的財産調査官は、上記(1)の⑥の税関ホームページで明示した提出期限を超えて意見書の提出の申出があった場合には、提出期限延長の申出を書面（任意の様式）により提出するよう求めるものとし、税関ホームページで明示した公表日から起算して 25 日（行政機関の休日を含まない。以下ハにおいて同じ。）を経過する日までの間で適当と認める期限を付して意見書の提出を認めて差し支えない。

 ハ 利害関係者意見書の補正

  上記イ及びロにより意見書を提出した利害関係者は、税関ホームページで明示した公表日から起算して 25 日を経過する日までは意見書を補正することができる。

  ただし、申立先税関の本関知的財産調査官は、当該利害関係者が意見書を補正する意

思がないことを確認した場合は、上記期限の経過を待つことなく事務を処理して差し支えない。
　ニ　添付資料等の追加資料等の求め
　　利害関係者から提出された意見書について、次の(イ)又は(ロ)に該当することが明らかである場合には、申立先税関の本関知的財産調査官は、追加資料等の提出等を求めることができるものとする。
　　なお、追加資料等の提出等を求める場合には、必要な調査期間等を勘案して適当と認める期限を付しておくものとする。
　　(イ)　必要な資料等が不足していると認められる場合
　　(ロ)　意見書の内容が明確でないと認められる場合
(5)　利害関係者意見書の開示
　　申立先税関の本関知的財産調査官は、利害関係者から提出された意見書の写しを速やかに総括知的財産調査官に送付するとともに、その写しの交付等により申立人に開示するものとする。ただし、営業秘密等申立人に開示することにより自らの利益が害されると認められる事項として、当該利害関係者が非公表としている部分を除くものとする。なお、申立先税関の本関知的財産調査官は、その開示にあたって、複写による資料の正確な再現が困難である等やむを得ないと認められる場合は、利害関係者に対して、副本の提出を求めることができるものとする。

（輸入差止申立ての受理又は不受理の際の取扱い）

69の13-7　申立先税関の本関知的財産調査官による輸入差止申立ての受理又は不受理の決定、及び総括知的財産調査官による当該決定の周知は、次による。
(1)　申立先税関の本関知的財産調査官は、申立審査通達の第1章の3の(3)に規定する意見書の審査結果に基づき、輸入差止申立ての受理又は不受理を決定する。ただし、輸入差止申立てにおける専門委員意見照会を実施した場合は、輸入差止申立ての受理又は不受理の決定は、専門委員制度運用通達の第1章の12の規定によるものとする。
(2)　申立先税関の本関知的財産調査官は、上記(1)の結果を総括知的財産調査官に連絡する。なお、受理の場合には、当該輸入差止申立ての有効期間を、併せて連絡するものとする。
(3)　申立先税関の本関知的財産調査官は、輸入差止申立てを受理するに際して、申立人に対して下記イからハまでの事項を通知するものとする。
　イ　輸入差止申立ての内容について変更が生じた場合には、速やかに後記69の13-10による輸入差止申立ての内容変更を行うこと
　ロ　輸入差止申立てに係る権利（特許権又は実用新案権にあっては申立てに係る請求項）に関し、争訟が生じた場合又は無効審判（特許法第123条、実用新案法第37条、意匠法第48条及び商標法第46条）、訂正審判（特許法第126条）若しくは不使用取消審判（商標法第50条）などの請求があった場合には、速やかに資料を添えて申立先税関に連絡すること。
　ハ　輸入差止申立ての有効期間内に、知的財産が譲渡された場合又は上記ロの審判等の結果により申立人が知的財産を有しないこととなった場合若しくは権利範囲が変動した場合には、直ちに申立先税関に連絡するとともに、後記69の13-11の(2)による輸入差止申立ての取下げを行うこと。
(4)　申立先税関の本関知的財産調査官は、「輸入差止申立て・更新受理通知書」（C-5856）又は「輸入差止申立て・更新不受理通知書」（C-5858）を申立人に交付するとともに、輸

入差止申立てにおける専門委員意見照会を実施した場合には、受理又は不受理の旨を当事者（申立人を除く。）に対して通知するものとする。なお、当該輸入差止申立ての一部のみを受理とし、残りを不受理とする場合には、「輸入差止申立て・更新受理通知書」に、受理とする部分及び不受理とする部分を明確にするとともに、不受理とする部分については、その理由を記載するものとする。

(5) 総括知的財産調査官は、上記(2)の連絡に係る内容を各税関官署に周知する。

（輸入差止申立ての内容の受理後の公表）

69の13-8 輸入差止申立てを受理した場合には、「輸入差止申立書」の記載事項について、次により公表する。

(1) 公表する事項
　イ　申立人の氏名又は名称、法人番号、連絡先名、連絡先電話番号
　ロ　知的財産の内容（特許権及び実用新案権は請求項の番号を含む。）
　ハ　侵害すると認める物品の品名
　ニ　輸入差止申立ての有効期間

(2) 公表方法
　申立先税関の本関知的財産調査官は、当該輸入差止申立てに係る上記(1)の事項を総括知的財産調査官に連絡し、総括知的財産調査官は当該事項を遅滞なく公表する。また、総括知的財産調査官は有効期間中の輸入差止申立てを1月毎に取りまとめて本省に報告し、本省はそれを公表する。

（輸入差止申立ての更新）

69の13-9 申立人が輸入差止申立ての更新を希望する場合の取扱いは、次による。

(1) 輸入差止申立ての有効期間の満了前3月から満了の日までの間に「輸入差止申立更新申請書」（C-5860）（著作権法第113条第10項に係るものにあっては、「輸入差止申立更新申請書（還流防止措置関係）」（C-5861）、不正競争差止請求権者（不正競争防止法第2条第1項第10号に掲げる行為を組成する貨物に係る者を除く。）にあっては、「輸入差止申立更新申請書（保護対象商品等表示等関係）」（C-5862）、不正競争差止請求権者（同号に掲げる行為を組成する貨物に係る者に限る。）にあっては、「輸入差止申立更新申請書（保護対象営業秘密関係）」（C-5863）。以下この節において「更新書」という。）及び添付資料等を申立先税関に提出するよう求めるものとする。この場合の提出部数は、1部とする。
　この場合において、輸入差止申立ての内容に変更がない場合は、更新書（原本）及び登録原簿の謄本（認証官印付きであることを要しない。）の提出を求め、その他の添付資料等の提出は求めないものとする。なお、保護対象商品等表示等については、新たに経済産業大臣申立時意見書の提出が必要となるので留意する。

(2) 更新書及び添付資料等が提出された場合は、申立先税関の本関知的財産調査官は、申立審査通達の第1章の1の(2)に準じて記載事項等に不備がないことを確認する。

(3) 申立先税関の本関知的財産調査官は、新たな侵害疎明が必要でないことが明らかな場合を除き、速やかにその写しを総括知的財産調査官に送付する。
　(注)「新たな侵害疎明が必要」とは、当初の輸入差止申立てにおいて「侵害と認める理由」に記載した事項と異なる疎明が必要とされる場合であって、例えば、申立対象物品が異なる場合や保護対象営業秘密に係る善意・無重過失でない者を追加する場合などを指す。以下この節において同じ。

(4)　上記(3)により更新書の写しの送付を受けた総括知的財産調査官は、新たな侵害疎明が必要か否かを申立先税関の本関知的財産調査官に連絡するものとする。申立先税関の本関知的財産調査官は、新たな侵害疎明が必要なものについては、原則として前記 69 の 13-2 の(3)に規定する「輸入差止申立書」の提出を求めることになるので、留意する。

(5)　更新の受理又は不受理については、前記 69 の 13-7 に準じて取り扱うものとする。なお、更新の受理を輸入差止申立ての有効期間の満了の日前に行う場合、更新後の輸入差止申立ての有効期間の開始日は、当該満了の日の翌日とする。

(6)　更新を認めた輸入差止申立て内容の公表については、前記 69 の 13-8 に準じて取り扱うものとする。

（輸入差止申立ての内容変更）

69 の 13-10　輸入差止申立て（前記 69 の 13-9 の規定に基づく更新を含む。後記 69 の 13-11 までにおいて同じ。）を受理した後、輸入差止申立ての有効期間内に申立人から、内容変更（追加情報を含む。）の申出があった場合の取扱いは、次による。

(1)　当該輸入差止申立ての申立先税関に変更内容を書面（任意の様式）（以下この節において「内容変更の書面」という。）により提出するよう求めるものとする。この場合の提出部数は、1 部とする。

(2)　内容変更の書面が提出された場合は、申立先税関の本関知的財産調査官は申立審査通達の第 1 章の 1 の(2)に準じて記載事項等に不備がないことを確認する。また、新たな侵害疎明が必要でないことが明らかな場合を除き、速やかにその写しを総括知的財産調査官に送付する。

(3)　上記(2)により内容変更の書面の写しの送付を受けた総括知的財産調査官は、当該内容変更すべき事項について、新たな侵害疎明が必要か否かを申立先税関の本関知的財産調査官に連絡するものとする。申立先税関の本関知的財産調査官は、新たな侵害疎明が必要なものについては、原則として前記 69 の 13-2 の(3)に規定する「輸入差止申立書」の提出を新たに求めることになるので、留意する。

(4)　申立先税関の本関知的財産調査官は、内容変更の書面に記載事項及び添付資料等の不備がないこと並びに新たな侵害疎明が必要でないことを確認したときは、当該内容変更を認める。

(5)　輸入差止申立ての内容変更を認めた際の取扱い及び輸入差止申立ての内容の公表は、前記 69 の 13-7 及び 69 の 13-8 に準じて取り扱うものとする。

（輸入差止申立ての受理の撤回等）

69 の 13-11　輸入差止申立ての受理の撤回及び輸入差止申立ての取下げの取扱いは、次による。

(1)　輸入差止申立ての受理の撤回

輸入差止申立てのうち受理要件を満たさなくなったと思料されるものについては、受理を撤回するものとする。ただし、撤回するに先立ち申立人に対して意見を述べる機会を与えるものとし、撤回した場合には、申立先税関の本関知的財産調査官は、「輸入差止申立て・更新受理撤回通知書」（C-5864）により理由を付して申立人に通知するものとする。

なお、輸入差止申立ての受理を撤回する場合には、申立先税関の本関知的財産調査官は、総括知的財産調査官と協議するものとする。

(2)　輸入差止申立ての取下げ

申立人から輸入差止申立ての有効期間中に申立先税関に対して、書面（任意の様式）により当該輸入差止申立ての取下げの申出があった場合には、これを認めるものとする。

(注) 輸入差止申立ての有効期間内に知的財産の譲渡等により申立人が知的財産を有しないこととなったことが判明した場合には、当該輸入差止申立てに基づく取締りは行えないことに留意する。この場合には、その旨を当該申立人に通知し、取下げをしょうようするとともに、総括知的財産調査官及び当該輸入差止申立てに基づき認定手続を執るべき他の税関に連絡することとする。

(3) 輸入差止申立ての受理を撤回し又は取下げを認めた際の取扱い及び輸入差止申立ての内容の公表の中止については、前記 69 の 13-7 及び 69 の 13-8 に準じて取り扱うものとする。

（輸入差止情報提供の取扱い）

69 の 13-12　輸入差止情報提供の手続及びその取扱いは、次による。

(1) 輸入差止情報提供の審査期間

情報提供先税関（輸入差止情報提供の提出を受けた税関をいう。以下この節において同じ。）の本関知的財産調査官及び総括知的財産調査官は、輸入差止情報提供の提出の日の翌日から起算して 1 月以内に輸入差止情報提供の審査を終了するよう努めるものとする。

(2) 輸入差止情報提供の手続

輸入差止情報提供をしようとする権利者に対し、次により所要の資料の提出等を求めるものとする。

イ　提出窓口

いずれかの税関の本関知的財産調査官

ロ　情報提供をできる者

輸入差止情報提供を行うことができる者は、回路配置利用権者（専用利用権者を含む。以下同じ。）とする。なお、代理人に輸入差止情報提供の手続を委任することを妨げない。

ハ　提出書類等

提出を求める書類等は、「輸入差止情報提供書」（C-5866）並びに下記ニ及びホに定める添付書類等とし、提出部数は 1 部とする。ただし、サンプル等の現物が提出された場合には、情報提供者に過度の負担を与えない範囲内で必要と認める数の提出を求めることができるものとする。

ニ　輸入差止情報提供書の添付資料等

輸入差止情報提供書に添付を求める資料は、以下のとおりとする。

(イ) 権利の内容を証する書類登録原簿の謄本及び公報

(ロ) 侵害すると認める物品を確認できる資料

i　権利が設定登録された回路配置及び自己の権利を侵害すると認める回路配置の拡大カラー写真並びに半導体集積回路及び侵害すると認める半導体集積回路の実物

ii　半導体集積回路の回路配置に関する法律第 24 条第 1 項の規定に基づき情報提供者が自らの調査に基づき模倣品を輸入している旨の警告書を送付した模倣品の輸入者等の氏名、住所等及び警告書の写し（内容証明付郵便により送付されたこと及び送付月日が明らかなものに限る。）

(ハ) 識別ポイントに係る資料

当該輸入差止情報提供の対象となっている税関において、侵害疑義物品の発見の参考となる資料であり、真正商品又は侵害すると認める物品に特有の表示、形状、包装

等の真正商品と侵害すると認める物品を識別するポイント及び方法を示したもの

　　　㈡　代理権に関する資料（代理人が輸入差止情報提供の手続を行う場合に限る。）回路配置利用権者が代理人に輸入差止情報提供の手続を委任する場合には、委任の範囲が明示された代理権を証したもの

　ホ　その他の資料

　　　情報提供先税関の本関知的財産調査官は、情報提供者から次の①から④に掲げる資料等を輸入差止情報提供の提出の際又は当該受付の後追加して提出したい旨の申出があった場合において、輸入の差止めを実施するために必要と認めるときは、当該資料等を逐次受け付け、当該輸入差止情報提供の対象となっている他の税関に連絡する。この場合において、提出された資料等は、輸入差止情報提供に係る添付資料等の一部として取り扱うこととする。

　　　①　輸入差止情報提供に係る侵害すると認める物品について権利侵害を証する裁判所の判決書又は仮処分決定通知書の写し

　　　②　弁護士等が作成した輸入差止情報提供に係る侵害すると認める物品に関する鑑定書

　　　③　輸入差止情報提供に係る権利の内容について訴訟等で争いがある場合には、その争いの内容を記載した書類

　　　④　侵害すると認める物品を輸入することが予想される者、その輸出者その他侵害すると認める物品に関する情報

　⑶　輸入差止情報提供の受付及び審査等

　　　輸入差止情報提供の受付及び審査等については、申立審査通達の第1章に準じて取り扱うものとし、輸入差止情報提供を受け付けた場合には、速やかに総括知的財産調査官及び輸入差止情報提供の対象となっている他の税関の本関知的財産調査官に、輸入差止情報提供を受け付けた旨を「輸入差止情報提供書」及び添付資料等とともに連絡する。輸入差止情報提供を受け付けない場合には、情報提供を行おうとした者にその理由を開示する。

　⑷　輸入差止情報提供の内容の公表

　　　前記69の13-8に準じて取り扱う。

　⑸　輸入差止情報提供の継続期間の延長等

　　イ　情報提供者が輸入差止情報提供の継続期間の延長を希望する場合は、継続期間の満了前3月から満了の日までの間に「輸入差止情報提供継続申請書」（C-5868）（以下「継続書」という。）を情報提供先税関に提出するよう求めるものとする。

　　ロ　継続書が提出された場合は、前記69の13-9の⑵から⑹に準じて取り扱う。

　⑹　輸入差止情報提供の内容変更

　　　前記69の13-10に準じて取り扱う。

（その他）

69の13-13　権利者から輸入差止申立て及び輸入差止情報提供以外の方法（例：電子メール）により侵害すると認める物品に係る資料等の提供があった場合は、これを受け付けることとし、必要に応じ関係税関にその写しを送付する。なお、この場合においては、できる限り輸入差止申立て又は輸入差止情報提供を行うようしょうようするものとする。

（情報の収集）

69の13-14　知的財産調査官は、侵害物品の輸入の取締りのため、次に掲げる資料等の収集に努めるものとする。

① 知的財産の内容を証する書類
② 侵害の事実に係る資料
③ 識別ポイントに係る資料
④ 侵害物品の特定のために必要と認める資料
⑤ その他侵害物品の輸入の取締りに関する資料

（輸入差止申立てにおける専門委員意見照会）

69の14-1　申立先税関の本関知的財産調査官及び総括知的財産調査官は、専門委員制度運用通達の第1章の1の(1)に定める場合には、輸入差止申立てにおける専門委員意見照会を実施することとなるので、留意する。

（輸入差止申立てに係る供託等）

69の15-1　法第69条の15の規定に関する用語の意義及び同条の規定の適用に関する手続は、次による。

(1) 供託命令

イ　供託命令の要件

　　法第69条の15第1項に規定する「損害の賠償を担保するために必要があると認めるとき」とは、輸入差止申立てに係る侵害疑義物品について認定手続を執った後において、申立人と輸入者等の主張が対立し、当該物品について侵害物品か否か認定しがたい場合とする。ただし、生鮮疑義貨物については、原則として、供託を命ずることとする。

　　なお、供託命令を行う場合には、生鮮疑義貨物の場合を除き、総括知的財産調査官に協議するものとする。

ロ　供託の期限

　　法第69条の15第1項の担保を供託する際の「期限」とは、「供託命令書」（C-5870）の日付の日の翌日から起算して10日以内とする。ただし、生鮮疑義貨物については、原則として、「供託命令書」の日付の日の翌日から起算して3日以内とし、口頭により供託命令を行った場合は、供託命令をした日の翌日から起算して3日以内とする。

ハ　供託額

(イ) 法第69条の15第1項に規定する「相当と認める額」とは、次に掲げる額を合算した額とする。

　i　予想される認定手続期間中に輸入者等が疑義貨物を通関することができないことにより被る逸失利益の額（課税価格の20％程度を目安に算定する。）

　ii　予想される認定手続期間中に輸入者等が負担することとなる疑義貨物の倉庫保管料の額

　　　疑義貨物が蔵置されている場所の実費費用を基に「供託命令書」の日付の日の翌日から起算して認定手続の終了が予想される日を含む月までの月数を算定する。

　iii　生鮮疑義貨物については、当該貨物の腐敗により失われると予想される当該貨物の価値に相当する額（当該貨物の課税価格とする。）

　iv　その他、予想される認定手続期間中に輸入者等が疑義貨物を通関することができないことにより被るおそれのある損害の額

(ロ) 上記(イ)の額の算定に当たっては、輸入者等から事情を聴取するとともに、必要に応じて調査等を実施のうえ、総括知的財産調査官に協議して決定するものとする。

　　ただし、下記ニなお書の場合には、あらかじめ、上記ハの(イ)のiからiiiまでを合算

した額で供託命令を行い、必要と認める場合には、後日上記ハの(イ)のⅳについて追加供託命令を行う旨を輸入者等に通知することにより、事情の聴取は省略して差し支えない。

ニ　供託命令の手続

　　知的財産調査官又は知的財産担当官（これらの者が配置されていない官署にあっては、発見部門の長。(2)から(9)まで並びに後記69の16-1（見本検査承認申請等）及び69の16-3（見本検査に係る供託等）から69の16-5（見本の返還等）までにおいて「知的財産調査官等」という。）は、金銭を供託すべき旨を申立人に命ずる場合には、「供託命令書」を当該申立人に交付するとともに、収納課長等に「供託命令書」の写しをもってその旨を通報する。

　　この場合において、署所知的財産調査官又は知的財産担当官（これらの者が配置されていない官署にあっては、発見部門の長）が供託命令を行った場合には、本関知的財産調査官に供託命令を行った旨を「供託命令書」の写しをもって通報するものとし、本関知的財産調査官は、その旨を総括知的財産調査官に通報する。

　　なお、生鮮疑義貨物については、認定手続の開始を決定した後速やかに、申立人に対して供託命令を行い（必要と認めるときは口頭により命令することができるものとし、その場合には併せて電子メール等による当該命令の内容の通知を行うよう努めることとする。）、当該命令に従う意思のない旨の回答を確認した場合には、期限の経過を待つことなく、認定手続を取りやめて差し支えない（法第69条の15第11項の通知を行うことに留意する。）。また、口頭による命令を行った場合は、上記の口頭による命令が行われた旨及びその日を証する「生鮮疑義貨物に係る供託命令実施確認書」（C-5872）正副2部を当該申立人に交付し、副本について当該申立人が記名したものを返付させるものとする。

(2)　供託等の取扱い

イ　金銭又は有価証券を供託する場合

(イ)　供託物の種類

ⅰ　法第69条の15第1項に規定する「金銭」とは、前記9の4-1の(1)の規定に準じて取り扱う。

ⅱ　法第69条の15第3項に規定する「国債、地方債その他の有価証券で税関長が確実と認めるもの」とは、前記9の11-1の(1)及び(2)に準じて取り扱う。

　　ただし、社債、株式等の振替に関する法律第278条第1項に規定する振替債については、振替国債（その権利の帰属が同法の規定による振替口座簿の記載又は記録により定まるものとされる国債をいう。）以外のものは認めないこととする。

(ロ)　国債、地方債、社債等の価額

　　国債、地方債その他の有価証券の価額は、前記9の11-3及び9の11-4の規定に準じて取り扱う。

(ハ)　供託場所

　　金銭等の供託は、供託命令を行う税関官署の最寄の供託所に行わせるものとする。

(ニ)　供託書正本の提出

　　供託をすべき申立人には、供託書の正本を「供託書正本提出書」（C-5874）（2部。原本、申立人交付用）に添付して、原則として供託期限内に収納課長等に提出させる。

　　収納課長等は、供託をすべき申立人から提出のあった供託書の正本を受理することが適当であると認めたときは、「供託書正本預り証」（「供託書正本提出書」の交付用）

を当該申立人に交付するとともに、供託書正本の写しを供託の原因となった貨物の輸入者等に交付する。

この場合において、収納課長等は、知的財産調査官等に供託書正本が提出されたことを、「供託書正本預り証」の写しをもって通報する。

ロ　支払い保証委託契約を締結する場合

（イ）　支払い保証委託契約の相手方

法第 69 条の 15 第 5 項の契約（以下この項において「支払保証委託契約」という。）の相手方として税関長が承認する金融機関は、銀行法による銀行、長期信用銀行法による長期信用銀行、農林中央金庫法による農林中央金庫、株式会社商工組合中央金庫法による商工組合中央金庫、信用金庫法による信用金庫及び保険業法第 2 条第 3 項に規定する生命保険会社、同条第 4 項に規定する損害保険会社、同条第 8 項に規定する外国生命保険会社等又は同条第 9 項に規定する外国損害保険会社等とする。

（ロ）　支払保証委託契約の届出

i　供託をすべき申立人には、支払保証委託契約書の写し（契約の相手が原本と相違ないことを証明したもの）を「支払保証委託契約締結届出書」（C-5876）（2 部。原本、申立人交付用）に添付して、供託期限内に収納課長等に提出させる。

ii　収納課長等は、当該契約の内容が令第 62 条の 21 第 1 項の規定に適合すると認めたときは、「支払保証委託契約締結届出確認書」（「支払保証委託契約締結届出書」の交付用）を供託をすべき申立人に交付するとともに、当該確認書の写しを輸入者等に交付する。

この場合において、収納課長等は、知的財産調査官等に支払保証委託契約締結の届出があったことを、「支払保証委託契約締結届出確認書」の写しをもって通報する。

なお、供託をすべき申立人が供託額の一部について、支払保証委託契約を締結し、その旨届け出る場合には、上記イ（ニ）の手続と同時に行わせるものとする。

(3)　供託額の追加

知的財産調査官等は、申立人に輸入者等の損害を担保するのに不足すると認める額の金銭を供託すべき旨を命じる場合には、上記(1)ロからニまで及び(2)に準じて取り扱う。

なお、供託額の追加を命ずる場合には、総括知的財産調査官と協議するものとする。

(4)　認定手続の取りやめ

イ　「供託命令書」の交付を受けた申立人が、当該命令書に記載されている期限内に、供託を命じられた額の全部について、供託せず、かつ、支払保証委託契約の締結の届出をしないときは、収納課長等は知的財産調査官等にその旨を通報する。

ロ　上記イの通報を受けた知的財産調査官等は、当該命令書に記載されている期限内に、供託を命じられた額の全部について、供託せず、かつ、支払保証委託契約の締結の届出をしないことについてやむを得ない理由があると認められるときは、申出により相応の期限を定めて、認定手続の取りやめを猶予して差し支えないこととするが、当該相応の期限内に供託又は支払保証委託契約の締結を行わせることとする。

なお、取りやめを猶予した場合には、その旨及び相応の期限を収納課長等に通報する。生鮮疑義貨物については、当該猶予は行わないこととする。

ハ　知的財産調査官等は、認定手続を取りやめたときは、「認定手続取りやめ通知書」（C-5878）を申立人及び輸入者等に交付する。

この場合において、知的財産調査官等は、発見部門の長及び収納課長等に対して、「認定手続取りやめ通知書」の写しをもってその旨を通報し、また、通報を受けた発見部門

　の長は当該疑義貨物についてその輸入を認めるものとする。

　（注）認定手続を取りやめようとする場合には、総括知的財産調査官に協議するものとする。

　(5)　供託された金銭等の還付

　　イ　権利の実行の申立ての手続

　　　㈠　供託金規則第8条において準用する同規則第1条（（申立ての手続））に規定する
　　　　「判決の謄本、和解を証する書面その他これらに類するもの」とは、次のものをいう。

　　　　ⅰ　民事執行法第22条第1項（（債務名義））に規定する債務名義（確定判決等）

　　　　ⅱ　損害賠償請求権の存在を確認する確定判決又はそれと同一の効力を有するもので
　　　　　あって執行力が付与されていないもの

　　　　ⅲ　供託の原因となった貨物の輸入者と金銭等を供託した申立人との間で和解し、当
　　　　　該輸入者に当該申立人に対する損害賠償請求権があること及びその額を記載した書
　　　　　面

　　　　ⅳ　上記ⅰからⅲまでに掲げるものに類するもの

　　　　　（注）ⅳに掲げるものが提出された場合には総括知的財産調査官に協議するものとす
　　　　　　る。

　　　㈡　輸入者等には、供託金規則様式第六による申立書に、債務名義等のいずれかの謄本
　　　　等を添付して収納課長等に提出させる。

　　ロ　申立人からの意見聴取

　　　　収納課長等は、権利の実行の申立てがあったときは、金銭等を供託した申立人から、
　　　輸入者等が提出した債務名義等の真偽、認定手続が執られたことにより輸入者等が被っ
　　　た損害の全部又は一部を既に賠償していないか等当該権利の実行の申立てに関し意見を
　　　聴取するものとする。

　　ハ　確認書交付手続

　　　　収納課長等は、輸入者等が当該供託に係る金銭等の還付を受けるべき者と認めたとき
　　　は、供託金規則様式第七の確認書を当該輸入者等に交付するとともに、知的財産調査官
　　　等に、当該確認書の写しをもってその旨を通報する。

　　　　この場合において、確認書に記載された還付金額が供託額の一部であり、還付が取戻
　　　しに先行する場合を除き、申立人に対し供託書正本を返還するとともに、申立人に交付
　　　した「供託書正本預り証」（「供託書正本提出書」の交付用）を回収するものとする。

　(6)　有価証券の換価

　　イ　輸入者等から権利の実行の申立てがあり、収納課長等が供託された有価証券を換価す
　　　る場合には、供託規則第26号書式により作成した供託有価証券払渡請求書2部を供託
　　　所に提出する。

　　ロ　収納課長等は、供託規則第29条（（払渡の手続））により有価証券の払渡の認可を受
　　　けた場合には、速やかに当該有価証券を換価する。有価証券の換価に際しては、申立人
　　　に換価する旨を告げた後行うものとする。

　　ハ　収納課長等は、有価証券を換価したときは、換価代金から換価の費用を控除した額の
　　　金銭について、供託規則第11号書式及び第12号書式（その他の金銭供託の供託書正
　　　本・副本）により作成した供託書をもって、有価証券の払渡の認可を受けた供託所に供
　　　託する。

　　ニ　上記ハの供託をしたときは、収納課長等は、供託金規則第8条において準用する同規
　　　則第4条第4項の規定に基づき、「有価証券換価後金銭供託通知書」（C-5880）に供託
　　　書正本の写しを添付して、申立人に送付するものとする。

この場合において、申立人が先に供託した際に税関に提出した供託書正本を申立人に対し返還するとともに、申立人に交付した「供託書正本預り証」（「供託書正本提出書」の交付用）を回収する。

(7) 供託された金銭等の取戻し

イ 疑義貨物が侵害物品と認定された場合の取扱い

(イ) 知的財産調査官等は、供託の原因となった貨物を侵害物品と認定した場合には、収納課長等に対して、「知的財産疑義貨物認定（処理）連絡書」（C-5821）に前記69の12-1-8の(2)に規定する輸入者等用の認定通知書又は認定（没収）通知書の写しを添付してその旨を通報する。

(ロ) 上記(イ)の通報を受けた収納課長等は、「認定通知書（権利者用）等」の受取人である申立人に、供託金規則様式第三の証明書を交付する。

ロ 疑義貨物について廃棄、滅却、積戻し又は任意放棄がされた場合の取扱い

(イ) 知的財産調査官等は、供託の原因となった貨物について前記69の12-2（輸入者等による自発的処理の取扱い）(2)のイ又はニにより認定手続を取りやめた場合には、収納課長等に対して、「処理結果通知書」の写しをもってその旨を通報する。

(ロ) 上記の通報を受けた収納課長等は、「処理結果通知書」の受取人である申立人に、供託金規則様式第三の証明書を交付する。

ハ 損害賠償を担保する必要がなくなったことについての確認の取扱い

(イ) 金銭等を供託した申立人には、「担保取戻事由確認申請書」（C-5882）に損害賠償を担保する必要がなくなったことを証明する次のいずれかの書面を添付して収納課長等に提出させる。

　i 供託の原因となった貨物の輸入者等が、供託した金銭等の取戻しに同意したことを証明する書面

　ii 損害に係る賠償請求権が時効により消滅したことを証明する書面

　（注）なお、権利者の誤った輸入差止申立てにより、輸入者等に損害が生じた場合の当該損害に係る損害賠償権の消滅時効は、民法第724条（（損害賠償請求権の消滅時効））により3年となるので留意する。

　iii 申立人が輸入者等に損害の賠償をしたことを証明する書面

　iv 侵害物品でない旨の「認定通知書（権利者用）等」であって、その理由欄に、権利者からの輸入同意書の提出又は侵害部分の切除等の修正の旨記載されているもの

　v その他損害の賠償を担保する必要がなくなったことを証明する書面

(ロ) 収納課長等は、損害賠償を担保する必要がなくなったことに理由があると認めるときは、輸入者等から、当該書面（上記(イ)ivを除く。）の真偽等について意見を聴取するものとする。

(ハ) 収納課長等は、損害の賠償を担保する必要がなくなったことを確認した場合には、申立人に供託金規則様式第三の証明書を交付するとともに、知的財産調査官等に当該証明書の写しをもってその旨を通報する。

ニ 支払保証委託契約が締結された場合の取扱い

(イ) 収納課長等は、申立人から、「支払保証委託契約締結承認申請書」（C-5884）（2部。原本、申立人交付用）に支払保証委託契約の契約書の写し（契約の相手方が原本と相違ないことを証明したもの）を添付して提出させる。

(ロ) 収納課長等は、契約書の内容が令第62条の21第1項の規定に適合すると認めたときは、申立人に対して、「支払保証委託契約締結承認書」（申立人交付用）及び供託金

規則様式第三の証明書を交付するとともに、知的財産調査官等に当該書面の写しをもってその旨を通報する。

ホ　供託物が差し替えられた場合の取扱い

(イ)　収納課長等は、申立人から、「供託物差替承認申請書（供託書正本提出書兼用）」（C-5886）（2部。原本、申立人交付用）及び差替え後の供託物に係る供託書の正本を提出させる。

(ロ)　収納課長等は、差替え後の供託物に係る供託書正本を受理することが適当であると認めたときは、申立人に対して、「供託物差替承認書（供託書正本預り証兼用）」（申立人交付用）及び供託金規則様式第三の証明書を交付するとともに、知的財産調査官等に差替え後の「供託物差替承認書（供託物正本預り証兼用）」の写しをもってその旨を通報する。

ヘ　収納課長等は上記イからホまでにおいて、申立人に対し供託書正本を返還するとともに、申立人に交付した「供託書正本預り証」（「供託書正本提出書」の交付用）を回収するものとする。ただし、上記ハの場合において、取戻確認金額が供託額の一部である場合で、取戻しが還付に先行するときは、還付の際に申立人に対し返還するものとする。

(8)　支払保証委託契約に係る権利の実行

支払保証委託契約の原因となった貨物の輸入者等から、当該契約に係る申立人に対する賠償請求権の存在を確認する証明書の交付請求（以下「証明書交付請求」という。）があった場合の取扱いは、次による。

イ　支払保証委託契約の原因となった貨物の輸入者等には、「損害賠償請求権存在確認書交付請求書」（C-5888）に債務名義等の謄本等を添付して、収納課長等に提出させる。

ロ　収納課長等は、証明書交付請求に理由があると認めるときは、当該契約に係る申立人から、債務名義等の真偽、認定手続がとられたことにより輸入者等が被った損害の全部又は一部を既に賠償していないか等について意見を聴取するものとする。

ハ　収納課長等は、証明書交付請求に係る損害賠償請求権があると認めたときは、輸入者等に対して「損害賠償請求権存在確認書」（C-5890）を交付するとともに、知的財産調査官等に「損害賠償請求権存在確認書」の写しをもってその旨を通報する。

(9)　支払保証委託契約の解除及び内容の変更

イ　支払保証委託契約の解除

(イ)　支払保証委託契約を解除しようとする申立人には、「支払保証委託契約解除承認申請書」（C-5892）（2部。原本、申立人交付用）に、関係書類を添付して、収納課長等に提出させる。

(ロ)　収納課長等は、次のいずれかの場合には支払保証委託契約の解除を承認するものとし、当該申立人に「支払保証委託契約解除承認書」（申立人交付用）を交付するとともに、iの場合を除き、知的財産調査官等に「支払保証委託契約解除承認書」の写しをもってその旨を通報する。

i　疑義貨物が侵害物品である旨の「認定通知書（権利者用）等」又は「処理結果通知書」の提出があった場合

ii　損害の賠償を担保する必要がなくなったことについて確認した場合

　（注）承認に際しては、支払保証委託契約の原因となった疑義貨物の輸入者等から、事実関係について意見を聴取するものとする。

iii　解除しようとする支払保証委託契約の契約額に相当する額の金銭等が供託された場合

iv　解除しようとする支払保証委託契約の契約額に相当する額について、別の金融機
　関を相手方とした令第62条の21第1項の規定に適合する支払保証委託契約を締結
　した場合
ロ　支払保証委託契約の内容の変更
　(イ)　支払保証委託契約の内容を変更しようとする申立人には、「支払保証委託契約内容変
　　更承認申請書」（C-5894）（2部。原本、申立人交付用）に、契約書の写し（契約の相
　　手方が原本と相違ないことを証明したもの）を添付して、収納課長等に提出させる。
　(ロ)　収納課長等は、変更後の支払保証委託契約の内容が、令第62条の21第1項の規定
　　に適合すると認めた場合には、支払保証委託契約の内容変更を承認するものとし、申
　　立人に「支払保証委託契約内容変更承認書」（申立人交付用）を交付するとともに、知
　　的財産調査官等に「支払保証委託契約内容変更承認書」の写しをもってその旨を通報
　　する。

（見本検査承認申請等）

69の16-1　見本検査承認申請に係る取扱いは次による。
(1)　見本検査承認申請をしようとする申立人（以下「申請者」という。）には、「見本検査承
　認申請書」（C-5896）（2部。原本、交付用）に、「認定手続開始（輸入者等意思確認）通
　知書（申立人用）等」の写しを添付して、当該認定手続に係る事務を処理する知的財産調
　査官等に提出させる。この場合において、見本の検査を第三者に委託する場合には、その
　委託を受けた者の氏名又は名称及び住所並びに委託する理由を「見本検査承認申請書」の
　「その他参考となるべき事項」欄に記載させるとともに、委託を証する書面を添付させるも
　のとする。
(2)　見本検査承認申請を受けた知的財産調査官等は、「見本検査承認申請通知書」（C-5898）
　に「見本検査承認申請書」の写しを添付して、当該見本検査承認申請に係る疑義貨物の輸
　入者等に通知するとともに、原則として、「見本検査承認申請通知書」の日付の日の翌日か
　ら起算して3日（行政機関の休日の日数は算入しない。）以内に限り、当該輸入者等に意
　見を述べる機会を与えるものとする。この場合において、当該見本検査承認申請が承認さ
　れた場合に申請者が見本を検査した後の見本の返還（原状回復が困難な場合は、検査後の
　状態のままでの返還）を必要とするか否かについて確認しておくものとし、返還不要であ
　るときは、見本返還不要同意書（C-5898の別紙）を提出させるものとする。
(3)　見本検査承認申請を承認したときは、知的財産調査官等は、「見本検査承認通知書（申請
　者用）」（C-5900）を申請者に、「見本検査承認通知書（輸入者等用）」（C-5902）を輸入
　者等に交付する。なお、見本検査承認申請を承認したときは、申請者から「見本受領書」
　（C-5904）を徴した上で見本を交付するものとするが、その際、当該承認に係る見本につ
　いて、令第27条ただし書（口頭による見本一時持出し許可の申請）の規定により、口頭
　で見本一時持出しの申請及び許可があったものとする。
(4)　見本検査承認申請を承認しない場合は、知的財産調査官等は、総括知的財産調査官に協
　議する（当該見本検査承認申請に係る疑義貨物について自発的処理が行われたこと等によ
　り認定手続を取りやめた場合を除く。）ものとし、承認しなかったときは「見本検査不承認
　通知書（申請者用）」（C-5906）を申請者に、「見本検査不承認通知書（輸入者等用）」（C-
　5908）を輸入者等に交付する。

（見本検査の承認要件）

69の16-2 法第69条の16第2項の規定の適用に係る取扱いは次による。

(1) 法第69条の16第2項第1号に規定する「当該見本の検査をすることが必要であると認められること」とは、認定手続において証拠・意見を提出するために、申請者において見本の分解、性能試験、分析等を行う必要がある場合であって、他の方法によれない場合をいう。したがって、例えば、法第69条の13第4項の規定による貨物の点検の範囲内で証拠・意見が提出できると認められる場合は該当しない。

(2) 法第69条の16第2項第2号に規定する「輸入しようとする者の利益が不当に侵害されるおそれ」とは、例えば、疑義貨物が市場（国内又は国外）で販売等されるものではなく、かつ、当該疑義貨物に含まれる営業秘密が申請者に知られることにより、輸入者等の利益が害されるおそれがある場合をいう。

(3) 法第69条の16第2項第3号に規定する「当該見本が不当な目的に用いられるおそれ」とは、例えば、見本が転売されたり、申請者が法第69条の12第8項の規定に違反するおそれがある場合、認定手続において争点となっている知的財産侵害以外の知的財産侵害の有無の調査を目的としていると認められる場合をいう。

(4) 法第69条の16第2項第4号に規定する「運搬、保管又は検査その他当該見本の取扱いを適正に行う能力及び資力を有している」とは、見本の交付を受けた後、当該見本を返還する時まで当該見本の管理を適切に行うことができ、かつ、それまでの間の費用負担を確実に行うことができる者をいう。

(5) 次の場合には、法第69条の16第2項各号に掲げる要件を充たす場合であっても、同項ただし書の規定により見本検査承認申請の承認をしないこととする。

　イ　輸入者等が自ら侵害物品であることを認めている場合等侵害物品に該当するとの認定を行うことが確実と認められる場合

　ロ　契約関係を示す証拠等により見本検査承認申請に係る疑義貨物について輸入者等が正当な権利を有することが明らかである場合等侵害物品に該当しないとの認定を行うことが確実と認められる場合

　ハ　輸入者等が前記69の12-2（輸入者等による自発的処理の取扱い）の規定による自発的処理を行ったことにより当該疑義貨物が輸入されないことが確実となった場合（輸入者等から自発的処理の申し出があり、当該自発的処理が遅滞なく履行されると認められる場合を含む。）

　ニ　見本検査に係る疑義貨物が特許権、実用新案権、意匠権又は保護対象営業秘密に係るものであり、見本検査承認申請が通関解放までの期間間近に行われ、かつ、見本検査承認申請から申請者が証拠・意見を提出するまでに通関解放が行われることが確実と認められる場合

（見本検査に係る供託等）

69の16-3 法第69条の16第5項において準用する法第69条の15の規定の適用については次による。

(1) 見本検査承認申請を承認する場合は、原則として供託命令を行うものとする。ただし、下記(3)に基づく供託額が千円程度以下と見込まれる場合はこの限りでない。

(2) 供託命令は、知的財産調査官等が「供託命令書」（C-5910）を申請者に交付して行うこととし、供託の期限は、原則として、「供託命令書」の日付の日の翌日から起算して3日以内とする。この場合において、当該知的財産調査官等は「供託命令書」の写しをもって、

収納課長等（当該知的財産調査官等が本関知的財産調査官でない場合は本関知的財産調査官を含む。）に、供託命令を行った旨を通報する。なお、本関知的財産調査官が通報を受けたときは、その旨総括知的財産調査官に通報する。

(3)　供託を命ずる額は、次に掲げる額を合算したものとする。この場合においては、輸入者等から事情を聴取するとともに、必要に応じ調査等を実施のうえ、総括知的財産調査官に協議して決定するものとする。ただし、当該見本検査に係る疑義貨物が、過去に供託を行った物品と同一と認められる場合であって、供託額が同程度であると見込まれるときは、協議を省略して差し支えない。

　イ　申請者に交付する見本の課税価格（見本の交付のため開封したことなどにより、残存分の経済的価値が失われる場合は、最小包装単位を限度として当該数量分を併せたものの課税価格をいう。以下この節において「当該見本」という場合はこれに同じ。）並びに関税及び内国消費税（地方消費税を含む。）に相当する額

　ロ　当該見本が輸入できないことにより輸入者等が被る逸失利益（課税価格の 20% 程度を目安に算定する。）

　ハ　以上のほか、当該見本が輸入できないことにより輸入者等が被るおそれのある損害の額

(4)　前記 69 の 15-1 の(2)から(9)まで（(4)ハを除く。）（輸入差止申立てに係る供託等）の規定は、法第 69 条の 16 第 5 項において準用する法第 69 条の 15 の規定、令第 62 条の 25 において準用する令第 62 条の 20 から第 62 条の 23 までの規定及び供託金規則第 9 条において準用する供託金規則第 1 条から第 6 条までの規定による供託等について準用する。この場合において、前記 69 の 15-1 中「申立人」とあるのは「申請者」と、前記 69 の 15-1 の(3)中「上記(1)ロからニまで及び(2)」とあるのは「前記 69 の 15-1 の(2)並びに上記(2)及び(3)」と、前記 69 の 15-1 の(4)のロ中「認定手続の取りやめ」及び「取りやめ」とあるのは「見本検査承認申請を不承認とすること」と、前記 69 の 15-1 の(5)のイの(ロ)中「様式第六」とあるのは「様式第八」と、前記 69 の 15-1 の(5)のロ中「認定手続が執られたことにより」とあるのは「疑義貨物が非該当と認定された場合に見本検査の対象となった見本について」と、前記 69 の 15-1 の(5)のハ中「様式第七」とあるのは「様式第九」と、前記 69 の 15-1 の(8)中「認定手続が執られたことにより」とあるのは「疑義貨物が非該当と認定された場合に見本検査の対象となった見本について」と読み替えるものとする。

（見本検査の立会い）

69 の 16-4

(1)　見本検査承認申請を承認した場合の申請者による見本の検査には、原則として、当該見本に係る認定手続を処理している知的財産調査官等が立ち会うものとするが、事務の都合等やむを得ない事情がある場合は、当該知的財産調査官等が指定した税関職員が立ち会うものとする。

(2)　法第 69 条の 16 第 6 項の規定により輸入者等が検査に立ち会う場合には、「見本検査立会い申請書」（C-5912）を当該知的財産調査官等に提出させるものとする。この場合において、知的財産調査官等は、「見本検査立会い申請書」の写しを送付することにより申請者に通知するものとする。なお、前記 69 の 16-1 (3)の規定により承認された見本検査に、輸入者等が自らの都合により立ち会うことができない場合であっても、当該承認内容の変更は行わないこととする。

(見本の返還等)

69 の 16-5 申請者による検査が行われる見本（分析等により費消したものを除くものとし、分解等により原状回復が困難である場合は、検査後の状態のままの見本をいう。以下この項において同じ。）の返還等については次による。

(1) 「見本返還不要同意書」の提出がある場合は、税関が当該見本に係る疑義貨物について侵害の該否の認定をするまでの間、当該見本を申請者に保管させるものとする。この場合において、当該疑義貨物について侵害物品に該当すると認定したときは、速やかに当該見本を税関に返還させるものとし、侵害物品に該当しないと認定したとき又は侵害の該否の認定をする前に通関解放が行われたときは、当該疑義貨物の輸入を許可した後に申請者に処分させるものとする。

(2) 「見本返還不要同意書」の提出がない場合は、申請者による検査の終了後速やかに当該見本を税関に返還させるものとする。

(3) 申請者が検査をする前に通関解放が行われた場合には、上記(1)又は(2)にかかわらず当該見本を速やかに税関に返還させるものとする。

（経済産業大臣意見照会（保護対象営業秘密関係）請求の手続）

69 の 17-1

(1) 経済産業大臣意見照会（保護対象営業秘密関係）を求める際に提出させる書面は、「経済産業大臣意見照会請求書（保護対象営業秘密関係）」（C-5946）とする。

(2) 令第 62 条の 27 に規定する「具体的態様を明らかにする資料」については、経済産業大臣認定書とし、経済産業大臣意見照会（保護対象営業秘密関係）の求め（以下この項及び次項において「請求」という。）をした不正競争差止請求権者（法第 69 条の 17 に規定する不正競争差止請求権者をいう。以下この項から次々項までにおいて同じ。）又は輸入者等に対し、経済産業大臣意見照会（保護対象営業秘密関係）に際し提出する必要があると認めるサンプル等の提出を求めることとする。この場合において、前記 69 の 16-5 の(1)により不正競争差止請求権者が保管しているサンプルを含めることができるものとし、また当該サンプル等が当該不正競争差止請求権者又は輸入者等が既に税関に提出している資料と重複する場合であっても、必要があると認めるときは提出を求めることとする。なお、法第 69 条の 17 第 9 項の規定により税関長が経済産業大臣意見照会（保護対象営業秘密関係）をする場合であって、経済産業大臣へ提出するためサンプルが必要と認めるときは、前記 69 の 16-5 の(1)により不正競争差止請求権者が保管しているサンプルについては当該不正競争差止請求権者に提出を求めることとし、それ以外においては法第 105 条第 1 項第 3 号の規定により見本を採取するものとする。

（経済産業大臣意見照会（保護対象営業秘密関係）手続）

69 の 17-2

(1) 経済産業大臣意見照会（保護対象営業秘密関係）は、「経済産業大臣意見照会書（保護対象営業秘密関係）」（C-5947）に次の資料を添付して、経済産業大臣に提出して行うこととする。

 イ 受理された輸入差止申立てに係る貨物についての経済産業大臣意見照会（保護対象営業秘密関係）にあっては、「輸入差止申立書」及びその添付資料の写し（非公表としている部分を除く。）

 ロ 令第 62 条の 16 第 1 項の規定による証拠又は意見に係る資料の写し

ハ　前記 69 の 17-1 の(2)により提出等された資料

ニ　下記(2)により不正競争差止請求権者又は輸入者等から提出された意見に係る書面の写し

ホ　その他経済産業大臣が意見を述べるに際し参考となるべき資料

(2)　経済産業大臣意見照会（保護対象営業秘密関係）をする場合は、あらかじめ「経済産業大臣意見照会請求通知（保護対象営業秘密関係）」（C-5948）並びに上記(1)で予定している「経済産業大臣意見照会書（保護対象営業秘密関係）」及びその添付資料の写しを不正競争差止請求権者及び輸入者等に送付し、当該通知の日付の日の翌日から起算して 5 日以内の期限を定めて意見を求めるものとする。この場合において、意見は書面により提出させるものとする。

(3)　令第 62 条の 28 第 1 項又は第 2 項に規定する具体的態様の特定は、現品確認等により行うこととし、当該特定した具体的態様を記載した書面は、「経済産業大臣意見照会書（保護対象営業秘密関係）」への記載は、経済産業大臣認定書とする。

(4)　受理された輸入差止申立てに係る貨物についての請求が行われた日が法第 69 条の 17 第 1 項に規定する 10 日経過日（同項に規定する延長を行った場合には、同項に規定する 20 日経過日。以下この項において同じ。）の末日である等、輸入者等が通関解放の求めができることとなる日に近接するために、上記(2)の期限（輸入者等に対して意見を求める場合に限る。）として 10 日経過日までの日を定めることが困難な場合であって、当該請求をした不正競争差止請求権者又は輸入者等以外の他方の当事者である不正競争差止請求権者又は輸入者等に対して意見を求めるときは、当該期限は 10 日経過日後の日として差し支えない。この場合には、当該他方の当事者である不正競争差止請求権者又は輸入者等の意見の回答前に 10 日経過日までに経済産業大臣意見照会（保護対象営業秘密関係）を行い、当該他方の当事者である不正競争差止請求権者又は輸入者等の意見は、後日追加して経済産業大臣に提出するものとする。なお、当該請求をした不正競争差止請求権者又は輸入者等に対して意見を求める場合には、期限は 10 日経過日までの日とするものとし、それが困難な場合は、下記(7)のハに準ずるものとして取り扱うこととして、その旨、あらかじめ当該請求をした不正競争差止請求権者又は輸入者等に教示するものとする。

(5)　税関長が経済産業大臣意見照会（保護対象営業秘密関係）に関し経済産業大臣に提出する書面及び資料は、正副 2 部とする。

(6)　経済産業大臣意見照会（保護対象営業秘密関係）を行った場合には、不正競争差止請求権者及び輸入者等に対し、「経済産業大臣意見照会実施通知書（保護対象営業秘密関係）」（C-5949）により、その旨を通知する。その際には必要に応じ、税関が具体的態様を特定した資料及び不正競争差止請求権者又は輸入者等が後記(9)において意見を述べ又は証拠を提出するために参考となると思われる資料を添付するものとする。

(7)　次の場合には、請求があっても、法第 69 条の 17 第 2 項ただし書の規定により、経済産業大臣意見照会（保護対象営業秘密関係）を行わないこととする。

イ　輸入者等が自ら当該物品が当該権利を侵害することとなる事実を認めている等該当認定を行うことができることが確実と認められる場合

ロ　輸入者等が、前記 69 の 12-2 による自発的処理を行ったことにより当該侵害疑義物品が輸入されないことが確実となった場合（自発的処理の申出があった場合で、遅滞なく履行されると見込まれるときを含む。）

ハ　当該申請が、経済産業大臣意見照会（保護対象営業秘密関係）を行える期間内に上記(2)の「経済産業大臣意見照会請求通知（保護対象営業秘密関係）」の不正競争差止請求権

171

者及び輸入者等への交付又は上記(3)の現品確認等を行う時間的余裕がない時期に行われ、経済産業大臣意見照会（保護対象営業秘密関係）を行うことが困難な場合

　なお、法第69条の20第1項の規定による求めを行うことができることとなった後は、経済産業大臣意見照会（保護対象営業秘密関係）は行わないこととするので、留意する。

(8)　上記(7)の場合には、速やかに、当該請求をした不正競争差止請求権者又は輸入者等に対し、「経済産業大臣意見照会不実施通知書（保護対象営業秘密関係）」（C-5950）により、その旨及び理由を通知する。

(9)　経済産業大臣意見照会（保護対象営業秘密関係）に対する経済産業大臣の回答があった場合には、速やかに、輸入者等及び不正競争差止請求権者に対し、「経済産業大臣意見照会回答通知書（保護対象営業秘密関係）」（C-5951）により、その旨及び内容（認定の基礎とする部分に限る。）を通知するとともに、当該通知書の日付の日の翌日から起算して5日以内の期限を付して意見を述べ、又は証拠を提出することを認めることとする。

(10)　経済産業大臣意見照会（保護対象営業秘密関係）を行った場合で、法第69条の17第8項の規定により、経済産業大臣の回答前に、該当認定若しくは非該当認定を行った場合又は法第69条の12第7項若しくは第69条の15第10項の規定により認定手続を取りやめた場合には、遅滞なく、「経済産業大臣意見照会回答不要通知書（保護対象営業秘密関係）」（C-5952）により、経済産業大臣に対し、その旨を通知する。

（経済産業大臣意見照会（保護対象営業秘密関係）請求ができる期間の延長）

69の17-3　法第69条の17第1項に規定する10日経過日までの期間の同項に規定する20日経過日までの期間への延長は、当初の期間内に、貨物の現況その他の証拠により該当認定若しくは非該当認定を行うことができること又は輸入者等が自発的処理を行うことが確実と認められる場合等延長の必要のないことが明らかな場合（原則として、前記69の12-1-2(1)の規定による認定手続を含む。）以外の場合に行うこととし、法第69条の17第1項に規定する通知日（受理された輸入差止申立てに係る認定手続の場合は、申立不正競争差止請求権者（保護対象営業秘密に係る輸入差止申立てが受理された不正競争差止請求権者をいう。以下この項において同じ。）が法第69条の12第1項の規定による通知を受けた日とする。以下同じ。）を把握した後速やかに、輸入者等及び不正競争差止請求権者に対し、前記69の12-1-2(1)の規定による認定手続である場合には「経済産業大臣意見照会請求ができる期間の延長通知書（保護対象営業秘密関係）」（C-5953）により、同(2)の規定による認定手続である場合には「経済産業大臣意見照会請求ができる期間の延長通知書（申立不正競争差止請求権者への認定手続開始通知日通知書兼用）」（C-5953-1）により、その旨を通知する。この場合には、当該通知日及び延長後の期間の末日を明記することとする。

（特許庁長官意見照会請求の手続）
69の17-4

(1)　特許庁長官意見照会を求める際に提出させる書面は、「特許庁長官意見照会請求書」（C-5914）とする。

(2)　令第62条の27に規定する「具体的態様を明らかにする資料」については、前記69の13-3の(2)のイの(イ)の②又は同項の(2)のロの(イ)の②と同等のものとし、特許庁長官意見照会の求め（以下この項及び次項において「請求」という。）をした特許権者等又は輸入者等に対し、特許庁長官意見照会に際し提出する必要があると認めるサンプル等の提出を求めることとする。この場合において、前記69の16-5の(1)により特許権者等が保管しているサ

ンプルを含めることができるものとし、また当該サンプル等が当該特許権者等又は輸入者等が既に税関に提出している資料と重複する場合であっても、必要があると認めるときは提出を求めることとする。なお、法第69条の17第9項の規定により税関長が特許庁長官意見照会をする場合であって、特許庁長官へ提出するためサンプルが必要と認めるときは、前記69の16-5の(1)により特許権者等が保管しているサンプルについては当該特許権者等に提出を求めることとし、それ以外においては法第105条第1項第3号の規定により見本を採取するものとする。

（特許庁長官意見照会手続）
69の17-5

(1) 特許庁長官意見照会は、「特許庁長官意見照会書」（C-5916）に次の資料を添付して、特許庁長官に提出して行うこととする。この場合において、法第69条の17第9項の規定により特許庁長官意見照会を行うときは、「特許庁長官意見照会書」に、侵害物品か否か認定しがたい理由をできる限り詳細に記載するものとする。

　イ　受理された輸入差止申立てに係る貨物についての特許庁長官意見照会にあっては、「輸入差止申立書」及びその添付資料の写し（非公表としている部分を除く。）

　ロ　令第62条の16第1項の規定による証拠又は意見に係る資料の写し

　ハ　前記69の17-4の(2)により提出等された資料

　ニ　下記(2)により特許権者等又は輸入者等から提出された意見に係る書面の写し

　ホ　その他特許庁長官が意見を述べるに際し参考となるべき資料

(2) 特許庁長官意見照会をする場合は、あらかじめ「特許庁長官意見照会請求通知」（C-5918）並びに上記(1)で予定している「特許庁長官意見照会書」及びその添付資料の写しを特許権者等及び輸入者等に送付し、当該通知の日付の日の翌日から起算して5日以内の期限を定めて意見を求めるものとする。この場合において、意見は書面により提出させるものとする。

(3) 令第62条の28第1項又は第2項に規定する具体的態様の特定は、現品確認等により行うこととし、当該特定した具体的態様を記載した書面は、「特許庁長官意見照会書」への記載は、前記69の13-3の(2)のイの(イ)の②又は同項の(2)のロの(イ)の②と同等のものとする。

(4) 受理された輸入差止申立てに係る貨物についての請求が行われた日が法第69条の17第1項に規定する10日経過日（同項に規定する延長を行った場合には、同項に規定する20日経過日。以下この項において同じ。）の末日である等、輸入者等が通関解放の求めができることとなる日に近接するために、上記(2)の期限（輸入者等に対して意見を求める場合に限る。）として10日経過日までの日を定めることが困難な場合であって、当該請求をした特許権者等又は輸入者等以外の他方の当事者である特許権者等又は輸入者等に対して意見を求めるときは、当該期限は10日経過日後の日として差し支えない。この場合には、当該他方の当事者である特許権者等又は輸入者等の意見の回答前に10日経過日までに特許庁長官意見照会を行い、当該他方の当事者である特許権者等又は輸入者等の意見は、後日追加して特許庁長官に提出するものとする。なお、当該請求をした特許権者等又は輸入者等に対して意見を求める場合には、期限は10日経過日までの日とするものとし、それが困難な場合は、下記(7)のホに準ずるものとして取り扱うこととして、その旨、あらかじめ当該請求をした特許権者等又は輸入者等に教示するものとする。

(5) 税関長が特許庁長官意見照会に関し特許庁長官に提出する書面及び資料は、正副2部とする。

(6) 特許庁長官意見照会を行った場合には、特許権者等及び輸入者等に対し、「特許庁長官意見照会実施通知書」（C-5920）により、その旨を通知する。その際には必要に応じ、税関が具体的態様を特定した資料及び特許権者等又は輸入者等が後記(9)において意見を述べ又は証拠を提出するために参考となると思われる資料を添付するものとする。

(7) 次の場合には、請求があっても、法第69条の17第2項ただし書の規定により、特許庁長官意見照会を行わないこととする。

　イ　輸入者等が自ら当該物品が当該権利を侵害することとなる事実を認めている等該当認定を行うことができることが確実と認められる場合

　ロ　契約関係を示す証拠等により当該物品について輸入者等が正当な権利を有することが明らかである等技術的範囲以外の観点から、非該当認定を行うことができることが確実と認められる場合

　ハ　輸入者等が、前記69の12-2による自発的処理を行ったことにより当該侵害疑義物品が輸入されないことが確実となった場合（自発的処理の申出があった場合で、遅滞なく履行されると見込まれるときを含む。）

　ニ　令第62条の28第1項に規定する具体的態様の特定をすることが困難な場合

　ホ　当該申請が、特許庁長官意見照会を行える期間内に上記(2)の「特許庁長官意見照会請求通知」の特許権者等及び輸入者等への交付又は上記(3)の現品確認等を行う時間的余裕がない時期に行われ、特許庁長官意見照会を行うことが困難な場合

　　なお、法第69条の20第1項の規定による求めを行うことができることとなった後は、特許庁長官意見照会は行わないこととするので、留意する。

(8) 上記(7)の場合には、速やかに、当該請求をした特許権者等又は輸入者等に対し、「特許庁長官意見照会不実施通知書」（C-5922）により、その旨及び理由を通知する。

(9) 特許庁長官意見照会に対する特許庁長官の回答があった場合には、速やかに、輸入者等及び特許権者等に対し、「特許庁長官意見照会回答通知書」（C-5924）により、その旨及び内容（認定の基礎とする部分に限る。）を通知するとともに、当該通知書の日付の日の翌日から起算して5日以内の期限を付して意見を述べ、又は証拠を提出することを認めることとする。

(10) 特許庁長官意見照会を行った場合で、法第69条の17第8項の規定により、特許庁長官の回答前に、該当認定若しくは非該当認定を行った場合又は法第69条の12第7項若しくは第69条の15第10項の規定により認定手続を取りやめた場合には、遅滞なく、「特許庁長官意見照会回答不要通知書」（C-5926）により、特許庁長官に対し、その旨を通知する。

（特許庁長官意見照会請求ができる期間の延長）

69の17-6　法第69条の17第1項に規定する10日経過日までの期間の同項に規定する20日経過日までの期間への延長は、当初の期間内に、貨物の現況その他の証拠により該当認定若しくは非該当認定を行うことができること又は輸入者等が自発的処理を行うことが確実と認められる場合等延長の必要のないことが明らかな場合（原則として、前記69の12-1-2(1)の規定による認定手続の場合を含む。）以外の場合に行うこととし、法第69条の17第1項に規定する通知日（受理された輸入差止申立てに係る認定手続の場合は、申立特許権者等（受理された輸入差止申立てに係る特許権者等をいう。以下同じ。）が法第69条の12第1項の規定による通知を受けた日とする。以下同じ。）を把握した後速やかに、輸入者等及び特許権者等に対し、前記69の12-1-2(1)の規定による認定手続である場合には「特許庁長官意見照会請求ができる期間の延長通知書」（C-5928）により、同(2)の規定による認定手続である

場合には「特許庁長官意見照会請求ができる期間の延長通知書（申立特許権者等への認定手続開始通知日通知書兼用）」（C-5928-1）により、その旨を通知する。この場合には、当該通知日及び延長後の期間の末日を明記することとする。

（農林水産大臣意見照会手続等）

69 の 18-1　農林水産大臣意見照会の手続等は次による。

(1)　法第 69 条の 18 第 1 項に規定する「必要があると認めるとき」とは、農林水産大臣意見照会にあっては、次の場合とする。

　イ　育成者権と輸入者等の主張が対立した場合

　ロ　税関において DNA 鑑定をしてもその結果により侵害物品か否か認定しがたい場合（DNA 鑑定が困難な疑義貨物については外観等で認定しがたい場合）

　ハ　前記 69 の 13-3 (2)へ③により提出された農林水産大臣の判定の結果では侵害物品か否か認定しがたい場合

　ニ　種苗法施行令（平成 10 年政令第 368 号）第 2 条に定める加工品に該当するか否か認定しがたい場合

(2)　農林水産大臣意見照会は、「農林水産大臣意見照会書」（C-5930）に、農林水産大臣が意見を述べるに際し参考となるべき資料を添えて、これを農林水産大臣に提出して行うものとする。この場合において、「農林水産大臣意見照会書」に記載する理由には、侵害物品か否か認定しがたい理由をできる限り詳細に記載する。また、添付資料は、税関が行った DNA 鑑定の結果、育成者権者から申立時に提出されている DNA 鑑定書の写し（DNA 鑑定を行うことが困難で外観等により判断する必要がある場合にあっては、疑義貨物及び真正品の見本、写真、図面等）、これら以外の資料で輸入差止申立て時の提出資料の写し（申立てが受理されている場合に限る。）並びに育成者権者及び輸入者等が認定手続において提出した証拠・意見の写しとする。この場合において、農林水産大臣意見照会に関し農林水産大臣に提出する書面及び資料は、正副 2 部とする。

(3)　農林水産大臣意見照会を行った場合には、当該農林水産大臣意見照会に係る認定手続の当事者である育成者権者及び輸入者等に対し、「農林水産大臣意見照会実施通知書」（C-5932）により、その旨を通知する。

(4)　農林水産大臣意見照会に対する農林水産大臣の回答があった場合は、上記(3)の育成者権者及び輸入者等に対し、「農林水産大臣意見照会回答通知書」（C-5934）により、速やかにその旨及びその内容を通知する。この場合において、原則として当該通知書の日付の日の翌日から起算して 5 日以内に限り当該育成者権者及び輸入者等に対し、意見を述べ、又は証拠を提出することを認めるものとする。

(5)　農林水産大臣意見照会を行った場合において、農林水産大臣の回答がある前に侵害の該否の認定を行ったとき又は法第 69 条の 12 第 7 項若しくは第 69 条の 15 第 10 項の規定により認定手続を取りやめたときは、農林水産大臣に対し、「農林水産大臣意見照会回答不要通知書」（C-5936）により、遅滞なくその旨を通知する。

（経済産業大臣意見照会（保護対象商品等表示等関係）手続等）

69 の 18-2　経済産業大臣意見照会（保護対象商品等表示等関係）の手続等は次による。

(1)　法第 69 条の 18 第 1 項に規定する「必要があると認めるとき」とは、経済産業大臣の意見照会にあっては、不正競争差止請求権者と輸入者等の主張が対立した場合又は税関において侵害物品か否か認定しがたい場合とする。

(2)　経済産業大臣意見照会（保護対象商品等表示等関係）は、「経済産業大臣意見照会書（保護対象商品等表示等関係）」（C-5938）に、経済産業大臣が意見を述べるに際し参考となるべき資料を添えて、これを経済産業大臣に提出して行うものとする。この場合において、「経済産業大臣意見照会書（保護対象商品等表示等関係）」に記載する理由には、侵害物品か否か認定しがたい理由をできる限り詳細に記載する。また、添付資料は、輸入差止申立て時の提出資料の写し（申立てが受理されている場合に限る。）並びに不正競争差止請求権者及び輸入者等が認定手続において提出した証拠・意見の写しとする。この場合において、経済産業大臣意見照会（保護対象商品等表示等関係）に関し経済産業大臣に提出する書面及び資料は、正副２部とする。なお、不正競争防止法第２条第１項第17号及び第18号の行為を組成する物品に係る意見照会を行う場合は、必要に応じて疑義貨物の見本を添付することとする。

(3)　経済産業大臣意見照会（保護対象商品等表示等関係）を行った場合には、当該経済産業大臣意見照会（保護対象商品等表示等関係）に係る認定手続の当事者である不正競争差止請求権者及び輸入者等に対し、「経済産業大臣意見照会実施通知書（保護対象商品等表示等関係）」（C-5940）により、その旨を通知する。

(4)　経済産業大臣意見照会（保護対象商品等表示等関係）に対する経済産業大臣の回答があった場合は、上記(3)の不正競争差止請求権者及び輸入者等に対し、「経済産業大臣意見照会回答通知書（保護対象商品等表示等関係）」（C-5942）により、速やかにその旨及びその内容を通知する。この場合において、原則として当該通知書の日付の日の翌日から起算して５日以内に限り当該不正競争差止請求権者及び輸入者等に対し、意見を述べ、又は証拠を提出することを認めるものとする。

(5)　経済産業大臣意見照会（保護対象商品等表示等関係）を行った場合において、経済産業大臣の回答がある前に侵害の該否の認定を行ったとき又は法第69条の12第７項若しくは第69条の15第10項の規定により認定手続を取りやめたときは、経済産業大臣に対し、「経済産業大臣意見照会回答不要通知書（保護対象商品等表示等関係）」（C-5944）により、遅滞なくその旨を通知する。

（認定手続における専門委員意見照会手続等）
69の19-1　認定手続における専門委員意見照会の手続等については、専門委員制度運用通達の定めるところによる。

（通関解放手続）
69の20-1
(1)　法第69条の20第１項の規定による求めを行うこと（以下この項において「請求」という。）ができることとなった後であっても、十分な証拠がある場合には、該当又は非該当の認定を行うこととするので留意する。なお、必要に応じ、再度期限を定めて、輸入者等及び申立特許権者等（保護対象営業秘密に係る輸入差止申立てが受理された不正競争差止請求権者を含む。以下この項及び次項において同じ。）に対して、請求に係る貨物の点検を申請し、意見を述べ、又は証拠を提出する機会を与えて差し支えない。
　　　ただし、請求が行われた場合には、担保提供命令に係る期限の末日までの間は、該当の認定は行わないこととする。

(2)　法第69条の17第１項に規定する通知日を把握した後速やかに、輸入者等に対し、「申立特許権者等への認定手続開始通知日通知書」（C-5958）により、当該通知日及び同項に

規定する 10 日経過日の末日について通知する。ただし、前記 69 の 17-3 又は 69 の 17-6 の通知を行った場合には、当該通知を省略して差し支えない。

(3) 令第 62 条の 31 に規定する書面は、「認定手続取りやめ請求書」（C-5960）とし、同条第 5 号に掲げる「その他参考となるべき事項」とは、請求に係る物品又はこれに類似する物品について、申立特許権者等又は当該類似する物品の権利者に対して支払が行われたライセンス料の額その他後記 69 の 20-2 の(1)のハの供託額の算定の参考となる資料その他供託命令に関して参考となるべき事項とする。

(4) 法第 69 条の 20 第 3 項の規定により請求があった旨を申立特許権者等に対して通知する場合には、当該請求を受理した後、遅滞なく、「認定手続取りやめ請求受理通知書」（C-5962）により、行うこととする。

(5) 後記 69 の 20-2 の(2)のイの㈡の規定により通報を受けた「供託書正本預り証」の写し又は同項の(2)のロの㈡のⅱの規定により通報を受けた「支払保証委託契約締結届出確認書」の写しにより、担保の提供等を確認したときは、速やかに、認定手続を取りやめ、輸入者等及び申立特許権者等に対して「認定手続取りやめ通知書」（C-5964）により、その旨を通知する。この場合には、当該通知を行った旨を、遅滞なく、収納課長等に通知することとする。

（通関解放金）

69 の 20-2 法第 69 条の 20 第 3 項から第 10 項までの規定に関する用語の意義及びこれらの規定の適用に関する手続は、次による。

(1) 供託命令

　イ　法第 69 条の 20 第 3 項の担保を供託する際の「期限」とは、「通関解放金供託命令書」（C-5966）の日付の日の翌日から起算して 10 日以内とする。

　ロ　供託額

　　㈠　法第 69 条の 20 第 3 項に規定する「相当と認める額」とは、次に掲げる額のいずれかとする。

　　　ⅰ　特許権、実用新案権、意匠権又は保護対象営業秘密のライセンス料に相当する額（これらの権利に係る裁判において認定された額、過去 1 年間において実際に締結されたライセンス契約におけるライセンス料の額又は類似の事例におけるこれらの額により定めるものとする。）

　　　ⅱ　輸入者等が当該物品の販売によって得ることになると考えられる利益額に相当する額（課税価格の 20% を目安に算定する。）

　　㈡　上記㈠の額の算定に当たっては、輸入差止申立ての際に提出された資料（追加して提出された資料を含む。）等あらかじめ申立特許権者等から提出された資料を参考とするとともに、必要に応じ、申立特許権者等への確認を含む調査等を実施のうえ、総括知的財産調査官と協議して決定するものとする。

　ハ　知的財産調査官又は知的財産担当官（これらの者が配置されていない官署にあっては、発見部門の長。下記(2)から(8)までにおいて「知的財産調査官等」という。）は、金銭を供託すべき旨を輸入者等に命ずる場合には、「通関解放金供託命令書」を当該輸入者等に交付するとともに、収納課長等に「通関解放金供託命令書」の写しをもってその旨を通報する。

　　この場合において、署所知的財産調査官又は知的財産担当官（これらの者が配置されていない官署にあっては、発見部門の長）が供託命令を行った場合には、本関知的財産

調査官に供託命令を行った旨を「通関解放金供託命令書」の写しをもって通報するものとし、本関知的財産調査官は、その旨を総括知的財産調査官に通報する。

(2) 供託等の取扱い

 イ 金銭又は有価証券を供託する場合

  (イ) 供託物の種類

   i 法第69条の20第3項に規定する「金銭」については、前記9の4-1の(1)の規定に準じて取り扱う。

   ii 法第69条の20第4項に規定する「国債、地方債その他の有価証券で税関長が確実と認めるもの」については、前記9の11-1の(1)及び(2)の規定に準じて取り扱う。

   ただし、社債、株式等の振替に関する法律第278条第1項に規定する振替債については、振替国債（その権利の帰属が同法の規定による振替口座簿の記載又は記録により定まるものとされる国債をいう。）以外のものは、認めないこととする。

  (ロ) 国債、地方債、社債等の価額

   国債、地方債その他の有価証券の価額は、前記9の11-3及び9の11-4の規定に準じて取り扱う。

  (ハ) 供託場所

   金銭等の供託は、供託命令を行う税関官署の最寄りの供託所に行わせるものとする。

  (ニ) 供託書正本の提出

   供託をすべき輸入者等には、供託書の正本を「供託書正本提出書」（C-5874）（2部。原本、申立特許権者等交付用）に添付して、原則として供託期限内に収納課長等に提出させる。収納課長等は、供託をすべき輸入者等から提出のあった供託書の正本を受理することが適当であると認めたときは、「供託書正本預り証」（「供託書正本提出書」の交付用）を当該輸入者等に交付し、前記69の20-1の(5)による通知以後、供託書正本の写しを供託の原因となった貨物に係る申立特許権者等に交付する。この場合において、収納課長等は、知的財産調査官等に供託書正本が提出されたことを、「供託書正本預り証」の写しをもって通報する。

 ロ 支払保証委託契約を締結する場合

  (イ) 支払保証委託契約の相手方

   法第69条の20第6項の契約（以下「支払保証委託契約」という。）の相手方として税関長が承認する金融機関は、銀行法による銀行、長期信用銀行法による長期信用銀行、農林中央金庫法による農林中央金庫、株式会社商工組合中央金庫法による商工組合中央金庫、信用金庫法による信用金庫及び保険業法第2条第3項に規定する生命保険会社、同条第4項に規定する損害保険会社、同条第8項に規定する外国生命保険会社等又は同条第9項に規定する外国損害保険会社等とする。

  (ロ) 支払保証委託契約の届出

   i 供託をすべき輸入者等には、支払保証委託契約書の写し（契約の相手方が原本と相違ないことを証明したもの）を「支払保証委託契約締結届出書」（C-5876）（2部。原本、輸入者等交付用）に添付して、供託期限内に収納課長等に提出させる。

   ii 収納課長等は、当該契約書の内容が令第62条の32において準用する令第62条の21第1項の規定に適合すると認めたときは、「支払保証委託契約締結届出確認書」（「支払保証委託契約締結届出書」の交付用）を供託をすべき輸入者等に交付し、前記69の20-1の(5)による通知以後、当該確認書の写しを申立特許権者等に交付する。この場合において、収納課長等は、知的財産調査官等に支払保証委託契約締結

の届出があったことを、「支払保証委託契約締結届出確認書」の写しをもって通報する。なお、供託をすべき輸入者等が供託額の一部について、支払保証委託契約を締結し、その旨を届け出る場合には、上記イの㈡の手続と同時に行わせるものとする。

(3) 供託等をしない場合の取扱い

　イ　「通関解放金供託命令書」の交付を受けた輸入者等が、当該命令書に記載されている期限内に、供託を命じられた額の全部について、供託せず、かつ、支払保証委託契約の締結の届出をしないとき（下記ロにおいて「供託しない場合」という。）は、収納課長等は知的財産調査官等にその旨を通報する。

　ロ　上記イの通報を受けた知的財産調査官等は、当該通報に係る認定手続を取りやめないこととする。ただし、供託しない場合がやむを得ない理由により生じたものと認められるときは、申出により相応の期限を定めて、当該相応の期限内に供託又は支払保証委託契約の締結を行わせることができる。この場合には、その旨及び相応の期限を収納課長等に通報する。なお、当該期限内に供託又は支払保証委託契約の締結が行われた場合には、当該認定手続を取りやめるものとする。

　ハ　知的財産調査官等は、認定手続を取りやめないこととしたときは、「認定手続継続通知書」（C-5968）を申立特許権者等及び輸入者等に交付する。この場合において、知的財産調査官等は、発見部門の長及び収納課長等に対して、「認定手続継続通知書」の写しをもってその旨を通報し、また、通報を受けた発見部門の長は、当該疑義貨物について、引き続き認定手続を行うものとする。

(4) 供託された金銭等の還付

　イ　権利の実行の申立ての手続

　　㈠　供託金規則第10条において準用する同規則第1条（（申立ての手続））に規定する「判決の謄本、和解を証する書面その他これらに類するもの」とは、債務名義等をいう（前記69の15-1の⑸のイの㈠のⅳに掲げるものが提出された場合には、総括知的財産調査官に協議するものとする。）。

　　㈡　申立特許権者等には、供託金規則様式第十による申立書に、債務名義等のいずれかの謄本等を添付して収納課長等に提出させる。

　ロ　輸入者等からの意見聴取

　　　収納課長等は、権利の実行の申立てがあったときは、金銭等を供託した輸入者等から、申立人が提出した債務名義等の真偽、当該貨物が輸入されたことにより申立人が被った損害の全部又は一部を既に賠償していないか等当該権利の実行の申立てに関し意見を聴取するものとする。

　ハ　確認書交付手続

　　　収納課長等は、申立特許権者等が当該供託に係る金銭等の還付を受けるべき者と認めたときは、供託金規則様式第十一の確認書を当該申立特許権者等に交付するとともに、知的財産調査官等に、当該確認書の写しをもってその旨を通報する。

　　　この場合において、確認書に記載された還付金額が供託額の一部であり、還付が取戻しに先行する場合を除き、輸入者等に対し供託書正本を返還するとともに、輸入者等に交付した「供託書正本預り証」（「供託書正本提出書」の交付用）を回収するものとする。

(5) 有価証券の換価

　イ　申立特許権者等から権利の実行の申立てがあり、収納課長等が供託された有価証券を換価する場合には、供託規則第26号書式により作成した供託有価証券払渡請求書2部を供託所に提出する。

ロ 収納課長等は、供託規則第29条（（払渡の手続））により有価証券の払渡の認可を受けた場合には、速やかに当該有価証券を換価する。

有価証券の換価に際しては、輸入者等に換価する旨を告げた後行うものとする。

ハ 収納課長等は、有価証券を換価したときは、換価代金から換価の費用を控除した額の金銭について、供託規則第11号書式及び第12号書式（その他の金銭供託の供託書正本・副本）により作成した供託書をもって、有価証券の払渡の認可を受けた供託所に供託する。

ニ 上記ハの供託をしたときは、収納課長等は、供託金規則第10条において準用する同規則第4条第4項の規定に基づき、「有価証券換価後金銭供託通知書」（C-5880）に供託書正本の写しを添付して、輸入者等に送付するものとする。

この場合において、輸入者等が先に供託した際に税関に提出した供託書正本を輸入者等に対し返還するとともに、輸入者等に交付した「供託書正本預り証」（「供託書正本提出書」の交付用）を回収する。

(6) 供託された金銭等の取戻し

イ 損害賠償を担保する必要がなくなったことについての確認の取扱い

(イ) 金銭等を供託した輸入者等には、「担保取戻事由確認申請書」（C-5882）に損害賠償を担保する必要がなくなったことを証明する次のいずれかの書面を添付して収納課長等に提出させる。

　　i 供託の原因となった貨物の申立特許権者等が、供託した金銭等の取戻しに同意したことを証明する書面

　　ii 損害に係る賠償請求権が時効により消滅したことを証明する書面

　　iii 輸入者等が申立特許権者等に損害の賠償をしたことを証明する書面

　　iv その他損害の賠償を担保する必要がなくなったことを証明する書面

(ロ) 収納課長等は、損害賠償を担保する必要がなくなったことに理由があると認めるときは、申立特許権者等から、当該書面の真偽等について意見を聴取するものとする。

(ハ) 収納課長等は、損害の賠償を担保する必要がなくなったことを確認した場合には、輸入者等に供託金規則様式第三の証明書を交付するとともに、知的財産調査官等に当該証明書の写しをもってその旨を通報する。

ロ 支払保証委託契約が締結された場合の取扱い

(イ) 収納課長等は、輸入者等から、「支払保証委託契約締結承認申請書」（C-5884）（2部。原本、輸入者等交付用）に支払保証委託契約の契約書の写し（契約の相手方が原本と相違ないことを証明したもの）を添付して提出させる。

(ロ) 収納課長等は、契約書の内容が令第62条の32において準用する令第62条の21第1項の規定に適合すると認めたときは、輸入者等に対して、「支払保証委託契約締結承認書」（輸入者等交付用）及び供託金規則様式第三の証明書を交付するとともに、知的財産調査官等に当該書面の写しをもってその旨を通報する。

ハ 供託物が差し替えられた場合の取扱い

(イ) 収納課長等は、輸入者等から、「供託物差替承認申請書（供託書正本提出書兼用）」（C-5886）（2部。原本、輸入者等交付用）及び差替え後の供託物に係る供託書の正本を提出させる。

(ロ) 収納課長等は、差替え後の供託物に係る供託書の正本を受理することが適当であると認めたときは、輸入者等に対して、「供託物差替承認書（供託書正本預り証兼用）」（輸入者等交付用）及び供託金規則様式第三の証明書を交付するとともに、知的財産調査

査官等に差替え後の「供託物差替承認書（供託物正本預り証兼用）」の写しをもってその旨を通報する。

　ニ　訴えを提起しなかった場合の取扱い

　　申立特許権者等が法第69条の20第12項の規定による通知を受けた日から30日（以下ニにおいて「通知後30日」という。）以内に同条第3項に規定する損害の賠償請求に係る訴えの提起をしなかったことを確認する場合の取扱いは、次のとおりとする。

　　(イ)　金銭等を供託した輸入者等には、「担保取戻事由確認申請書」（C-5882）に、供託の原因となった貨物に係る申立てをした申立特許権者等が、通知後30日以内に同条第3項に規定する損害の賠償請求に係る訴えの提起をしなかったことを当該申立特許権者等が自ら証明する書面を添付して収納課長等に提出させる。ただし、通知後30日を経過した日の翌日後は、当該書面の添付は省略させて差し支えない。

　　(ロ)　収納課長等は、5日以内の期限を定めて、申立特許権者等に、上記(イ)による申請書（上記(イ)による書面の添付がある場合には、当該書面を含む。）を提示のうえ、通知後30日以内に同条第3項に規定する損害の賠償請求に係る訴えの提起をしなかったかどうか照会することとする。この場合において、当該申立特許権者等が、通知後30日以内に当該訴えの提起をした旨を回答したときは、当該訴えの提起の訴状の写しを提出させることとする。なお、当該期限までに回答がなかった場合には、当該訴えの提起はなかったものとして取り扱う。

　　(ハ)　収納課長等は、上記(ロ)の規定による照会又は自ら裁判所への確認等の調査により申立特許権者等が通知後30日以内に当該訴えの提起をしなかった事実を確認した場合には、輸入者等に供託金規則様式第三の証明書を交付するとともに、知的財産調査官等に当該証明書の写しをもってその旨を通報する。

　ホ　収納課長等は上記イからニまでにおいて、輸入者等に対し供託書の正本を返還するとともに、輸入者等に交付した「供託書正本預り証」（「供託書正本提出書」の交付用）を回収するものとする。ただし、上記イの場合において、取戻確認金額が供託額の一部である場合で、取戻しが還付に先行するときは、還付の際に輸入者等に対し返還するものとする。

(7)　支払保証委託契約に係る権利の実行

　　支払保証委託契約の原因となった貨物に係る申立特許権者等から、当該契約に係る輸入者等に対する賠償請求権の存在を確認する証明書の交付請求（以下「証明書交付請求」という。）があった場合の取扱いは、次による。

　イ　支払保証委託契約の原因となった貨物に係る申立特許権者等には、「損害賠償請求権存在確認書交付請求書」（C-5888）に債務名義等の謄本等を添付して、収納課長等に提出させる。

　ロ　収納課長等は、証明書交付請求に理由があると認めるときは、当該契約に係る輸入者等から、債務名義等の真偽、当該貨物が輸入されたことにより申立人が被った損害の全部又は一部を既に賠償していないか等について意見を聴取するものとする。

　ハ　収納課長等は、証明書交付請求に係る損害賠償請求権があると認めたときは、申立特許権者等に対して「損害賠償請求権存在確認書」（C-5890）を交付するとともに、知的財産調査官等に「損害賠償請求権存在確認書」の写しをもってその旨を通報する。

(8)　支払保証委託契約の解除及び内容の変更

　イ　支払保証委託契約の解除

　　(イ)　支払保証委託契約を解除しようとする輸入者等には、「支払保証委託契約解除承認申

請書」（C-5892）（2部。原本、輸入者等交付用）に、関係書類を添付して、収納課長等に提出させる。

(ロ)　収納課長等は、次のいずれかの場合には、支払保証委託契約の解除を承認するものとし、当該輸入者等に「支払保証委託契約解除承認書」（輸入者等交付用）を交付するとともに、下記iの場合を除き、知的財産調査官等に「支払保証委託契約解除承認書」の写しをもってその旨を通報する。

　i　損害の賠償を担保する必要がなくなったことについて確認した場合

　（注）承認に際しては、支払保証委託契約の原因となった貨物の申立特許権者等から、事実関係について意見を聴取することとする。

　ii　解除しようとする支払保証委託契約の契約額に相当する額の金銭等が供託された場合

　iii　解除しようとする支払保証委託契約の契約額に相当する額について、別の金融機関を相手方とした令第62条の32において準用する令第62条の21第1項の規定に適合する支払保証委託契約を締結した場合

ロ　支払保証委託契約の内容の変更

(イ)　支払保証委託契約の内容を変更しようとする輸入者等には、「支払保証委託契約内容変更承認申請書」（C-5894）（2部。原本、輸入者等交付用）に、契約書の写し（契約の相手方が原本と相違ないことを証明したもの）を添付して、収納課長等に提出させる。

(ロ)　収納課長等は、変更後の支払保証委託契約の内容が、令第62条の32において準用する令第62条の21第1項の規定に適合すると認めた場合には、支払保証委託契約の内容変更を承認するものとし、輸入者等に「支払保証委託契約内容変更承認書」（輸入者等交付用）を交付するとともに、知的財産調査官等に「支払保証委託契約内容変更承認書」の写しをもってその旨を通報する。

知的財産侵害物品に係る差止申立ての審査について（抄）

平成 20 年 3 月 31 日　財関第 351 号
最終改正：令和 5 年 6 月 30 日　財関第 594 号

知的財産侵害物品に係る差止申立ての審査について
　関税法（昭和 29 年法律第 61 号）第 69 条の 4 及び第 69 条の 13 の規定に基づく申立てに係る審査については、平成 20 年 4 月 1 日から、関税法基本通達の規定によるほか、下記により取り扱うこととしたので、了知の上、関係職員及び関係者へ周知されたい。

第 1 章　輸入差止申立ての審査

　法第 69 条の 13 第 1 項の規定による申立て（以下「輸入差止申立て」という。）の審査の手続及びその取扱いは、次による。
1　申立先税関による審査事務
　　関税法基本通達 69 の 13-2 の(3)に規定する「輸入差止申立書」及び添付資料等が提出された申立先税関の本関知的財産調査官は、次のとおり審査事務を行うものとする。
(1)　当該「輸入差止申立書」等を受け付けるとともに、輸入差止申立てをした者又はその代理人（以下「申立人」という。）から求めがあった場合その他必要な場合には、提出された「輸入差止申立書」の 1 枚目に受付印を押印し、その写しを申立人に交付する。
(2)　「差止申立てに係る形式審査表」（別紙様式）に沿い、当該「輸入差止申立書」の記載事項及び添付資料について不備がないことを確認する。
(3)　「輸入差止申立書」の記載事項に不備があるとき又は審査のために必要な資料が不足しているときは、下記(6)の場合を除き、申立人に対して記載事項の補正又は資料の追加提出等を求めるものとする。
　　　なお、記載事項の補正又は資料の追加提出等を求める場合には、当該記載事項の補正等に必要な調査期間等を勘案して適当と認められる期限を付すものとし、当該期限を徒過し、その説明を求めても申立人が応答しない場合には、当該輸入差止申立ては、不受理として差し支えない。この場合は、「輸入差止申立て・更新不受理通知書」を申立人に交付するものとする。
(4)　生鮮貨物に係る申立ての場合には、供託命令について関税法基本通達 69 の 15-1 の(1)のロ及び同項の(1)のハの(ロ)のただし書による取扱いが行われる旨を教示する。
(5)　「輸入差止申立書」及び添付資料等から、次の事項について確認する。
　　①　認定手続が執られた場合に見本検査承認申請が見込まれるか否か
　　②　権利の登録料が納付されていること
(6)　当該輸入差止申立ての対象物品が複数の場合であって、その一部の物品についてのみ資料等が整っているときは、不足している資料については後日提出を求めるものとし、不足

していた資料が追加して提出されたときに、当該物品に係る部分について有効な申立てが
あったものとして取り扱う。

2　輸入差止申立書の受付等の連絡

　　申立先税関の本関知的財産調査官は、上記1の(2)により受け付けた「輸入差止申立書」の
記載事項及び添付資料に不備がないことを確認したときは、速やかに次の事務を行うものと
する。

　(1)　総括知的財産調査官及び当該輸入差止申立てに基づき認定手続を執る他の税関の本関知
的財産調査官に対し、輸入差止申立てを受け付けた旨を連絡する。

　(2)　当該輸入差止申立てに関する関税法基本通達69の13-6の(1)に規定する公表の開始日に
ついて総括知的財産調査官と調整する。

3　総括知的財産調査官による審査

　　上記2の(1)により連絡を受けた総括知的財産調査官は、次のとおり審査事務を行うものと
する。ただし、法第69条の14の規定により専門委員へ意見を求めた以降は、「知的財産侵
害物品の取締りに関する専門委員制度の運用等について（平成19年6月15日財関第802
号）」によることとする。

　(1)　「輸入差止申立書」及び添付資料等により、当該輸入差止申立てに係る物品が申立人の特
許権、実用新案権、意匠権、商標権、著作権、著作隣接権若しくは育成者権を侵害してい
る事実又は不正競争防止法第2条第1項第1号から第3号まで、第10号、第17号若し
くは第18号に掲げる行為により営業上の利益を侵害している事実が疎明されているか否
かについて審査する。なお、「輸入差止申立書（権利・品名・侵害理由追加）」において、
侵害の事実を疎明する内容が、受理されている輸入差止申立書に記載した内容と同一であ
る旨記載がある場合（添付資料を省略する場合を含む）は、同一と認めて差し支えないか
審査するものとする。「輸入差止申立書」の記載事項の補正が必要であると認められるとき
又は審査のために必要な資料が不足しているときは、申立人に対し、申立先税関の本関知
的財産調査官を通じて、記載事項の補正又は添付資料等の追加提出等を求めるものとする。

　(2)　上記(1)の補正又は添付資料等の追加提出等を求める場合には、当該記載事項の補正等に
必要な調査期間等を勘案して適当と認められる期限を付しておくものとする。

　(3)　上記(1)の審査の結果、当該輸入差止申立ての受理又は不受理について任意の書式で意見
書を作成し、当該輸入差止申立ての申立先税関の本関知的財産調査官に送付するものとす
る。なお、上記(1)の補正又は添付資料等の追加提出等がなされたが、その内容では当該輸
入差止申立てを受理できないことが明らかな場合及び上記(2)の期限を徒過し、その説明を
求めても申立人が応答しない場合には、当該輸入差止申立ての全部又は一部を不受理とす
る旨の意見書を送付して差し支えない。

　(4)　当該輸入差止申立ての一部のみを受理する旨の意見書を送付する場合、受理すべき部
分と受理すべきでない部分を明確にするものとする。

4　輸入差止申立ての取下げについて

　　申立先税関の本関知的財産調査官は、「輸入差止申立書」を受け付けた後受理又は不受理の
決定をするまでの間に、申立人から書面（任意の様式）により当該輸入差止申立ての取下げ
の申出があった場合には、これを認めるものとする。なお、申立先税関の本関知的財産調査
官は、関税法基本通達69の13-6(2)に基づき予想される輸入者等に対し連絡を行った場合は、
当該連絡をした者に対し申立てが取り下げられた旨を連絡し、また、上記2の(1)に基づき輸
入差止申立てを受け付けた旨の連絡を行った場合には、総括知的財産調査官及び他の税関の
本関知的財産調査官に申立てが取り下げられた旨を連絡する。

第2章　輸出差止申立ての審査

法第69条の4第1項の規定による申立ての審査手続及びその取扱いは、第1章の規定を準用するものとする。

知的財産侵害物品の取締りに関する専門委員制度の運用等について

平成 19 年 6 月 15 日　財関第 802 号
最終改正：令和 4 年 6 月 20 日　財関第 468 号

標記のことについては、平成 19 年 7 月 1 日から、関税法基本通達（昭和 47 年 3 月 1 日蔵関第 100 号）の規定によるほか、下記により取り扱うこととしたので、了知の上、関係職員及び関係者へ周知徹底されたい。

なお、この通達における用語の意義は、関税法基本通達 69 の 2〜69 の 10-1 及び 69 の 11〜69 の 21-1 の定めるところによる。

記

第 1 章　輸入差止申立てにおける専門委員意見照会の取扱い

輸入差止申立てにおける専門委員意見照会は、次により実施するものとする。

1　輸入差止申立てにおける専門委員意見照会の実施

(1)　次のいずれかに該当する場合は、侵害の事実が疎明されているか否かの判断に技術等に関する専門的な意見を要しないことが明らかである又は裁判所若しくは特許庁（以下「裁判所等」という。）の判断を待つことが真に必要と認められる等の特段の事情のない限り、総括知的財産調査官及び申立先税関（差止申立てが提出された税関をいう。以下同じ。）の本関知的財産調査官（本関に設置された知的財産調査官をいう。以下同じ。）は、専門委員意見照会を実施するものとする。ただし、不正競争防止法違反物品に係る輸入差止申立ての場合には、経済産業大臣意見書及び経済産業大臣認定書の記載事項については、既に経済産業大臣において判断が示されているものであることから、輸入差止申立てにおける専門委員意見照会の対象とならないことに留意する。

イ　関税法基本通達 69 の 13-6 の(4)による利害関係者からの意見書が提出された場合

ロ　侵害の有無について申立人及び利害関係者の間で争い（訴訟等）があり、又は争いが生じる可能性が高いと判断される場合

ハ　輸入差止申立ての審査において、侵害の事実が疎明されているか否かの判断が困難である等、輸入差止申立てにおける専門委員意見照会を行うことが適当と認められる場合

(2)　輸入差止申立てにおける専門委員意見照会の対象となる事項としては、特許発明又は登録実用新案の技術的範囲のほか、登録意匠及びこれに類似する意匠の範囲、侵害成立阻却事由（並行輸入、権利消尽、先使用、権利無効、試験研究、権利の濫用等）等がある。なお、権利無効理由の有無について専門委員の意見を聴く場合であっても、税関が権利無効を判断するものではないことに留意する。

(3)　上記(1)のイからハまでのいずれかに該当する場合であって、特段の事情により専門委員

　　意見照会を実施しない場合は、総括知的財産調査官はあらかじめ関税局業務課知的財産調査室と協議することとする。

2　事案終了までの期間

　　専門委員に意見照会した事案に係る輸入差止申立ての受理・不受理の決定は、当該輸入差止申立ての公表の日から5か月以内に行うよう努めるものとする（別添1参照）。

3　専門委員の委嘱等

　(1)　専門委員候補に係る特別な利害関係の確認

　　イ　利害関係者からの意見書の提出を受けて専門委員意見照会を実施する場合

　　　　申立先税関の本関知的財産調査官は、当事者（申立人及び当該申立人に係る輸入差止申立てについて意見書を提出した利害関係者をいう。以下この章において同じ。）に、利害関係者から意見書が提出された後、専門委員候補（財務省の税関ホームページに掲載されている者をいう。以下同じ。）と申立人又は利害関係者との間に特別な利害関係がある場合には、速やかに当該専門委員候補の氏名及び理由を書面により提出するよう求めるものとし、併せて、意見聴取の場（専門委員が意見書の作成のために当事者の意見を聴取する場をいう。以下同じ。）への出席の意向を確認するものとする。なお、「特別な利害関係」とは、例えば、民事訴訟法第23条第1項各号又は同法第24条第1項について、「裁判官」を「専門委員候補」、「事件」を「申立て」又は「当事者における争い」と読み替えて該当する場合をいう（以下同じ。）。

　　ロ　利害関係者からの意見書の提出を受けることなく専門委員意見照会を実施する場合

　　　　申立先税関の本関知的財産調査官は、申立人に、専門委員候補と申立人との間に特別な利害関係がある場合には、速やかに当該専門委員候補の氏名及び理由を書面により提出するよう求めるものとし、併せて、意見聴取の場への出席の意向を確認するものとする。

　(2)　専門委員の選定

　　　総括知的財産調査官は、上記(1)により提出された書面を考慮して、当事者と特別な利害関係がないと認められる者を専門委員候補の中から専門委員予定者として3名（必要と認める場合は5名）選定するとともに、当該専門委員予定者に対し、申立人又は利害関係者と特別な利害関係がないことについて確認を求めるものとし、併せて、意見聴取の場への出席及び専門委員意見書の提出に支障がないことを確認するものとする。なお、特別な利害関係がないことが確認できない場合には、別の専門委員予定者を選定するものとする。

　(3)　専門委員の委嘱

　　　申立先税関の本関知的財産調査官は、上記(2)により選定された専門委員予定者に対し「委嘱状」（別紙様式1）を交付するものとする。この場合において、委嘱者は、申立先税関の税関長とする。

　　(注)　個別事案ごとに専門委員に委嘱することが困難な専門委員候補については、「委嘱状」（別紙様式2）により、2年の期間を区切り、輸出差止申立て、輸入差止申立て及び認定手続における専門委員意見照会に係る専門委員として9税関分について包括的に委嘱するものとするが、個別事案において当該専門委員と申立人又は利害関係者との間に特別な利害関係がある場合は、当該個別事案については、当該専門委員に意見を求めないものとする。

4　専門委員への意見照会

　(1)　専門委員への意見照会

　　　申立先税関の本関知的財産調査官は、専門委員に対し「輸入差止申立てにおける専門委

員意見照会書」（別紙様式3）を送付し、意見を求めるものとする。この場合において、「輸入差止申立てにおける専門委員意見照会書」に記載する理由には、対象申立て（当該意見の求めの対象となる輸入差止申立てをいう。以下この章において同じ。）に係る侵害の事実を疎明するに足りる証拠があるか否か判断しがたい理由をできる限り詳細に記載することとする。

(2)　専門委員への資料の送付

　　申立先税関の本関知的財産調査官は、当事者からの提出資料（当該事案に関し参考とならないと認められる資料を除く。）に加え、必要に応じ当該事案に関し参考となる資料を専門委員に送付するものとする。また、当該資料のうち、当事者が非公表としている資料及び取締りの観点から他の当事者に開示できない資料についてはその旨注記するものとする。なお、申立先税関の本関知的財産調査官は、送付にあたって、税関では複写による資料の正確な再現が困難である等やむを得ないと認められる場合は、当事者に対して、提出資料の副本の提出を求めることができるものとする。

(3)　当事者への実施通知

　　申立先税関の本関知的財産調査官は、当事者に対し「輸入差止申立てにおける専門委員意見照会実施通知書」（別紙様式4）により、専門委員意見照会を行う旨を通知するものとする。

(4)　意見聴取の場の調整

　　専門委員意見照会を実施する場合、原則として、意見聴取の場を開催することとする。なお、意見聴取の場の開催場所については、当面、東京税関本関の会議室とする。

　　また、総括知的財産調査官は、意見聴取の場の日時を次により決定し、申立先税関の本関知的財産調査官は、専門委員及び当事者に対し任意の書式により通知するものとする。

イ　委嘱状を交付した後、速やかに専門委員と日時の調整を行う。

ロ　専門委員の都合を考慮のうえ候補日時を設定し、当事者に通知する。

ハ　当事者の都合を聴いたうえで、意見聴取の場の日時を決定する。

(5)　意見聴取の場の省略

　　すべての当事者が意見聴取の場への参加を希望しない場合のほか、次のいずれかに該当する場合であって、総括知的財産調査官が開催の必要性がないと認め、かつ当事者の合意が得られたときは、意見聴取の場の全部又は一部を省略して差し支えない。この場合には、申立先税関の本関知的財産調査官は、専門委員及び当事者に対し、省略する旨を連絡するものとする。

イ　専門委員が当事者からの提出資料のみで意見書の作成が可能と判断した場合

ロ　利害関係者が多数存在する場合等で、専門委員が一部の利害関係者の意見を聴取すれば意見書の作成が可能と判断した場合

ハ　その他、専門委員が開催不要と判断した場合

　　（注）意見聴取の場を開催しない場合、この章における意見聴取の場の開催に係る事務は行わないこととなるが、専門委員による意見書の作成、当該意見書の当事者等への開示等の事務は行うことに留意する。

(6)　専門委員の事前打合せ

　　専門委員は、意見聴取の場に先立ち、総括知的財産調査官に対し、専門委員間での事前打合せを行いたい旨を申し入れることができるものとする。総括知的財産調査官は、当該申入れに基づき、事前打合せの日時の調整等を行うものとする。また、総括知的財産調査官は、原則として、当該事前打合せに立ち会うものとする。

(7)　専門委員による追加資料等の求め

　　専門委員は、意見聴取の場に先立ち、例えば次のことを目的として、当事者に対し書面により釈明を求め、又は追加資料の提出を促すことが必要である場合には、その旨を総括知的財産調査官に申し入れることができるものとする。

　　総括知的財産調査官は、当該申入れに基づき、申立先税関の本関知的財産調査官を通じて、当事者に対し書面による釈明又は追加資料の提出を求めるものとし、このとき、税関では複写による資料の正確な再現が困難である等やむを得ないと認められる場合は、当事者に対して、提出資料の副本の提出を求めることができるものとする。

　　申立先税関の本関知的財産調査官は、提出された追加資料等を総括知的財産調査官に送付し、専門委員の求める釈明又は追加資料に当たることの確認を受けた後、速やかに専門委員及び他の当事者に送付するものとする。

　イ　不明確な箇所や矛盾点の解消

　ロ　争点の明確化

　ハ　主張を裏付けるための証拠であって必要と思料されるものの補充

　ニ　抗弁事由の確認

　ホ　技術的内容についての確認

5　意見聴取の場への出席者確認

(1)　申立先税関の本関知的財産調査官は、意見聴取の場に出席する当事者に対して、意見聴取の場の円滑な進行について協力を要請するとともに、原則として意見聴取の場の開催の日の7（行政機関の休日を含まない。）前の日（以下「7執務日前の日」という。）までに、出席予定者（当事者のほか、代理人、当事者又はその代理人を補助する者（以下「補助者」という。）を含む。）の会社名、役職、氏名及びふりがな、代理人又は補助者にあってはその別を書面にて提出するよう求めるものとする。なお、当事者が出席しない場合で、代理人が出席するときは、既に提出されている場合を除き、当事者との委任関係を証する書類の提出を求めるものとし、補助者が出席するときには、その補助する当事者又は代理人とともに出席するのでなければ、その補助する当事者又は代理人との関係を示す書面の提出を求めるものとする。

(2)　総括知的財産調査官は、原則として上記(1)の書面にある出席予定者のみ意見聴取の場への出席を認めるものとする。また、意見聴取の場に当事者が出席する場合には、原則として他の当事者と同席させるものとする。

　　(注)　意見聴取の場において、当事者が営業秘密等他の当事者に開示することにより自己の利益が害されると認められる事項について述べる必要がある場合であって希望する場合には、他の当事者と同席することを要しないものとする。

6　陳述要領書等の提出

(1)　当事者が意見聴取の場において意見を述べる場合には、原則として意見聴取の場の開催の日の7執務日前の日までに、申立先税関の本関知的財産調査官に陳述要領書その他の資料（以下「陳述要領書等」という。）を提出することができるものとする。陳述要領書等は、陳述要領書等の提出以前に提出された相手方当事者の主張若しくは証拠に反論するためのもの又は自己の主張を明確にするものに限るものとする。このとき、申立先税関の本関知的財産調査官は、税関では複写による資料の正確な再現が困難である等やむを得ないと認められる場合は、当事者に対して、提出資料の副本の提出を求めることができるものとする。

　　(注)　既に提出済みの意見書等において主張していない事項に係る主張又は資料は、正当な

事由があると認められる場合を除き、証拠としては採用しない。

　なお、当事者は、陳述要領書等を提出せずに、既に提出済みの意見書等を用いて意見陳述することができるものとする。

(2)　申立先税関の本関知的財産調査官は、提出された陳述要領書等を速やかに専門委員及び他の当事者に送付するものとする。

(3)　当事者は、意見聴取の場において、技術的内容などの説明を目的として物品の提示又はその実演をすることができる。ただし、当該物品の提示又はその実演については意見・証拠として扱わないので留意する。なお。意見聴取の場の円滑な進行のため、物品の提示又はその実演を希望する場合には、原則として、意見聴取の場の開催の日の7執務日前の日までに申立先税関の本関知的財産調査官に申し出るよう求めることとする。

7　意見聴取の場における留意事項

　総括知的財産調査官は、意見聴取の場を進行するにあたって、以下の事項に留意するものとする。

(1)　意見聴取の場の円滑な進行

　　総括知的財産調査官は、必要があると認めるときは当事者の意見陳述又は反論について簡略化を促し、又は中断を求めることができるものとする。

(2)　意見陳述又は反論の除外

　　総括知的財産調査官は、意見聴取の場において、当該申立てと無関係かつ専門委員に予断を与えるおそれのある意見陳述又は反論が行われた場合には、当該意見陳述又は反論を除外して専門委員意見書を作成するよう、意見聴取の場又は後日であって専門委員意見書作成前に、専門委員に対して注意喚起する。

(3)　当事者の意見陳述

　　イ　意見陳述は、原則として、申立人、利害関係者の順で行い、一方の当事者が意見陳述している間は、他方の当事者の発言はできないものとする。この場合において、意見陳述は、専門委員の求めがあることその他専門委員が特に必要と認める場合を除き、意見聴取の場までに提出された当事者の主張又は証拠（下記10の(1)に規定する専門委員による調査・収集資料を含む。）に対する反論又は自己の主張の明確化に限るものとする。

　　　　なお、意見陳述の際は、プロジェクター等を使用することができるものとする。

　　ロ　当事者の代理人又は補助者は意見陳述できるものとする。

　　ハ　意見陳述が終了した後、相手方が行った意見陳述の内容についての反論に限りその機会を与えるものとする。

(4)　専門委員及び税関からの質問

　　イ　専門委員から各当事者に対し、陳述された意見の内容等に関して質問・確認を行う。なお、専門委員から意見を求められた場合を除き、当事者による他の当事者の意見に対する意見の陳述はできないものとする。

　　ロ　総括知的財産調査官又は申立先税関の本関知的財産調査官は、必要と認める事項について、質問をすることができるものとする。

(5)　専門委員の意見交換

　　イ　専門委員は、陳述された意見の内容等を踏まえ、侵害の事実を疎明するに足りると認められるか否か等を判断するために必要な事実関係・法律関係につき、他の専門委員と意見交換を行う。

　　ロ　総括知的財産調査官及び申立先税関の本関知的財産調査官は、意見交換の場に立ち会うものとする。

　　（注）専門委員は、意見聴取の場後においても、総括知的財産調査官に対し、専門委員間での意見交換を行いたい旨を申し入れることができるものとする。総括知的財産調査官は、当該申入れに基づき、意見交換の日時の調整等を行うものとする。また、総括知的財産調査官は、原則として、当該意見交換に立ち会うものとする。

(6)　補足意見の求め（専門委員による求釈明）等

　イ　専門委員の意見交換の後、専門委員は当事者に対して釈明、主張の追加・変更又は主張を裏付けるための更なる証拠の提出を求めることができるものとする。

　ロ　当事者には、最後に意見を述べる機会を与えるものとする。

(7)　今後の予定の説明

　　総括知的財産調査官は、出席者に対し、意見聴取の場の終了から受理・不受理の決定に至るまでの今後の予定を伝えるものとする。

8　当事者からの補足意見

(1)　補足意見の提出

　　専門委員による補足意見の求めの有無にかかわらず、当事者は、書面にて申立先税関の本関知的財産調査官に補足意見を提出できるものとする。この場合において、補足意見は、専門委員の求めがあることその他専門委員が特に必要と認める場合を除き、意見聴取の場までに又は意見聴取の場において提出された当事者の主張又は証拠（下記10の(1)に規定する専門委員による調査・収集資料を含む。）に対する反論又は自己の主張の明確化に限るものとする。なお、「輸入差止申立てにおける専門委員意見照会実施通知書」の送付を受けた当事者であって、意見聴取の場に出席しなかった者に対しては、申立先税関の本関知的財産調査官から補足意見を提出できる旨を連絡するものとする。

(2)　補足意見の提出時期

　　補足意見の提出は、専門委員が必要と認める場合を除き、意見聴取の場が開催された日の翌日から5日（行政機関の休日を含まない。）を経過する日までに、1回のみ認められるものとする（提出期限の延長は、特段の事情がない限りできないこととする。）。

(3)　補足意見の開示

　　申立先税関の本関知的財産調査官は、当事者から提出された補足意見書をその写しの交付等により専門委員及び他の当事者に開示するものとする。このとき、申立先税関の本関知的財産調査官は、税関では複写による資料の正確な再現が困難である等やむを得ないと認められる場合は、当事者に対して、提出資料の副本の提出を求めることができるものとする。

9　電磁的記録の提出の求め

(1)　申立先税関の本関知的財産調査官は、当事者の意見の整理又は意見書作成のため必要があると認められる場合において、当事者が提出した意見又は証拠等の内容を記録した電磁的記録（電子方式、磁気的方式その他人の知覚によっては認識することができない方式で作られる記録であって、電子計算機による情報処理の用に供されるものをいう。以下同じ。）を有しているときは、その当事者に対し、当該電磁的記録の提出を求めることができるものとする。

(2)　専門委員は、意見書作成のため必要があると認められる場合において、当事者が提出した意見又は証拠等の内容を記録した電磁的記録を有しているときは、総括知的財産調査官に対し、当該電磁的記録の提出を当事者に求めるよう申し入れることができるものとする。総括知的財産調査官は、当該申入れに基づき、申立先税関の本関知的財産調査官を通じて、当事者に対し当該電磁的記録の提出を求めることができるものとする。

10 専門委員意見書

(1) 専門委員による資料等の調査・収集

　　専門委員は意見書の作成に当たり、自ら資料等の調査・収集を行うことができるものとする。この場合において、当該資料等であって当事者が提出した主張又は証拠に含まれていないと認められるもの（以下この号において「調査資料等」という。）を基に意見を述べようとするときは、申立先税関の本関知的財産調査官を通じ、原則として意見聴取の場の開催の日の7執務日前の日までに、調査資料等を当事者に送付し、意見聴取の場までの間に意見を述べる機会（意見聴取の場における意見陳述を含む。）を与えるものとする。7執務日前の日までに当事者に送付できない場合は、当事者が補足意見として調査資料等について意見を述べる機会を与えるものとする。なお、申立先税関の本関知的財産調査官は、専門委員から調査資料等の提出があった場合には、他の専門委員に送付するものとする。

(2) 専門委員意見書の提出

　　専門委員は、税関から送付を受けた資料及び自ら調査・収集した資料等に基づき、「意見書」（別紙様式5）を作成し、意見照会を行った税関長宛てに提出するものとする。この場合、対象申立てが意見書において特定されているのであれば、意見書は別紙様式5に関わらず適宜の様式で差し支えない。なお、複数の専門委員が連名で意見書を作成することができるものとする。

(3) 専門委員意見書の内容

　　専門委員は、意見書において、申立人より提出された証拠が侵害の事実を疎明するに足りると認められるか否かについてその結論及び理由を述べるものとする。なお、意見書作成時点において侵害の事実の疎明が十分と認められない場合は、疎明不十分（不受理とすべき）との意見を述べるものとする。

(4) 専門委員意見書の開示

　　申立先税関の本関知的財産調査官は、専門委員意見書をその写しの交付等により当事者及び他の専門委員に開示するものとする。

11 専門委員意見書に対する当事者意見

(1) 専門委員意見書について明らかな事実誤認等の特段の事情がある場合には、当事者はその内容を記載した意見書を提出することができるものとする。この場合において、申立先税関の本関知的財産調査官は、その意見書の提出期限として、専門委員意見書の送付の日の翌日から5日（行政機関の休日を含まない。）以内の日を指定するものとする。

(2) 申立先税関の本関知的財産調査官は、上記(1)の専門委員意見書に対する意見書の提出があった場合には、当該意見書をその写しの交付等により他の当事者及び専門委員に開示するものとする。このとき、申立先税関の本関知的財産調査官は、税関では複写による資料の正確な再現が困難である等やむを得ないと認められる場合は、当事者に対して、提出資料の副本の提出を求めることができるものとする。

12 受理・不受理の決定

(1) 決定の方法

　イ　総括知的財産調査官は、専門委員意見書について明らかな事実誤認等の特段の事情がない限り、専門委員の多数意見を尊重して輸入差止申立ての受理・不受理について任意の書式で意見書を作成し、申立先税関の本関知的財産調査官に送付するものとする。

　ロ　申立先税関の本関知的財産調査官は、意見書を踏まえて、受理・不受理のいずれかを決定するものとする。

(2) 補正

上記(1)の規定により受理の決定をするにあたり、当該輸入差止申立てを補正する必要がある場合、申立先税関の本関知的財産調査官は、「知的財産侵害物品に係る差止申立ての審査について（平成20年3月31日財関第351号）」第1章の3の規定に準じ、申立人に対し当該輸入差止申立ての補正を求めるものとする。

(3) 決定の通知

申立先税関の本関知的財産調査官は、次により受理・不受理の決定について通知するものとする。

イ 申立人に対する受理・不受理の決定の通知は、関税法基本通達69の13-7に基づき行うものとする。

ロ 専門委員及び「輸入差止申立てにおける専門委員意見照会実施通知書」の送付を受けた利害関係者に対する受理・不受理の結果の通知は、「輸入差止申立てにおける専門委員意見照会に係る輸入差止申立ての受理・不受理結果通知書」（別紙様式6）により、遅滞なく行うものとする。

13 輸入差止申立てにおける専門委員意見照会の中止

(1) 専門委員意見照会を中止とする場合

総括知的財産調査官は、専門委員に「輸入差止申立てにおける専門委員意見照会書」が送達された後に次の事実が生じた場合には、専門委員意見照会を中止することができる。

イ 対象申立てが取り下げられた場合

ロ 上記1(1)に掲げる特段の事情に該当することとなった場合

ハ その他専門委員の意見が必要でなくなった場合

(2) 専門委員意見照会中止の通知

専門委員意見照会を中止した場合には、申立先税関の本関知的財産調査官は、専門委員及び当事者に対し「輸入差止申立てにおける専門委員意見照会中止通知書」（別紙様式7）により、その旨を通知するものとする。

14 専門委員意見照会の結果の公表

総括知的財産調査官は、輸入差止申立てにおける専門委員意見照会を実施した事案について、受理・不受理が決定された後、個人・法人情報や企業秘密の取扱いに十分留意の上、原則として以下の事項を財務省の税関ホームページで公表するものとする。

(1) 知的財産の種別（特許権、意匠権等）

(2) 主な争点

(3) 専門委員意見の概要

(4) 処理結果及び処理年

第2章　輸入貨物に係る認定手続における専門委員意見照会の取扱い

輸入貨物に係る認定手続における専門委員意見照会は、次により実施するものとする。

1 認定手続における専門委員意見照会の実施

(1) 認定手続に係る貨物が侵害物品に該当するか否かを判断することが難しい場合は、総括知的財産調査官及び当該認定手続を執っている知的財産調査官等（関税法基本通達69の11-5の(1)又は(3)に規定する知的財産調査官及び知的財産担当官並びに69の12-1-1の(1)に規定する発見部門の長（知的財産調査官又は知的財産担当官が配置されていない官署に

限る。）をいう。以下この章において同じ。）は、原則として認定手続における専門委員意見照会を実施するものとする（総括知的財産調査官及び本関知的財産調査官以外の知的財産調査官等が実施する場合には、本関知的財産調査官は必要に応じて当該知的財産調査官等を支援するものとする。）。ただし、下記イからハまでの事項は認定手続における専門委員意見照会の対象とならないので留意する。

 イ 認定手続において経済産業大臣又は農林水産大臣に意見照会することができる不正競争防止法違反物品及び育成者権侵害物品に係る事項

 ロ 特許権、実用新案権又は意匠権侵害物品に関し、特許庁長官に意見照会することができる事項（特許発明等の技術的範囲又は登録意匠及びこれに類似する意匠の範囲）

 ハ 輸入差止申立てに係る貨物について認定手続を執っている場合で、当該輸入差止申立ての際に既に明らかであった争点に係る事項

(2) 対象認定手続（専門委員に対し意見を求める対象となる認定手続をいう。以下この章において同じ。）を執っている知的財産調査官等は、総括知的財産調査官と協議のうえ、争点及び証拠等を整理するとともに考え方を明確にし、対象認定手続に係る貨物が侵害物品に該当するか否かに関し、その考え方の妥当性について専門委員に意見照会を行うものとする（本関知的財産調査官以外の知的財産調査官等が対象認定手続を執っている場合において、当該知的財産調査官等は本関知的財産調査官を通じて総括知的財産調査官と協議のうえ、専門委員に意見照会を行うものとする。）。この場合において、当該知的財産調査官等は、その争点及び証拠等を整理するために必要があると認められる場合において、当事者（権利者及び輸入者等をいう。以下この章において同じ。）が提出した意見又は証拠等の内容を記録した電磁的記録を有しているときは、その当事者に対し、当該電磁的記録の提出を求めることができるものとする。

(3) 認定手続における専門委員意見照会の対象となる事項としては、侵害成立阻却事由（並行輸入、権利消尽、先使用、権利無効、試験研究、権利の濫用等）等がある。なお、権利無効理由の有無について専門委員の意見を聴く場合であっても、税関が権利無効を判断するものではないことに留意する。

2 事案終了までの期間

 対象認定手続に係る貨物が侵害物品に該当するか否かの認定は、当該対象認定手続の開始から2か月以内に行うよう努めるものとする。ただし、当事者の要望により意見聴取の場が開催される場合は、3か月以内に行うよう努めるものとする（別添2参照）。

3 意見聴取の場の開催

(1) 認定手続における専門委員意見照会を実施しようとする場合、対象認定手続を執っている知的財産調査官等は、当事者にその旨を連絡し、当事者が意見聴取の場の開催を要望するか否か及び意見聴取の場が開催された場合に出席の意思があるか否かを確認するものとする。

(2) 当事者が意見聴取の場の開催を要望する場合は、関税法基本通達69の12-1-4の(3)のロの弁明の提出期限までに書面により提出するよう求めるものとし、当該要望が認定手続を不当に遅延させることを目的とするものでないと認められるときは、意見書の作成のために専門委員が当事者の意見を聴くことを目的として、意見聴取の場を開催することとする。なお、意見聴取の場の開催場所については、当面、東京税関本関の会議室とする。

4 専門委員の委嘱等

(1) 専門委員候補に係る特別な利害関係の確認

 対象認定手続を執っている知的財産調査官等は、上記3(1)の連絡の際に、当事者に対し、

専門委員候補と権利者又は輸入者等との間に特別な利害関係がある場合には、速やかに当該専門委員候補の氏名及び理由を書面により提出するよう求めるものとする。

(2) 専門委員の選定

　　総括知的財産調査官は、上記(1)により提出された書面を考慮して、当事者と特別な利害関係がないと認められる者を専門委員候補の中から専門委員予定者として3名（必要と認める場合は5名）選定するとともに、当該専門委員予定者に対し、権利者又は輸入者等と特別な利害関係がないことについて確認を求めるものとし、併せて、意見聴取の場への出席及び専門委員意見書の提出に支障がないことを確認するものとする。なお、特別な利害関係がないことが確認できない場合には、別の専門委員予定者を選定するものとする。

(3) 専門委員の委嘱

　　対象認定手続を執っている知的財産調査官等は、上記(2)により選定された専門委員予定者に対し「委嘱状」（別紙様式8）を交付するものとする。この場合において、委嘱者は対象認定手続を執っている税関の税関長とする。

(注) 個別事案ごとに専門委員に委嘱することが困難な専門委員候補については、「委嘱状」（別紙様式2）により、2年の期間を区切り、輸出差止申立て、輸入差止申立て及び認定手続における専門委員意見照会に係る専門委員として9税関分について包括的に委嘱するものとするが、個別事案において当該専門委員と権利者又は輸入者等との間に特別な利害関係がある場合は、当該個別事案については、当該専門委員に意見を求めないものとする。

5　専門委員への意見照会

(1) 専門委員への意見照会

　イ　専門委員への意見照会

　　　対象認定手続を執っている知的財産調査官等は、専門委員に対し「認定手続における専門委員意見照会書」（別紙様式9）を送付し、意見を求めるものとする。この場合において、対象認定手続の争点及び当事者から提出された証拠・意見を整理し、税関の考え方を明確にしたうえで、これを「認定手続における専門委員意見照会書」に記載する。

　ロ　専門委員への資料の送付

　　　対象認定手続を執っている知的財産調査官等は、当事者から当該対象認定手続において提出された証拠・意見及び参考となる資料（輸入差止申立てが参考となる場合には、申立人が非公開としている部分にその旨注記する。）を専門委員に送付するものとする。

(2) 当事者への実施通知

　　対象認定手続を執っている知的財産調査官等は、当事者に対し、「認定手続における専門委員意見照会実施通知書」（別紙様式10）により、専門委員意見照会を行う旨を通知するものとする。この場合において、専門委員に照会する争点等及び税関の考え方を書面により併せて通知するものとする。

6　意見聴取の場を開催する場合の取扱い

(1) 意見聴取の場の日時決定

　　総括知的財産調査官は、意見聴取の場の日時を次により決定し、対象認定手続を執っている知的財産調査官等は、専門委員及び当事者に対し任意の書式により通知するものとする。

　イ　専門委員の都合を考慮のうえ候補日時を設定し、当事者に通知する。

　ロ　当事者の都合を聴いたうえで、意見聴取の場の日時を決定する。

(2) 専門委員の事前打合せ等

イ　専門委員の事前打合せ

　　専門委員は、意見聴取の場に先立ち、総括知的財産調査官に対し、専門委員間での事前打合せを行いたい旨を申し入れることができるものとする。総括知的財産調査官は、当該申入れに基づき、事前打合せの日時の調整等を行うものとする。また、総括知的財産調査官は、原則として、当該事前打合せに立ち会うものとする。

ロ　専門委員による追加資料等の求め

　　専門委員は、意見聴取の場に先立ち、例えば次のことを目的として、当事者に対し書面により釈明を求め、又は追加資料の提出を促すことが必要である場合には、その旨を総括知的財産調査官に申し入れることができるものとする。

　(イ)　不明確な箇所や矛盾点の解消

　(ロ)　争点の明確化

　(ハ)　主張を裏付けるための証拠であって必要と思料されるものの補充

　(ニ)　抗弁事由の確認

(3)　意見聴取の場への出席者確認

イ　対象認定手続を執っている知的財産調査官等は、意見聴取の場に出席する当事者に対して、意見聴取の場の円滑な進行について協力を要請するとともに出席予定者（当事者のほか、代理人、補助者を含む。）の会社名、役職、氏名及びふりがな、代理人又は補助者にあってはその別を書面にて提出するよう求めるものとする。なお、当事者が出席しない場合で、代理人が出席するときは、既に提出されている場合を除き、当事者との委任関係を証する書類の提出を求めるものとし、補助者が出席するときには、その補助する当事者又は代理人とともに出席するのでなければ、その補助する当事者又は代理人との関係を示す書面の提出を求めるものとする。

ロ　総括知的財産調査官は、原則として上記(1)の書面にある出席予定者のみ意見聴取の場への出席を認めるものとする。また、意見聴取の場に当事者が出席する場合には、原則として他の当事者と同席させるものとする。

　(注)　意見聴取の場において、当事者が営業秘密等他の当事者に開示することにより自己の利益が害されると認められる事項について述べる必要がある場合であって希望する場合には、他の当事者と同席することを要しないものとする。

(4)　陳述要領書等の提出

イ　当事者が意見聴取の場において意見を述べる場合には、原則として意見聴取の場の開催の日の7執務日前の日までに、上記5の(2)の規定により税関から送付された争点等及び考え方に関し、対象認定手続を執っている知的財産調査官等に陳述要領書等を提出することができるものとする。

ロ　対象認定手続を執っている知的財産調査官等は、提出された陳述要領書等を速やかに専門委員及び他の当事者に送付するものとする。

7　意見聴取の場における留意事項

　総括知的財産調査官は、意見聴取の場を進行するにあたって、以下の事項に留意するものとする。

(1)　意見聴取の場の円滑な進行

　　総括知的財産調査官は、必要があると認めるときは当事者の意見陳述又は反論について簡略化を促し、又は中断を求めることができるものとする。

(2)　意見陳述又は反論の除外

　　総括知的財産調査官は、意見聴取の場において、当該申立てと無関係かつ専門委員に予

断を与えるおそれのある意見陳述又は反論が行われた場合には、当該意見陳述又は反論を除外して専門委員意見書を作成するよう、意見聴取の場又は後日であって専門委員意見書作成前に、専門委員に対して注意喚起する。

(3) 当事者の意見陳述

 イ 意見陳述は、原則として、権利者、輸入者等の順で行い、一方の当事者が意見陳述している間は、他方の当事者の発言はできないものとする。この場合において、意見陳述は、専門委員の求めがあることその他専門委員が特に必要と認める場合を除き、意見聴取の場までに提出された当事者の主張又は証拠（上記５の(2)の規定により税関から送付された争点等及び考え方を含む。）に対する反論又は自らの主張等の明確化に限るものとする。なお、意見陳述の際は、プロジェクター等を使用することができるものとする。

 ロ 当事者の代理人又は補助者は、意見陳述できるものとする。

 ハ 意見陳述が終了した後、相手方が行った意見陳述の内容についての反論に限りその機会を与えるものとする。

(4) 専門委員及び税関からの質問等

 イ 専門委員から各当事者に対し、陳述された意見の内容等に関して質問・確認を行う。なお、専門委員から意見を求められた場合を除き、当事者による他の当事者の意見に対する意見の陳述はできないものとする。

 ロ 総括知的財産調査官又は対象認定手続を執っている知的財産調査官等は、必要と認める事項について、質問等をすることができるものとする。

(5) 専門委員の意見交換

 イ 専門委員は、陳述された意見の内容等を踏まえ、侵害物品に該当するか否かを判断するために必要な事実関係・法律関係につき、他の専門委員と意見交換を行う。

 ロ 総括知的財産調査官及び対象認定手続を執っている知的財産調査官等は、意見交換の場に立ち会うものとする。

 （注）専門委員は、意見聴取の場後においても、総括知的財産調査官に対し、専門委員間での意見交換を行いたい旨を申し入れることができるものとする。総括知的財産調査官は、当該申入れに基づき、意見交換の日時の調整等を行うものとする。また、総括知的財産調査官は、原則として、当該意見交換に立ち会うものとする。

(6) 補足意見の求め（専門委員による求釈明）等

 イ 専門委員の意見交換の後、専門委員は当事者に対して釈明、主張の追加・変更又は主張を裏付けるための更なる証拠の提出を求めることができるものとする。

 ロ 当事者には、最後に意見を述べる機会を与えるものとする。

(7) 今後の予定の説明

 総括知的財産調査官は、出席者に対し、意見聴取の場の終了から疑義貨物が侵害物品に該当するか否かの認定に至るまでの今後の予定を伝えるものとする。

8　当事者からの補足意見

(1) 補足意見の提出

 専門委員から補足意見の提出を求められた当事者は、当該求められた事項について、書面にて対象認定手続を執っている知的財産調査官等に補足意見を提出できるものとする。

(2) 補足意見の提出時期

 補足意見の提出は、専門委員が必要と認める場合を除き、意見聴取の場が開催された日の翌日から５日（行政機関の休日を含まない。）を経過する日までに、１回のみ認められるものとする（提出期限の延長は、特段の事情がない限りできないこととする。）。

(3) 補足意見の開示
　　対象認定手続を執っている知的財産調査官等は、当事者から提出された補足意見書をその写しの交付等により専門委員及び他の当事者に開示するものとする。
9　専門委員意見書
(1) 専門委員意見書の提出
　　専門委員は、税関から送付された「認定手続における専門委員意見照会書」その他の資料（意見聴取の場が開催された場合には、その際の当事者の意見等を含む。）に基づいて、「意見書」（別紙様式5）を作成し、意見照会を行った税関長宛てに提出するものとする。この場合、対象認定手続が意見書において特定されているのであれば、意見書は別紙様式5に関わらず適宜の様式で差し支えない。なお、複数の専門委員が連名で意見書を作成することができるものとする。
(2) 専門委員意見書の内容
　　専門委員は、意見書において、疑義貨物が侵害物品に該当するか否かに関し、税関の考え方の妥当性について、その結論及び理由を述べるものとする。
10　侵害物品に該当するか否かの認定
(1) 認定の方法
　イ　総括知的財産調査官は、専門委員意見書に明らかな事実誤認等の特段の事情がない限り、専門委員の多数意見を尊重して疑義貨物が侵害物品に該当するか否かについて任意の書式で意見書を作成し、対象認定手続を執っている知的財産調査官等に送付するものとする。
　ロ　対象認定手続を執っている知的財産調査官等は、意見書を踏まえて、侵害物品に該当するか否かを認定するものとする。
(2) 認定結果の通知
　　当事者に対する認定結果の通知は、関税法基本通達69の12-1-8に基づき行うものとする。また、対象認定手続を執っている知的財産調査官等は、専門委員の意見の概要を口頭で当事者に通知するものとする。
11　認定手続における専門委員意見照会の中止
(1) 専門委員意見照会を中止とする場合
　　総括知的財産調査官は、専門委員に「認定手続における専門委員意見照会書」が送達された後に次の事実が生じた場合には、専門委員意見照会を中止することができる。
　イ　対象認定手続を取りやめた場合
　ロ　非該当認定をした場合
　ハ　その他専門委員の意見が必要でなくなった場合
(2) 専門委員意見照会中止の通知
　　専門委員意見照会を中止した場合には、対象認定手続を執っている知的財産調査官等は、専門委員及び当事者に対し「認定手続における専門委員意見照会中止通知書」（別紙様式11）により、その旨を通知するものとする。
12　専門委員意見照会結果の公表
　　総括知的財産調査官は、認定手続における専門委員意見照会を実施した事案について、疑義貨物が侵害物品に該当するか否か認定された後、個人・法人情報や企業秘密の取扱いに十分留意の上、原則として以下の事項を財務省の税関ホームページで公表するものとする。
(1) 知的財産の種別（特許権、意匠権等）
(2) 主な争点

(3)　専門委員意見の概要

(4)　処理結果及び処理年

第3章　輸出取締りに係る専門委員制度の運用等

　第1章の規定は輸出差止申立てにおける専門委員意見照会について、第2章の規定は輸出貨物に係る認定手続における専門委員意見照会について、それぞれ準用する。

（著 者）

齋藤 和久
<small>さいとう かずひさ</small>

〔略 歴〕

(公財) 日本関税協会通関士養成講座講師。財務省関税局に 26 年間勤務。その間、関税法その他関税関係法令の改正や制定、通達の改正等に長らく携わり、特に、知的財産侵害物品の水際取締りについては、輸入差止申立てや認定手続、専門委員等への意見照会など、現行制度の骨格となる仕組みの構築にすべて関与している。財務省関税局知的財産専門官等を経て、2015 年長崎税関長。2023 年 4 月から通関士養成講座講師を担当。

松本 敬
<small>まつもと たかし</small>

〔略 歴〕

(公財) 日本関税協会知的財産情報センター（CIPIC）事務局長、政策研究大学院大学客員教授。一橋大学大学院研究科ビジネスロー専攻（知財戦略プログラム）。WCO ROCB AP 所長、財務省関税国際交渉専門官、WCO 事務局対外調整官を経て、2014 年大阪税関総務部長。2015 年 9 月から現職。

詳解・知的財産侵害物品の水際取締り制度
―今日から始める模倣品対策 AtoZ―

2024 年 3 月 15 日　初版発行　ISBN 978-4-88895-512-6

発　行　　公益財団法人　日本関税協会
　　　　　知的財産情報センター（CIPIC）

〒 101-0062
東京都千代田区神田駿河台 3-4-2
日専連朝日生命ビル 6 階
https://www.kanzei.or.jp/cipic/